BASIC
BOOKS

世界経済論
―グローバル化を超えて―

本山 美彦 編著

ミネルヴァ書房

はしがき

　30年という歳月は，経過してみれば，信じられないほど短い。瞬きの間でしかない。経済学が落ち込む罠は，この時間感覚なのだろうと私は思う。「ある」ものが，「なる」方向を虚心に追うのではなく，「こうあるべきだ」という「ゾルレン」の意識が勝って，なにか新しい分析ツールがないものかと右往左往してきたのが経済学だからである。古くからある問題と，新しく生まれた問題が併存するのはいつの時代にも等しく認められるところのものである。新しい問題に気を取られすぎて，古くからある問題の分析が放棄されるようなことがあってはならないのはもちろんである。ところが，経済学はしばしば古くからある問題を放置してきた。しかも，対象に肉薄するのではなく，対象を切るべき包丁ばかり作成してきた。実際に対象を切ることすらしなかった。

　30年前，私は，『世界経済論―複合性理解の試み―』（同文舘）を上梓した。「なる」ものを「ゾルレン」の意識に惑わされることなく，虚心に追うことをそこでは目標にしてきた。その書で私は，世界大的に進行している貧困の問題に照準を合わせた。先進地域のほんの一握りの人間が，飽食の生活を送り，これでもかこれでもかと致富欲に駆られている。そして，主流の経済学がそうした致富欲を称揚する。しかし，その一方で貧困が累積している。歴史を紐解けばすぐさま分かることだが，世界を変革してきたのは，こうした貧困者側，被支配者側による，富を独占する支配者側への，命をかけた反抗運動であった。悲惨な2度にわたる世界大戦は，帝国主義諸国の衝突ではあったが，結果的には，植民地の独立を促進させた。帝国主義諸国の疲れを奇貨として，植民地の独立運動が効を奏したからである。そうした構図はいまも変わってはいない。今日，先進地域の資本が資源を排他的に支配することが困難になってきた。イスラム世界の，眼前の世界システムへの抗議は，「文明の衝突」といった言葉遊びの次元のものではない。生きていかねばならない貧困層の全身全霊の反抗が，紛争の中身である。

このような視点を重視するかぎり，先進国と途上国という色分けは正しくない。先進国の内部に貧困が累積している様は，2005年8月末にルイジアナ州を襲ったハリケーン（カトリーナ）の惨状が物語っている。

　ニューオリンズでは，本書序章で説明したゲーティッド・コミュニティの存在が端なくも浮かび上がった。郊外のオードゥボン（Audobon）がそれである。このゲーティッド・コミュニティに，ハリケーン来襲後，軍事請負会社のISIの社員が急遽雇われた。雇われた人たちは，イスラエルのレバノン侵攻に参加した経験のある元イスラエル兵士で，その後，テキサス州ヒューストンでISI社員としての安全ビジネスに17年間従事している。彼らは，ヒューストンからゲーティッド・コミュニティの住人の自家用ジェット機でルイジアナ州の州都，バトン・ルージュ（Baton Rouge）に運ばれ，そこから専用ヘリコプターに乗り換えてオードゥボンに運ばれたのである。彼らはM16ライフル銃で武装して，ゲーティッド・コミュニティが，暴徒によって略奪されるのを防ぐべく雇われた現代の傭兵である。そうした傭兵が活動する場で，連邦政府は，貧民を暴徒として放置した。この事実を英紙『ガーディアン』が，「傭兵がニュー・オリンズの金持ちの家を防衛した」（"Mercenaries guard homes of the rich in New Orleans"）というタイトルの特別レポート記事で報じた（*The Guardian*, September 12, 2005）。

　同紙は，ブラック・ウォーターという，やはり軍事請負が，安全ビジネスとしてニュー・オリンズで雇用されている姿も報じている。この会社は，2004年にイラクのファルージャ（Falluja）で手足を切断された社員の死体が発見され，その報復で米軍がファルージャへの一斉砲撃に出たことで有名になった会社である。この会社の社員が金持ちの住む高級住宅街で何百人と雇われている。当然，社員たちは武装している。略奪者に対しては発砲しているという。その指揮者は，第一次湾岸戦争に従軍した米軍の将校であった。世界でもっとも豊かな米国の地で，貧民からの襲撃を恐れて隔離されたゲーティッド・コミュニティが存在している。この事実ほど，武器で守られなければならない隔離された冷たい空間を内容とするグローバリズムのおぞましさを示すものはない。それ

は国境を問わない。

　富国の中に，人間の尊厳を保証されていない貧民が存在しているように，途上国にも，とんでもない富豪がいる。サウド王家はいうまでもなく，ビン・ラディン一族，マーフーズ一族の巨額の資産は，先進部分のグローバルな投資の源泉になっている。だからこそ，父ブッシュが大きく関与していた投資ファンドであるカーライルが彼らを有力な顧客にしているのである（本山美彦編『帝国と破綻国家』ナカニシヤ出版）。世界は，こうした貧困層の世界大的な反抗運動によって突き上げられている。

　こうした世界の「なるもの」に視点を据えたのが，30年前の私の著書であった。それ以後，私には，事態が改善されているとは思われない。

　変わったのは経済学の方である。経済学の主流は，そうした世界における憎悪の累積を軽視し，レトリックの過剰累積で，理論をいたずらに晦渋なものに仕立て上げてきた。かつては，経済学は，反抗者への理論的拠点を提示してきたのに，いまでは，反抗者から敬して遠ざけられるようになるまで変質してしまった。詭弁と空論，人間の営みの中からは生まれようもない，言語体系を無視した奇妙な新造語の氾濫，言葉遊び，概念の羅列に得意がる，そうした奇妙な「理論」が新しいもの好きの心を捕らえる。それは，「魚のいない釣り堀で一日中，水面を見つめる行為」である（http://www.asiandrug.jp/asiandrug/koramu/koramu40.html）。

　経済学が新しいもののみを追い，依然として存在している古い問題を無視するという時間の罠に落ち込んでしまったために，概念のみが慌ただしく作り出され，そして棄てられていった。分析されるべき課題は，目の前に依然としてある。しかも，以前よりもさらに大きな問題として。世界経済論が分析責任をはたさなければならない問題はここに集中する。

　世界経済論は，国際経済論とは異なっている。分析する対象が両者の間で異なるからである。世界経済論は，世界（world）の総体がどのように編成され，動き，世界の中の紛争や，平和への力がどのような経緯で形成されるのかを，分析するものである。具体的には，現在進行中のイラク問題に集約されるグロ

ーバルな支配力に反抗するグローバルな力がもたらす世界の変容をきちんを明示的に分析しなければならない。

　戦後，60年。構造的な貧困撲滅の取り組みが主として国連総会を武器に展開された。国連は，夢として，カントをベースに置いた「最高の倫理的理念と一体になった人類の組織化」（ハンス・ケルゼン Hans Kelsen）の法理論にそのアイデンティティを見出していた。連合国（the United Nations）という戦勝国家群が安全保障理事会を通じて，5大国による理不尽な支配の存在にもかかわらず，国連総会は歴史的使命を果たしてきた。世界経済論は，国連のような国民国家の枠組みを超えた新しい人類の組織化の展望を描こうとするものであった。

　それに対して，国際経済論は，国家間の問題を扱う。International Economy のインターナショナルとは，「インター」＋「ナショナル」つまり，国家と国家との間を意味していて，国際経済論は，国家間で織りなされる力学を浮き彫りにすることを目標にしている。ここでは，国際秩序とは国家間の秩序のことになる。貿易論は，個人の利益ではなく，国民国家の中の消費者余剰を扱うものであるし，資本移動論は，個々の資本家の利益ではなく，国民国家の投資領域の拡大問題を扱うものである。したがって，国際経済論は，自由貿易の国民的利益，資本自由化の国民的ダイナミズムの分析に力点が注がれる。

　私は，世界経済論と国際経済論の優劣を論じているのではない。いずれの視点にも存在根拠はある。「あれかこれか」の問題領域ではなく，「あれもこれも」が必要である。しかし，次の点だけは，正確に認識されていなければならない。国際経済論は，「最大多数の最大幸福」という功利主義に裏打ちされたものである。しかし，特定の個人の中なら幸福の大きさを計測することは可能であるが，個人間で計測は可能なものであろうか。これが可能であるためには，登場させられる主体はすべて同質のものであることを条件とする。

　これに対して，世界経済論は，主体が相互に異質であることを前提にする。世界経済論は，貿易の自由化論をいう前に貿易の主体を意識する。貿易の自由化がもたらす貿易主体の利益を考える理論は，グローバル経済で破壊され続けるコミュニティを無視できるほどの完璧な正論なのであろうか。世界経済論は，

はしがき

　資本の自由化を論じる前に資本による支配によって生活基盤を奪われるマルチチュードの没落を意識する。資本の自由化といっても，恩恵を受けるのは，先進地域の投資ファンドだけである。投資ファンドといった一握りの利益集団の繁栄の陰で，驚くほど多数の死屍累々の現実が生み出されている。世界中に怨念が渦巻く。歯が浮くような美しい自由化というスローガンの下で，システムを破壊する力が累積しつつある。世界経済論は，そうした爆破的力のありようを摘出することを課題としている。

　私は，本書に寄稿してくださった方々から非常に大きな知的資産を分けていただいた。それは，本書執筆者諸氏が，もしかして，私から得た資産よりもはるかに大きいものであることを私は意識する。

　私のいう世界経済論を，本書を手にとってくださる読者諸氏とともに，先に進めたく衷心から願う次第である。

　　　2005年10月7日　帝国主義戦争終結60周年に記す

　　　　　　　　　　　　　　　　　　　　　　　　　　　　本　山　美　彦

目次

はしがき

序章　グローバリズムの「内」と「外」……………… 1
 I　「官から民へ」の疑問　1
 II　「公」の喪失　3
 III　環境政策に見る「公」　7
 IV　EU当局の「市場」認識　9
 V　グローバル経済の「内と外」　14

第1編　国際貿易

第1章　古典派から新古典派までの貿易理論史……………… 19
 ―忘却された歴史―
 I　新古典派貿易理論の思考回路　19
 II　古典派貿易理論の形成　21
 III　忘却された歴史　25

第2章　国際経済論の学説……………… 35
 I　ヘクシャー＝オリーン・モデル　35
 II　ヘクシャー＝オリーン・モデルの実証分析　39
 III　「新しい」貿易理論　42
 IV　世界経済論の必要性　45

第3章　国際貿易システムと戦略的貿易論……………… 47
 I　GATTの理念と実践　47
 II　ウルグアイ・ラウンドとWTO　52
 III　戦略的貿易論とWTO体制の将来　59
 IV　不可欠なプラグマティズム　64

第2編　国際金融

第4章　国際資本移動の理論と現実 …………………………… 69
- I　ルーカスの逆説　69
- II　資本移動のミクロ理論　70
- III　資本移動の現実と新しい仮説　78
- IV　アジア債券市場の可能性　83

第5章　国際金融市場 …………………………………………… 88
―1970年代前半における転換―
- I　国際金融における〈「官」から「民」へ〉〜本章の課題〜　88
- II　転換点としての1970年代前半　89
- III　70年代前半の資本自由化への転換　92
- IV　アメリカの政策転換の背景　95
- V　その後の国際金融市場の展開　99

第6章　国際金融規制の展開 ………………………………… 102
- I　国際金融規制とバーゼル銀行監督委員会　102
- II　金融規制とリスク管理　103
- III　バーゼル協定（1975年）　109
- IV　バーゼル合意（1988年）　112
- V　バーゼル2（2004年）　115
- VI　BIS規制の政治経済学　117

第7章　デリバティブ取引と市場 …………………………… 121
- I　デリバティブ取引とは　121
- II　自由主義経済とデリバティブ　124
- III　デリバティブのカルチャー　125
- IV　金融技術革新とデリバティブ　128
- V　クレジットデリバティブの登場　129
- VI　クレジット・デフォルト・スワップ（CDS）　132

  Ⅶ その他のクレジットデリバティブ 133
  Ⅷ 公的セクターの役割 135

第3編 国際通貨

第8章 金本位制期の国際通貨システム 141
―19世紀末から戦間期―

  Ⅰ 国際金本位制の「ゲームのルール」 142
  Ⅱ 国際金本位制と国際短期資本移動 144
  Ⅲ 国際金本位制と世界システム 147
  Ⅳ 戦間期の国際金本位制 150

第9章 ブレトンウッズ体制 157
―アメリカの通貨発行特権の確立―

  Ⅰ 問題の所在 157
  Ⅱ ブレトンウッズ体制の成立 158
  Ⅲ ブレトンウッズ体制のディレンマ 160
  Ⅳ アメリカの通貨発行特権 163
  Ⅴ 国際通貨の維持コスト 165
  Ⅵ 「純粋ドル本位制」への道 166

第10章 現代の国際通貨システム 171
―変動レート制の政治・社会的要因―

  Ⅰ 国際通貨システムと変動レート 171
  Ⅱ 変動レート制の政治経済学 172
  Ⅲ 変動レート制の歴史的変遷 175
  Ⅳ 国際通貨システムの将来 183

第4編 開発経済

第11章 開発経済学の基本理念 189
―その「来し方」と「行く末」に関する考察―

  Ⅰ 「約束の地」へ 189

  II 構造学派からワシントン・コンセンサスへ 190
  III ワシントン・コンセンサス批判とポスト・ワシントン・コンセンサス 193
  IV 知の解放——ポスト・ワシントン・コンセンサスを越えて 196
  V 「現実的な開発経済学の開発」をめざして 200

第12章　開発経済学の誕生 …………………………………………… 205
  ——W. アーサー・ルイスと農業問題——

  I ルイス思想の再発見 205
  II ルイス思想の揺籃としてのカリブ海 206
  III イギリス帝国の植民地政策とルイス 209
  IV 「南」の経済自立に向かって 212
  V 甦るルイス 218

第13章　開発と金融 ……………………………………………………… 223
  ——金融自由化と内生的貨幣供給論——

  I 新古典派とポスト・ケインジアン 223
  II 経済開発と金融自由化 224
  III ポスト・ケインジアンのアプローチ 226
  IV LDCs の内生的貨幣供給 231
  V 金融自由化の神話 233

第5編　各国経済

第14章　アメリカ経済 ………………………………………………… 239
  ——移民による建国からカジノ・グローバリズムまで——

  I 移民の原理と，分裂を内包するアメリカ 239
  II 「工場」の成立と脱製造業への展開 245
  III カジノ・グローバリズムへの道 250

第15章　東アジアのグローバル化 ………………………………… 257
  ——コモディティ化と社会的防御の必要性——

  I 東アジア工業化の歴史性 257
  II グローバル化のなかの東アジアの生産構造：技術変容とコモディティ化 259

Ⅲ　東アジア経済における同質化のなかの産業構造の異質性　262
　　Ⅳ　東アジアにおけるグローバル化の「外」：労働市場の柔軟化と福祉レジーム　266
　　Ⅴ　グローバル化に抗する社会の防衛の必要　269

第16章　世界経済の中の欧州統合 ……………………………… 273
　　　　　―域内の対立の抑止と利益の調和を目指して―
　　Ⅰ　EUの目指してきたもの　273
　　Ⅱ　共通農業政策の展開　276
　　Ⅲ　経済通貨同盟の展開　281

第17章　日本経済と小泉構造改革 …………………………………… 292
　　Ⅰ　小泉構造改革の成果と評価　292
　　Ⅱ　小泉構造改革の期待と現実　296
　　Ⅲ　構造改革の本丸――郵政民営化の重要性　300
　　Ⅳ　財政健全化の本質的意味と課題　304

第18章　構造改革と労働問題 ………………………………………… 310
　　Ⅰ　「市場化」と「日本的」との確執　310
　　Ⅱ　市場原理導入と雇用政策　313
　　Ⅲ　新しい日本型労使関係の構築　319

　あとがき　325
　索　　引　327
　執筆者紹介ならびに執筆分担

序 章

グローバリズムの「内」と「外」

I 「官から民へ」の疑問

　「官」から「民」へという流れは、世界的規模で、行き着く所まで行き着きつつある。1989年、アメリカからの強い批判によって開始された「日米構造障壁協議」以降、日本社会は、「官」が悪、「民」は善として、「官」による規制を緩和することが国是となった。本章では、「官」と「民」をグローバリズムの「内」と「外」に読み変えて、社会から「公」がなくなってしまった共同体の崩壊を直視し、英米日型社会を退け、EU型社会の見直しを重視する。

　コミュニティの原点であった商店街が衰退し、大手スーパーとコンビニが取って替わった。これまでは、地方には地方の顔があった。地方の風景は多様な姿で存在していた。しかし、今では、巨大なショッピング・センターが、高速道路のインター・チェンジの近くに開設され、日本中どこも同じような風景になってしまった。少数の巨大スーパーが勝利したことによって、地方は同じ形のショッピング・センターが広大な空間を占拠するようになった。日本はどこも同じ風景になった。と言うよりも、世界中がアメリカの郊外の風景に改造させられた。

　日本の銀行は壊滅の縁に追いやられた。生産的産業にカネが回らなくなった。カネはカネを商品として投機的に増殖した。儲けのことごとくが外資に持って行かれるようになった。規制緩和は、医療、農業、教育、保険へと裾野を広げた。「民営化」の号令とともに、「公」があらゆる領域で後退した。公立学校が後退した。大学は法人化された。住宅金融公庫は解体させられた。郵政事業も

民営化されるであろう。道路もその方向に進んだ。

そしてついに来た。国や地方公共団体の専決事項であった税の徴収事務が，民間に委託されようとしている。つまり，過去の，前近代社会で庶民を苦しめた徴税請負人が，近代化されたはずの現代に蘇りそうである。2004年8月，「規制改革会議」（1996年以来，オリックス総帥の宮内義彦が座長を勤めている）の「中間とりまとめ」には，（税金等の）「徴収業務の……民間開放は可能であると考える。……滞納処分等を公務員に行わせるよりは債権回収のノウハウを持った民間の優良事業者等に行わせる方が効果的である」と記されている。

2004年現在，国税・地方税の滞納総額は4兆円を超えている。国や自治体が，滞納額を不良債権宜しく，割り引いて民間業者に売り，滞納額を購入した民間業者は，滞納額を額面で回収し，その差額を利益とするのである。これは，じつに旨味のある新事業になるであろう。

税務当局には，裁判所の許可なく，滞納者の財産を差し押さえ，立ち入り検査をする権限が与えられている。そうした権限が民間業者に委譲されようとしているのである（森 2005, 179-82頁，参照）。

社会には，金儲けの対象に委ねてはならない「公」の聖域があるはずである。ところが，闇雲の規制緩和政策が，そうした聖域を俗世に引きずり下ろして，新しい金儲けの対象にしてしまうのである。教育，医療，社会保険が莫大な利益を生む新事業分野になる。アメリカがその先陣を切り，アメリカの圧力で日本が「公」を失い，「民」営化によって，「公」が奪われ，アメリカ資本の走狗と化した一部政商が莫大な儲けのおこぼれを権力から頂く。やりきれないこうした倫理の喪失時代に現代社会は入り込んだ。アメリカの資本主義は，ますます，「原始資本主義」の時代へと逆行している。そもそも，19世紀に誕生した工業資本主義は，社会的に影響力を持つ各種の反資本主義勢力を自陣に取り込むことによって，繁栄の基礎を築いて来た。反資本主義者との融和を実現しなければ，資本主義は，持続可能な体制ではなくなることに，20世紀までの経営者達は気付いていたからである。ところが，21世紀に入ってからは，アメリカの指導者たちは，強権と脅迫で自国と世界の人々を圧迫している。モルガン・

スタンレーのエコノミストのスティーブン・ローチですら，次のように言わざるを得ない。

　（アメリカの）「経済は持続可能なものではなくなってしまった。資本主義は立ち行かなくなる。現在のような巨大な軍事費を米国が何時までも支出し続けることはできない」(Wallerstein 2003, より転載)。

　「市場」はあらゆる正義を超越した神の座にすえられてしまった。アメリカの市場とは，モノ作りから離れ，ITネットを駆使した投機で金儲けを行なうことと同義である。そもそも，「市場」＝「マーケット」(market) とは，"marked"（印を付けられた場所）を語源とする。つまり，不正を監視する為に，決められた日時に開かれる市が「市場」の出自である。市場はルールによって，絶えず，監視される対象であった。ところが，アメリカでは何でもありの機能を備えることが，正しい市場であるとされるようになってしまった。

II 「公」の喪失

(1) 「ゲーティッド・コミュニティ」

　現在の郊外が，同じような風景になっていることは，地域の「コミュニティ」が崩壊した恐ろしい光景である。地域社会の「コミュニティ」を巨大施設が破壊している。アメリカには「ゲーティッド・コミュニティ」という言葉がある。それは，地域社会から塀で遮断され，警備が厳しい門をくぐることによって，安全性が保証された巨大な住宅構造物を指す。つまり，安全を求めて，外部から自らを遮断する建物・施設のことである。巨大ショッピング・センターがそれであり，高級マンションがそれである。社会の「飛び地」として「ゲーティッド・コミュニティ」は存在する。そこでは，塀の「外」は，「野蛮にして危険な外部」であり，異邦人である。アメリカには，こうした共同体が2万を超えて存在している。塀の「内部」を警備するのは，民間警備会社である。民営化によって，「公」の世界が縮小させられて来たアメリカでは，安全はカネで買わなければならない。民間警備業は，今や世界的にも抜きんでた成長産

業である。政府自体が，民間警備会社を雇わなければならない。アメリカではガードマン全体の内，政府が雇っている人が3分の1を占める。1990年以降，民間警備に費やされた費用は，公的機関の警備よりも73％も多いし，警備員は民間の方が，公的機関の警察官の3倍もある。アメリカでは新しいゲーティッド・コミュニティは必ず，民間警備保障企業によって警備される。

　アメリカでは，刑務所までも民営化されている。例えば，ワッケンハットという会社は，国内の13州で刑務所を経営している。同社はまた，SWAT（警察特殊火器）の携帯を許可され，警察業務も委託されている（Singer 2003, 邦訳, 147-48頁）。こうした「安全」サービスを提供する民間会社は，それこそ，世界中で，単なる安全のためではなく，現代の傭兵として戦争に参加している（本山 2004, 参照）。こうした民間会社が，戦地で，塀で囲われた軍事基地に本拠を置き，重装備の戦車で占領地を威嚇している。

　この姿は，現在のグローバリズムの実態そのものである。グローバリズムは，世界を均一に地球的に統合するものではない。グローバリズムは，世界各地に点在する塀で囲われた「飛び地」を繋ぐだけのものである。飛び地の「内」は民営化された軍隊や警備会社によって安全を確保された均一の風土からなる。世界中，同じような姿をしたインテリジェント・ビルや巨大ショッピング・センターが聳え立ち，人々は，同じようなファースト・フーズで胃袋を満たす。町から個性が消失してしまった。「飛び地」の「外」は，アウトローの世界で，暴力と貧困と略奪といった地獄が支配する地域と化した。かつての暖かい共同体が破壊されて行く。グローバリズムの進展とは，「内」の世界がますます少数になり，ますます個性を喪失する一方で，「外」の世界がとてつもなく急速に増大し，憎悪が渦巻く地域に転落することである。

　資本主義的近代化とは，資本家の数が少なくなり，失うものが鉄鎖のみのプロレタリアートが反体制勢力として大きくなることであると，これまでは想定されて来た。しかし，現在進展しているグローバリズムとは，ますます少数化するシステムの勝利者と圧倒的多数になる敗者とが分極化され，敗者が「内」から「外」に放り出されるシステムである。そして，「外」の貧しい若者が，

「内」に入れてもらうべく，戦争に参加するという「イニシエーション」が働く。現代社会の危機は，「外」にいる絶望者が，「内」にテロを仕掛けることから生じる。

かつて，「文明化」(civilization)とは，農奴制度という人間性を無視されて来た「外」の農村から農奴が城壁で囲まれた「内」なる都市に逃げ込み，「市民」(civil)になることであった。都市は市民に「自由・平等・博愛」を保証した。そうした都市の拡大がブルジョア革命を実現させたのである。しかし，今では，「内」なる都市から貧民が「外」に放り出されている。「外」の人間が「内」に入れてもらうためには，「外」の敵を撲滅する「内」の軍隊に入れてもらうしかない。

(2) 抹殺される若い世代

古代から少年も戦争に参加させられて来た。しかし，ほとんどの場合，少年は付け足しであった。武将の小姓であったり，ラッパ吹きであった。第2次世界大戦末期，日本の敗戦色が濃厚になった時には，学徒動員や悲惨な特攻隊があったが，それはあくまでも例外的なものであり，戦争は成人の正規軍によって遂行されるのがルールであった。これまで，子供は，次代を担う世代として大事に温存され，戦闘行為からは隔離されていた。

ところが，21世紀に入って，子供が正規軍として大量に徴用されるようになった。P. W. シンガーによれば，世界中で18歳未満の戦士は30万人を下らないと言う。この数は，全世界の正規軍，軍閥，反乱軍，テロリストの40％を占める。さらに50万人の子供が予備兵として待機させられている。戦闘の80％は，15歳以下の子供を参加させている。戦闘の18％で12歳以下の子供たちが戦わされている。

東南アジアと中央アジアの戦場では，戦争に参加している子供たちの平均年齢は13歳である。ウガンダでは5歳の兵士すら見られた。子供兵士の30％は，少女である。少女兵士たちの多くが性的虐待を受け，戦争が終結しても社会に復帰することに困難を覚えている。ゲリラの指導者たちが，いたいけない幼い

子供たちを訓練している。10歳以下の子供たちが武器密輸業務に携わっている。自爆テロの多くは，監視システムを潜り抜けやすい子供たちによって遂行されている。1997年コロンビアのELNによって派遣された警察への自爆テロは，若干9歳の少年によって行なわれた。

　9・11テロ以降，米軍はアフガニスタンからフィリピンに至る戦地で少年兵の攻撃にさらされている。アフガニスタンで最初に米軍の「グリーン・ベレー」の兵士を殺害した反乱軍の兵士は14歳であった。米軍が拘束したタリバン兵士で最も年少であったのは，12歳の少年であった。2004年末の史上最大の震災と津波被害を受けたインドネシアのアチェでは，子供たちが誘拐されてゲリラ組織に戦士になるべく売られている（CNN News, January 27, 2005）。

　アメリカ軍が設置しているキューバのガンタナモ湾捕虜収容所では，13歳から16歳までの子供の兵士が「イグアナ・キャンプ」と呼ばれている少年収容特別棟で英語や数学の教育を受けている。16歳以上18歳未満の捕虜は同収容所の「X線キャンプ」棟に入れられている。

　サダム・フセインが権力を保持していた時には，イラクでは「アシュバル・サダム」（サダムの獅子の子）と呼ばれる10歳から15歳までの少年軍が組織され，ゲリラ訓練が施されていた。米軍がイラク侵攻した後は，ナザリア，モスル，ファルージャで，これら少年兵士たちと戦わねばならなかった。ブッシュ大統領が，「使命の完成」演説をした2003年5月にも，12歳の少年が米海兵隊員をAK47ライフルで射殺したし，15歳の少年がアメリカ軍トラックを爆破した。シーア派，スンニ派を問わず，イラクでは少年兵士の参画を当然のこととして位置付けられているのである（Singer 2005）。

　多感な少年期に殺戮に明け暮れた子供たちが，戦闘が終わって優しい共同体の復権に向かえるであろうか。戦闘に参加するしか生きる術がないというグローバル社会の「内」と「外」の関連をどれだけの人たちが直視しているのであろうか。

Ⅲ　環境政策に見る「公」

(1) 米政策の後退

　2003年6月27日，ブッシュ政権のクリスティ・T.ホイットマン・アメリカ環境保護局（EPA）長官が，2年半務めた同局を辞任した（NSC『Safety + Health』2003年7月号；http://www.jicosh.gr.jp/Japanese/library/highlight/nsc/03_07/news4.html）。ホイットマンは，子ブッシュの第1次政権の4人の女性閣僚の1人で，長官就任前はニュージャージー州知事であり，美人知事として一時は副大統領候補にも挙がった人である。しかし，京都議定書の調印に，チェイニー副大統領をはじめとしたブッシュ政権の閣僚達が強力に反対し，ホイットマン長官が世界の批判の矢面に立たされ，就任直後から嫌気がさしていたと言われていた（http://www.tokyo-np.co.jp/toku/new_world/nw010721/nw2.html）。

　事実，閣僚の多くが石油関連企業と関連のあるブッシュ政権は，経済的利害を優先し，自分たちが利害関係を持つ石油産業を圧迫する京都議定書を，自己の利益を著しく損なうものとして一蹴したのである。

　ブッシュ政権では，環境は経済的利益の前に軽視されている。同政権は，自然保護，森林保護，水質，大気浄化等々，クリントン時代に強化された環境政策を次々と覆して来た。そして，同政権の環境政策に反対するホイットマンをブッシュ大統領は辞任に追い込んだのである（農業情報研究所〔WAPIC〕「工場畜産環境汚染抑制に壁，規制緩める米国」，2003年6月18日；http://www.juno.dti.ne.jp/~tkitaba/agrifood/agrienvi/03061801.htm）。同長官の辞任後，ブッシュ政権は環境政策を矢継ぎ早に後退させて来た。

　例えば，メリーランド州チェサピーク湾に臨むデルマーバ半島には10億羽近い鶏が飼育されている。これら鶏は，タイソン・フードやパーデュー等の巨大鶏肉加工会社と契約した農民によって飼育されている。ところが，鶏の数が多量過ぎて，鶏の排泄物や硝酸塩，燐が海に流れ出している。科学者や環境保護団体からの突き上げもあって，同州知事のグレンドニングは，アメリカで初め

て鶏排泄物処理の責任を鶏肉加工業者に義務付けた。1999年にはバージニア州も規制に乗り出し，上記アメリカ環境保護局も畜産汚染がアメリカ水系の最大の脅威と認め，恒常的大規模畜産農場の規制に乗り出した。

ところが，ホイットマン長官が辞任するや否や，2003年6月13日，メリーランド州の政権を握ったエールリッヒ知事（共和党）は，タイソンやパーデューの監督責任を廃止して自主的措置に代えた（*ibid.*）。

(2)　対局に立つ EU の環境政策

EU の環境政策はこれと正反対のものである。

工業的畜産の弊害は，フランス・ブルターニュ地方もアメリカと同様の状況にある。フランス政府は，1990年代以降，「農業起源汚染制御計画」を作成して，巨額の財政資金を注ぎ込んで，畜舎改善，糞尿処理施設建設等によって水系汚染防止に取り組んで来た。しかし，農民は畜産の頭数削減に抵抗していて，汚染の度合いは改善するどころか，悪化してしまっている（農業情報研究所〔WAPIC〕「欧州委，農業起源水質汚染で英仏に法的措置」，2003年4月17日；http://www.juno.dti.ne.jp/~tkitaba/agrifood/agrienvi/03040701.htm）。

すでに，欧州裁判所は，2001年3月8日，ブルターニュの水質汚染を1975年の EEC 地表水指令（75／440）に違反していると判定して，改善命令をフランスに出していた。同裁判所は，イギリスにも2000年12月7日に改善命令を出していた。イギリスが，1991年の EEC 硝酸塩指令（91/676/EEC）に違反していると判定されたのである。それは，硝酸塩汚染のある地域を危急地域に指定して，汚染防止に取り組むべきであるとの判決であった。しかし，フランスと同じく，イギリスでも改善はなかった。フランスと同じく，イギリスの農業団体はその措置に反対していた（*ibid.*）。

そうした状況に苛立った欧州委員会は，2003年4月4日，両国に対して，EU 水質法に基づく法的措置を執ると発表した（"Commission pursues legal action against France and the United Kingdom over EU water laws,"；http://europa.eu.int/rapid/pressReleasesAction.do?reference=IP/03/494&format=HTML&aged

= O&language = EN&guiLanguage = en)。委員会は，欧州裁判所の判決の遵守を両国に強く求めたのである。この措置の法的根拠は，EC条約第228条にある。そこでは，加盟国が欧州裁判所の法的措置に応えていない時には，欧州委員会が，法的措置の「理由書付き意見書」(reasoned opinion) を出し，期限を設定して問題の解消を当該国に要求できると記されている。それでも実行されない時，欧州委員会は，当該国に罰金を科すことを求めて欧州裁判所に提訴できることになっている。EUの環境問題はまさにこうしたプロセスで処理される。

つまり，各国のエゴイズムをEU全体の上位組織で押さえ込もうというのがEUの約束事なのである。ここには，アメリカとの違いが如実に表されている。

因みに，2003年5月20日，フランスの『リベラシオン』誌が，「世界自然保護基金」(WWF) の世論調査結果を発表した。フランス人の77％が環境悪化に対する政府の取組を不十分と考えている。都市地域ではそうした意見の持ち主は81％，農村部では73％，支持政党では左派は85％，右派は73％である。経営者は60％と低く，サラリーマンは82％と高かった ("Les Français Trés Nature," *Libération*, 5. 20, 2003)。

何でも市場に委ねるというアメリカ型と，地域，国，市民，職域，EU全体の各組織の参加者が「折り合いを付ける仕組み」(association) を基本理念とするEUとの違いは歴然としているし，人類の夢をどちらが体現しているかは明白であろう。

Ⅳ　EU当局の「市場」認識

(1)　EUの約束事

まだまだ「夢」の段階に過ぎないし，将来は「リアリズム」という目先主義に転落してしまう危険性なしとは言えないが，それでも，今のところ，アメリカの「公」を喪失した社会の対局に位置するのがEUの「社会的市場」概念である。

EU生誕の祝日は5月9日である。それは「ヨーロッパ・デー」と呼ばれている。1950年のこの日に，フランス外務大臣ロベール・シューマンがパリでいわゆる「シューマン宣言」を読み上げたのである。

　「基幹生産物を共同管理し，フランス，ドイツをはじめとする参加国に対して，拘束力のある決定権を持つ最高機関を創設することにより，……平和の維持に欠かすことができない欧州の連邦化の初めての実質的基礎をすえる」(http://jpn.cec.eu.int/union/showpage_jp_union.day.1.php)。

　これが，EUの基礎となった「欧州石炭鉄鋼共同体」(ECSC)である。欧州の2大強国であるフランスとドイツの国境地帯には，石炭や鉄鋼石等の重要な地下資源が横たわっていて，その領有権を巡って両国は交戦して来た。両国の同盟国がそれぞれ支援したことから，戦争は，全欧州規模となる場合が多かった。紛争の種である重要資源は何れかの国の領有に委ねられるのではなく，欧州全体の共同管理下に置くというのがEUの出発点となった。その後，1958年1月1日，「欧州経済共同体」(EEC＝第1ローマ条約)と「欧州原子力共同体」(EAEC＝Euratom＝第2ローマ条約)が発効，1967年7月1日，3つの共同体が統合されて「欧州共同体」(EC)になる。そして，参加国の国民投票を経て，1993年11月1日，「欧州連合」(EU＝マーストリヒト条約)が創設されたのである。2002年2月28日，国民通貨が廃止され，「ユーロ」という共通通貨が唯一の法定通貨となった。

　EUの旗は，青地に，完璧さと充実さを示すとされる12という数の星を円形に並べたものであり，加盟数が増えてもこの星の数は変わらない。EUの歌は，ベートーベンの第9交響曲の「歓喜の歌」で，自由の賛歌である。(1)

　EUの経済政策には多くの約束事がある。中でも，①財政赤字，通貨発行額，物価水準等々のEU全体のガイドラインを決めて，その数値に加盟国が近付く努力をすること，②経済的に豊かな地域と貧しい地域との格差を縮めること，が合意されている。この指標作りは，毎年行なわれているが，重要なことは数値の単位が国ではなく，地域であるという点である。国という固まりではなく，EUを1つのまとまりとして見て，各国内の貧しい地域を特定して，そうした

地域を経済的に浮上させるという政策がEUでは採られているのである。各地方自治体は総予算の5％をフィージビリティ・スタディ（実現可能性に関する調査）費用に充てることが義務付けられている。地域，国，EUへの権限配分に関しては，小さな単位でできるものは原則として地域に委ねられる。地域の手に余るものは国，環境とか国際河川，国防等々の全体に関わる分野はEUに委ねられる。地域への資源配分もEUの責任事項となっている。③対外的な経済関係はEUの各種委員会が掌握する。投資・貿易，通貨，WTO等の経済協約に関する交渉権限は各国にあることはあるが，最終的な決定権はEU本部が握っている。こうして，EUは，大国アメリカとの交渉力を高めているのである。つまり，EU的同盟関係とは，アメリカに全ての力が集積しているアメリカ的同盟関係とは質的に全く異なるものである（http://jpn.cec.eu.int/union/showpage_jp_union.enlargement.candidate.php）。

(2) ドイツの「基本法」

　上記の大まかな約束事の上に，各国の経済文化が乗っ掛かっている。例えば，ドイツは，労使協調を基本とする「社会的市場経済」を国是としている。ドイツの憲法は「基本法」と呼ばれている。そこでは，ドイツは「社会国家」でなければならないと明記されている。つまり，国家は「社会性」，「公」を義務としなければならないとされている。ドイツ外務省のホームページには次のように書かれている。

　（ドイツは）「何の規制もない純粋な市場経済原理だけで経済運営を行なうことは退けている。社会政策を通じて，市場関与者を側面的に支えることで，20世紀半ばから目指している社会的市場経済という構想が実現する」（http://www.tatsachen-ueber-deutschland.de/2418.99.html）。

　社会的市場経済の柱は3つある。1つは，巨大企業によって市場が支配されてしまうのを防ぐことであり，2つは，それを実現させるために中小企業を支援することである。周知のように，ドイツではマイスター制が重んじられ，熟練者に対して社会的な尊敬が集まるように社会的に誘導されているし，経営者

が熟練労働者でもある企業を「手工業」として分類し，国内でこの種の手工業の生産比率を高めることが重視されている。上記ドイツ外務省のホームページは，中小企業について次のように説明している。

「国は，商業，手工業，サービス業，自由業種等の300万人に及ぶ自営業者と中小企業に対して，重点的に振興策を講じている。製造業分野の数万社に及ぶ中堅企業は，ドイツ経済の競争力を確保するための基礎である。とくに，機械メーカーやサプライヤー産業，新技術ではバイオ産業，ナノテク産業等がそうした例である。中小企業の分野で雇用を拡大するために，ベンチャー企業や小規模企業のスタートアップ条件を，大きく改善する必要がある」(*op. cit.*)。

3つは，労使協調原則であり，これも憲法である「基本法」に明記されている。基本法第9条は，労働協約の自治を保証している。労使は労働協約によって労働条件を定めなければならない。労働協約法と事業所組織法は労使双方の意見が反映されなければならない。労働組合は，経営への参加が保証されているが，労働協約が改訂される時にその妥結を巡って経営者側と意見が対立した時にのみ，ストライキを決行することができる。つまり，労働協約が有効である場合には，労組側にストライキ権は認められていない。経営者側には，労働者のストライキに対抗して，労働者を職場に入れないロックアウトの権利が法的に認められている。職業訓練終了後の試験委員には労組側が加わる。各種社会保険の理事会には労使双方が半数ずつ参加する。労使紛争の裁判では労使双方が名誉判事を出せる。従業員協議会という労組の会議体があるが，経営者は，この協議会の承認なく労働者を解雇することはできない。企業は，職場の組織，就業時間，職場のレイアウトに至るまで，労働協議会と話し合わなければならないことが事業所組織法で決められている。監査役会には従業員代表が参加しなければならない。監査役会が取締役を選定するからである。

「現代社会で仕事をするということは，生計を維持し，社会全体の豊かさを享受し，個人として自立し，自分らしく生きるための基盤として，重要な意味を持っている」(*op. cit.*)

建前としてあるこうした崇高な理念も，現実の非情さによって裏切られてい

る局面が数多く存在していることは認めざるを得ない。しかし,「勝利者が全てを獲得する」という荒々しい経済政策,経営者の権力が集中して,労働者は部品としての扱われ方しかされず,首切りの恐怖に戦(おのの)く世界とは対極の社会概念が,ドイツで語られているという事実は限りなく重い。

(3) EUの人権政策

　2000年12月7日,欧州理事会は「人権憲章」を発表した。これは,加盟国の慣習的な人権理念を全EUレベルでまとめたものである。「権利」,「自由」,「原則」を主題として,「尊厳」,「自由」,「平等」,「団結」,「市民の権利」,「正義」,「一般規定」等,54章から成立している。これは,あくまで慣習的施策を1冊の本にまとめたものであり,各国に施行を法的に強制するものではない。しかし,ECの3つの主要機関,「欧州議会」,「欧州委員会」(各国の内閣に相当),「閣僚理事会」といった主要機関が,各国政府,地方政府,各種団体に必要な人権に関する認識を喚起したものである。これは,法的拘束力がないといっても,新規加盟国に対しては非常に大きな条件を設定するという役割を担っている。優しい「社会」を目指すEUの理念がそこには美しく謳われている(http://www.uknow.or.jp/be/ukview/eu/eu05.htm)。

　EU内部の人権政策の優しさは,ドイツの国籍条項に見られる。1960年代初めからドイツは多数の外国人労働者を受け入れて来た。移住して来た人々は,イタリア人から始まり,スペイン人,ポルトガル人,ユーゴスラビア人,トルコ人の順で増えて来た。現在,ドイツに在住する外国人労働者の数は約730万人いる。これは,全人口の8.9%に相当する。彼らの内,3分の1は8年以上もドイツに住んでいる。20年以上の人も3分の1いる。そして,彼らの子供の3分の2はドイツで生まれている。

　こうした現状をドイツは肯定的に捉え,ドイツの市民権,国籍取得を容易にするという施策を講じている。外国人労働者がドイツ市民権を得るのは,2000年以前では15年の在住期間を条件としていたが,2000年1月1日の国籍法改正によって,この日以降,8年に縮小された。そして,ドイツで生まれた彼らの

子供達は，両親の何れかが8年以上ドイツに在住しておればドイツ国籍が本人の希望によって付与されることになった（http://www.tatsachen-ueber-deutschland.de/2418.99.html）[(2)]。

「坊主憎ければ袈裟まで憎い」は間違っているし，その反対の「あばたもえくぼ」も，もちろん間違っている。EU結成時の約束事，そして，経済政策，環境政策面において，EUがアメリカの「市場万能主義」に対置して「社会」を掲げたことは人類の将来に夢を与えるものであった。しかし，EUの人権外交はその夢を打ち砕くものである。EUの夢が挫折しないためにも私達のEU理解を深め，EUが本来持っている積極性を後押しする時期に来ているのは確かである。

V　グローバル経済の「内と外」

今の「グローバリゼーション」は，軍事会社という「塀」で囲まれた「内」から大量の敗者を「外」に追いやることである。そして，グローバリゼーションの進展は，「内」よりも「外」の方が大きくなる。「外」は共同体を破壊された地獄図絵によって支配される。グローバル化の担い手は，「自由」を植え付けると称して，「外」の反抗を圧殺する。グローバリズムにおいて勝者になることと，「民主主義の普及」とが同義に解釈されている英米日型社会では，経済学は，とくに，「国際経済学」は，「外」に放り出されないことを人々に説く。人と企業が，「内」に留まることの利点を「学問的」に説明する。そうした流れに抗するべく，「外」の世界を直視し，「外」の人間的復権の方策を見出す努力を払う「世界経済学」の構築は，喫緊の課題である。

(1) EU加盟国は，2004年末現在で25か国ある。1958年のローマ条約による原加盟国はベルギー，ドイツ，フランス，イタリア，ルクセンブルク，オランダの6カ国，1973年にデンマーク，アイルランド，イギリス，1981年にギリシア，1986年にポルトガルとスペイン，1995年にオーストリア，フィンランド，スウェーデンが加わり，2004年には一挙に10カ国，つまり，キプロス（南），チェコ，エストニア，ハンガ

序章　グローバリズムの「内」と「外」

リー，ラトビア，リトアニア，マルタ，ポーランド，スロバキア，スロベニアが参加した。さらに，ブルガリア，ルーマニア，トルコが加盟申請する見込みであり，ウクライナ，モロッコ等の国も参加を希望している。まさに欧州全体が，「欧州の家」に集結しつつある（http://www.mofa.go.jp/mofaj/area/eu/map_01.html）。

(2)　こうした事実だけを見れば，EU は，人権の強化によって EU 構成員に幸福感をもたらすことに専念しているという外観を持つ。しかし，何事でもそうであるが，EU の人権政策も，ご都合主義に彩られている。

　　例を EU 加盟を申請しているトルコに取ろう。EU に加盟申請しているトルコに対して，EU 人権憲章に盛られている内容に照らして欧州委員会から常駐調査団を派遣し，10年に亘ってトルコを調査することになった。期限は10年間に及ぶ。2005年からトルコを EU 加盟候補に加えるが，人権を含む31項目に亘って，調査する。人権以外には，産業，教育，司法，外交，通貨等々の政策の吟味がある。31項目を10年間も調査するというのは厳し過ぎると思われるが，これまで，参加を許可した諸国は，EU の基準を満たしていない場合が多かったことの反省から出た調査であると欧州委員会は説明している。しかし，イスラム圏に明確に属し，イギリスの忠実な部下として行動するトルコ政府への嫌みであることは明白である（『毎日新聞』2004年9月30日）。

　　フランスのシラク大統領自身はトルコの加盟を支持しているものの，彼の与党「人民運動連合」の多くが反対している。『フィガロ』の世論調査では，2004年6月時点でフランス人の61％が反対であったが，9月28日には反対は56％に下がった。そして，この時点ではフランス外相のバルニエは地政的理由からトルコ支持を表明していた（"Majority of French opposed to Turkey in EU," http://www.eu-business.com/afp/040928141615.9zk38oql）。

　　しかし，2004年12月13日時点では，『フィガロ』は，フランス人の反対が増え，67％になったと伝えた（Le Figaro, 04/12/13）。そうしたフランスの世論に押されたのか，バルニエ外相はトルコ加盟に反対に転じた。加盟には，トルコが過去にアルメニア人を虐殺したという歴史を認めるべきだと，2004年12月13日に発言したのである。オスマントルコが崩壊した時，多数のアルメニア人が戦闘に巻き込まれて戦死した。この事実はトルコ政府側も求めている。にもかかわらず，それを「虐殺であったと認めろ」と同外相は迫ったのである。これに対して，トルコのエルドアン首相は，「トルコは他の加盟国より厳しい条件を課されている。これは差別だ」と息巻いたとされる。トルコだけは正式加盟ではなく準加盟の資格として位置付けられようとしているのである。

　　以前，トルコは，フェアホイゲン欧州委員会委員から，トルコの EU 加盟条件として出されていた「コペンハーゲン基準」を満たしているとの言質を引き出した後だけに，2004年9月末からの EU 側の対応はトルコ苛め以外の何ものでもないとト

15

ルコ政府は反発している（「EU加盟条件，トルコ，批判強める，基準外の難題要求に」，『毎日新聞』2004年12月15日）。これでは，EUが，人権を口実にした露骨な外交手法であるとの批判にさらされることは明らかである。

参考文献

本山美彦（2004）『民営化される戦争―21世紀の民族紛争と企業―』ナカニシヤ出版。
森功（2005）「〈新政商〉宮内義彦，3つの顔」『文藝春秋』1月号。
Singer, Peter W.（2003）*Corporate Warriors : The Rise of Privatized Military Industry,* Cornell University Press.（山崎淳訳『戦争請負会社』NHK出版，2005年。）
――――（2005）'Too Young to Kill,' Newhouse News Service, January 9, 2005.; http://www.brookings.edu/views/op-ed/fellows/singer20050109.htm
Wallerstein, Immanuel（2003）'Empire and the Capitalists,' *Commentary,* No. 96, May 15, 2003; http://fbc.binghamton.edu/113en.htm

第1編　国際貿易

第1章

古典派から新古典派までの貿易理論史
──忘却された歴史──

「科学的分析の結果は，無媒介に政策として適用されてはならない。政策は，イデオロギーとして機能するものであるし，権力の裏づけをもてば，このイデオロギーは人々の個性を容易に抹殺しうる。観念のもつ怖さを熟知しているからこそ，彼［ウェーバー］は，政策の提示に禁欲的となり，観念の提示を急ぐべきではない，との思いに駆られたのであった」(本山 1991, 106頁)。

I 新古典派貿易理論の思考回路

(1) 貿易理論における「内」と「外」

　個人・企業・国家がグローバリズムの「内」に留まることの利点を「学問的」に説明する際に中心的な役割を果たしてきたのが，古典派・新古典派の自由貿易論である。

　ハーシュマンはその思考回路を次のように特徴づけた。「市場経済においては，すべて自発的行為からなる経済取引によって，個人であれ国家であれ，参加者全員が利益を得ている（そうでなければ彼らは取引に参加しないであろう）」(Hirschman 1981, p. 4)。

　この思考回路こそが古典派・新古典派自由貿易論の公理をなす。そもそも自由貿易論のエッセンスは「貿易利益」の論証にあるはずであるが，実は，この思考回路＝公理を前提として受け入れさえすれば，厳密な論証を経ずとも貿易利益の発生は自明の真理となる。[1]

　この思考回路の起源はきわめて古い。たとえば，東インド産綿布輸入をめぐって，有名な「キャリコ論争」がイングランドで展開されたのと同時期に，ダ

ッドレー・ノースは『交易論』でこう述べた。「公衆に利益が生じない交易はありえない。なぜなら，もし利益が得られないとわかれば，人々は交易をやめるからである。貿易業者が繁栄するときにはいつでも，公衆（貿易業者もその一部である）もまた繁栄するのである」(North 1691, preface，邦訳79頁)。

ノースの『交易論』は，ほとんど理論的価値のない小冊子であるが，自由貿易の公理を信奉する学説史家は，自由貿易理論史を賛美せんがために，このような理論家を多数発掘しては過大評価してきた。シュムペーターはノースについて論じた箇所で，「自由貿易以外には関心をもたず，またある著者の見解が自由貿易に近いか遠いかを問う以外にはなんらの批判の基準も知らない，経済分析の解釈家たち」(Schumpeter 1954, p. 369) を非難している。シュムペーターはマカロック (McCulloch 1856) とヴァイナー (Viner 1937) をこうした解釈家の新旧の代表例とみなしていたようである。

(2) 1930年代——新古典派貿易理論の分水嶺

20世紀初めの時点で，新古典派貿易理論が古典派の遺産として継承していたのは，次の2要素であった。(i)リカードが発見した「比較優位の原理」(Ricardo I, chap. 7)。(ii) J. S. ミルが考案した「相互需要」による交易条件決定理論 (Mill 1848, chap. 18)。後者はマーシャルとエッジワースによる洗練を経て，「オファー曲線」として定式化されていた (Marshall 1923, 第3編)。

古典派の遺産を土台として，1930年代には，次の3つのタイプの貿易理論が競合していた (Bloomfield 1994, p. 155)。(a)ヴァイナーの「実質費用アプローチ」(Viner 1937)。(b)ハーバラーの「機会費用アプローチ」(Haberler 1933)。(c)オリーンの「要素賦存アプローチ」(Ohlin 1933)。ただし，(c)を(b)の「特殊ケース」として位置づけることもできる。1930年代を通じて(a)と(b)の間で建設的とはいえない論争が行なわれたが，結局のところ，一般均衡論と整合的な(b)(c)が主流の理論として生き残ることになった（詳細は，田淵 2006, 第5章を参照）。

1930年代には，新古典派貿易理論の内部で展開された論争とは別の次元で，ケインズによって根源的な問題提起がなされた。ケインズは世界恐慌下の大量

失業に直面して，『貨幣論』(1930) から『一般理論』(1936) への理論革命を進めるかたわら，忠実な自由貿易主義者から保護貿易論者へと政策スタンスを劇的に変化させていた。この変化は，新古典派経済学が開放経済においても完全雇用を自明視する立場（「セイ法則」）に立っているとの理論的認識にもとづいていた（詳細は田淵 2006，第 1，2，5 章を参照）。「自由貿易は，賃金率の大幅な変動性と組み合わされるのであれば，支持しうる知的立場ではある。……［しかし］自由貿易は純粋な仮定の領域以外には存在しないのである」(Keynes 1931, pp. 496–97)。

II 古典派貿易理論の形成

(1) 「18 世紀ルール」——ヘンリー・マーティン

「機会費用アプローチ」の元祖と呼ぶにふさわしい理論家がヘンリー・マーティン（Martyn 1701, 1720 年に別題で再刊）である。

マーティンは「キャリコ論争」において，東インド会社の貿易独占に反対の立場をとりつつ，東インド産綿布の輸入には賛成する論陣を張った。キャリコの国内消費の禁止を定めた「キャリコ法案」が 1700 年に議会を通過したものの実効性がなかったため，1720 年に再度の禁令が出された。マーティンのパンフレット発行はこの 2 度の禁令に反対するためのものだったと推定される。当時，イングランド国内の毛織物・絹織物業者たちが安価な東インド産綿布に向けた憎悪は凄まじく，1697 年には織物工による東インド会社襲撃事件が，1719 年には織物業者 2000 名による暴力的な「キャリコ狩り」が起こされたほどであった（信夫 1968, 9 頁）。身の危険があったためか，『東インド貿易の諸考察』(1701 年，以下『諸考察』と略称)，『イングランドにとっての東インド貿易の諸利益』(1720 年) と題されたマーティンのパンフレットは匿名で発行され，1983 年になされた考証によってようやく著者が確定された（研究史については，馬場 2003, 2005 を参照）。

『諸考察』の理論水準は相当高く，マルクスが『資本論』でその分業論をス

ミス以上と評価したほどである。貿易利益にかんしては，絶対優位論の枠を出ないものの，機会費用の概念にもとづく輸入の利益を明確に説いている。

「イングランドで物を作るのに，インドから調達する際に必要な人手以上の人手を雇うことは，益を得るために雇える多くの人手を，益を得られないのに雇うことである。もしイングランドでは9人で小麦3ブッシェル以上作れないが9人の労働でどこか外国から9ブッシェル入手できるならば，9人を国内農業に雇っておくことは，彼らに3人分の仕事しかさせないことであり，6人を彼らなしにやれた仕事，6ブッシェルの小麦をイングランドにもたらす益を生まない仕事に就かせることになる。これはイングランドにとって小麦6ブッシェルのしたがって同じ価値の損失である。それゆえ，イングランドで9人の労働で10シリングの価値の製品を作りうるとし，同じ労働で外国から3倍の価値の製品を入手し得るとしたら，この人たちをイングランドの製造業で雇うことは，外国から2倍の価値の製品を入手するために雇うことができたかもしれない，9人中6人を益なしに雇ったことになり，それは明らかに国家にとって同額の損失なのである」(Martyn 1701, pp. 34-35, 馬場 2003, 293-94頁)。

ヴァイナーは『諸考察』のこの部分を引用したうえで，この貿易利益の論証法を，彼の理解する「比較優位の原理」と区別して，「18世紀ルール」と命名した (Viner 1937, p. 440, ただし，ヴァイナーの説明は「実質費用アプローチ」に傾斜したものである)。

マーティンによるこの明快な論理から，われわれは「機会費用アプローチ」が完全雇用を前提とする楽観論であることを確認することができる。逆に言えば，重商主義者が機会費用の概念を用いないのは，分析の優劣という理由からではなく，彼らが直面した課題が労働者の失業ないし不完全就業であり，その解決のためにまず貿易収支の均衡が必要だと考えていたからである。これは先に見たケインズの問題意識と重なる部分である。

いずれにせよ，マーティンがリカードの「比較優位の原理」や新古典派の「機会費用アプローチ」に連なる内容をもつ理論家であることは疑いない。現代のグローバリズムの元祖として称揚する傾向すら見受けられる (Maneschi

2002)。

(2) A. スミスの貿易理論

　古典派貿易理論をリカードの「比較優位の原理」で総括し，その文脈でリカード以前の理論を評価する見地からすれば，スミスの貿易理論は見劣りのするものでしかない。『諸国民の富』における「18世紀ルール」の記述は，たしかにマーティンの『諸考察』よりも精彩を欠く。「もしある外国が，われわれ自身がある商品をつくりうるよりも安くつくり，それをわれわれに供給することができるならば，われわれは，自分たちが多少とも強みをもつようなしかたで自国の産業を活動させ，その生産物の若干部分でそれを外国から買うほうがよい」(Smith 1776, p. 424, 邦訳(3)58頁)。

　しかしながら，その見方は一面的である。ミント (Myint 1958) によれば，スミスの貿易理論には現代の主流派理論が失ってしまった2つの側面がある。ひとつは「余剰はけ口説 the vent for surplus theory」と呼ばれるもので，外国貿易が国内の余剰商品にはけ口を与えることで国内市場の狭隘さが克服される側面を見たものである。もうひとつは「生産性理論 the productivity theory」と名づけられたもので，市場の拡大が国内の分業を促進し，生産性上昇をもたらす側面を見たものである。スミス理論は，静態的な「比較優位の原理」と異なり，外国貿易を技術進歩と経済発展をもたらす動態的な力と捉えたのである。

　スミスの真骨頂は『諸国民の富』第4編第7章の東インド会社批判の部分に見られる (すぐれた解説として，信夫 1968, 21-34頁を参照)。ここに見られるのは，古典派経済学者が重商主義に対抗するための理論的武器として用いた自由貿易・自由放任思想である (本山 1974)。理想論であるがゆえにそれは純粋性を保持できたのである。やがてスミスの理想論に感銘を受ける政治家が現れ (小ピットとダンダス)，「インド法案」制定により東インド会社の独占を現実に剥奪してゆく。

(3) D. リカードによる「比較優位の原理」の発見

　リカードは，産業資本家に共感を抱き地主階級を敵視する立場から，穀物法廃止（による穀物輸入自由化）を訴えることが理論家としての自らの使命であると考えていた。彼の資本蓄積論（利潤論）と貿易理論はそのための理論的武器として考案された。

　リカードが「比較優位の原理」を発見した時期および経緯は近年の研究によってほぼ判明している（Ruffin 2002，および田淵 2006，第3章）。また，リカードが「比較優位の原理」を提示した方法が，ハーバラー（Haberler 1933）やヴァイナー（Viner 1937）による通説的解釈とは異なることも，明らかにされてきた（行沢 1974；本山 1982，第9章；本山1984；Ruffin 2002；田淵 2006，第3章）。通説的解釈でリカードの「比較優位の原理」として議論されているものは，J. S. ミルが考案した別種の提示方法である（田淵 2006，第4章）。[2]

　リカード『原理』第7章の「4つの魔法の数字」（サムエルソン）と呼ばれる数値例（Ricardo I, chap. 7）は，通説的解釈では単位労働係数（財1単位の生産に必要な労働）を表すとされるが，そうではなく，「現実に交易されている特定量の財の生産に必要な労働」を表している。リカードは「貿易以前」の状態（アウタルキー）を想定しておらず，すでに実行されている貿易を分析している。そこでは交易条件が所与である。貿易利益にかんする手の込んだ論証は不要であり，スラッファが示したように（Sraffa 1930, p. 541），「4つの数字」のうち2つの数字どうしの引き算によって「労働の節約」という貿易利益が算出される（すなわち，イングランドは120－100＝20人の労働，ポルトガルは90－80＝10人の労働）。つまり，リカード理論における貿易利益の論証自体は，通説と異なり，「18世紀ルール」と類似のものである。

　現代のテキストブックにおける貿易理論の中心論点は，貿易パターンの決定，交易条件の決定，貿易利益の論証であるが，リカードにとってはいずれも重要でない。「特化しない場合よりも特化した方が有利であることは，当然のこととして前提されている。この程度のことなら，リカードウにとって，いまさら議論をする必要のないほど自明のことである」（本山 1982, 214頁）。

リカードにとって重要だったのは，理論的支柱として自ら確立した労働価値説が，資本と労働が可動性をもたない外国貿易においては成立しないという点の論証であった。彼が労働価値説を採用したのは1816年3月頃であり，「比較優位の原理」を発見したのは同年9月下旬から10月初旬であったと推定される（Ruffin 2002）。労働価値説を採用したうえで，イングランドの農業が世界最高の絶対的生産力を誇るという事実を踏まえつつ，安価な穀物輸入が可能であると論証することは理論的難問であった。この難問を解決する論理が「比較優位の原理」であった。したがってまた，「貨幣数量が生産力の絶対的格差を中立化する」（本山 1984, 67頁）ことを保証する論理として，第7章後半で論じられる正貨移動論（the specie-flow mechanism）もリカード貿易理論の不可欠の一要素なのである。

Ⅲ　忘却された歴史

(1) 1830年代──古典派貿易理論の分水嶺

　1821年に，リカード『原理』の最後の版である第3版が発行された。同年には『原理』の内容を教科書的に整理したJ.ミルの『経済学綱要』が，1825年にはマカロックの『経済学原理』が出版され，リカードの『原理』にかわりこれらが普及していった（杉原 1973, 第1章）。が，1823年にリカードが急死すると，「リカード学派」は早くも崩壊に向かった（マルクスのいう「リカード学派の解体」）。

　転機となったのは，1825年に発生した過剰生産恐慌であった。元来，リカード理論は，地主階級の利益を保護する統制に危機の原因を求め，産業資本の蓄積が妨害されないかぎり，資本主義体制が進歩的に作用することを論じていた。過剰生産恐慌と労働者階級の反抗に直面するや，「セイ法則」に立脚し，資本の力を万能視し，安価な穀物輸入案以上の具体論をもたないリカード学派に疑惑の眼が向けられるようになった。階級対立の軸は資本家対地主から資本家対労働者に移行し，また重商主義的独占は最終的に解体されつつあったので，資

本主義体制の内部から生みだされる危機の原因を、従来のように地主階級や重商主義的政策に帰すことはもはや不可能であった（本山 1974）。

　こうした状況で迎えた1830年代は、古典派経済学の転回がなされた時期である。この転回が鮮明にあらわれるのは、植民地にたいする理論家たちの姿勢であった（Winch 1965）。スミスからリカード学派（たとえばJ.ミル）までの前期古典派にとって、植民地とはすなわち重商主義的独占である。ところが1830年代以降の後期古典派にとって植民地はもはやそのような理念的な攻撃の対象ではありえず、過剰人口と過剰資本を投下するための現実的政策対象となったのである。

　この時期の古典派学説は従来、リカード理論の俗流化としてのみ捉えられた（本山 1976, 第3章）。貿易理論史においては、リカードの「比較優位の原理」とJ.S.ミルの「相互需要説」のみに焦点が合わされ、これらが20世紀の新古典派貿易理論に直結するものとして捉えられた。コブデン（Richard Cobden）に代表されるマンチェスター派の単純な自由貿易主義だけがこの時代の主潮流であるかのように錯覚された。このような事情のもとで主流派貿易理論にたいする不満が表明されることとなった。いわく、「現代までの貿易理論の発展はリカードが示した比較優位の原理に合致する狭い筋道でしかなされてこなかった」（Robinson 1974, p. 130）、あるいは「われわれは、この［リカード］モデルから、［大規模な資本移動や移民という］近代経済史におけるもっとも主要な起動要因を除外しなければならない」（De Cecco 1974, p. 6, 邦訳8頁）。しかしむしろ、後期古典派の多様な理論展開が貿易理論史から忘れ去られたと見るほうが真相に近いであろう。

(2) **E. G. ウェイクフィールドとJ. S. ミル**

　マルクスも認めるように、ウェイクフィールド（Wakefield 1833）こそ、後期古典派のうちでもっとも注目すべき理論家であろう。彼はラッフルズ（Sir Thomas Stamford Ruffles）の影響を受け、組織的植民の企画者として活動するが、独創的な理論家でもあった。彼は「セイ法則」を否定し、スミスの動態的

貿易理論（「余剰はけ口説」と「生産性理論」）に着想の源を見いだし，資本と労働がともに過剰であるとの認識を獲得した。「需要を顧みることなく供給だけに着目するにすぎず，『生産が出会う制限を偶然的なもの，克服される制限として考えていた』リカードウ正統派に対して，『資本の充用部面』（the field of employment）による［需要の］制限論をぶつけて挑戦したウェイクフィールドの課題はそのまま［販売市場と原料の制約打破という］産業資本の課題でもあったと言えよう」（本山 1976, 78頁）。ウェイクフィールドはイギリス資本主義の世界化というダイナミズムの只中で，「資本と労働のはけ口」としての近代的植民地の建設に向かうが，彼の偉大な点は植民地にかんする認識にあったのではなく，「異質の生産様式の存在に接してはじめて資本制的な生産様式の独自性に気づく」（本山 1974, 150頁）という点にあった。

　ウェイクフィールドの組織的植民論を受け継いだのが，J. S. ミルであった（本山 1974）。たしかにミルは，リカード理論の正統的後継者として「セイ法則」を受け入れ，「比較優位の原理」を再定式化して「相互需要」による交易条件決定論と継ぎ合わせ（詳細は田淵 2006, 第4章を参照），自由貿易体制を賛美する叙述を行なった。しかし，その目的は経済的利得のために抽象的理論を政策に直結させることにあったのではなく，より高次の理念が念頭におかれていた。「通商の経済的利益を，その重要性において，はるかに凌駕するものに，その知的道徳的効果がある。現在のように人類の発展度の低い状態においては，人間が自分たちとは類似していない人々と接触し，自分たちが慣れているものとは異なる思考と行動の様式に接触するということは，いくら高く評価しても過大ではない」（Mill 1848, pp. 581-82, 邦訳(3)276頁）。スミスの哲学的方法を意識して付けられた主著の副題（『経済学原理，および社会哲学にたいするそれらの原理の若干の応用』）に，こうした志向をもつミルの姿勢が表されている。[3]

　ミルは組織的植民論によって異質な社会への認識を深めるとともに，『原理』の版を重ねるごとに，初期社会主義による社会改良にかんする記述を充実させてゆく。1849年の第2版ではフーリエ，サン＝シモン，オーウェンの社会主義についての記述を設け，1852年第3版の序文で「協同組合（the co-operative associations)」に言及した。

　「ミルの神髄は［数々の理論的独創ではなく］，経済改革への彼の諸提案と，甘さと渋さをかねそなえた迫力ある道徳的な調子のなかに見いだされるべきであって，やたらに抽象理論をふりまわすことが，社会改良を説教しようという願望によって抑制されている。それはマーシャルの『原理』にしみこんでいるのとまったく同一の香気である」(Blaug 1978, 邦訳367頁)。

　こうしたミルの姿勢には，現代の経済学が失ってしまった抽象的論理の抑制と「公」の論理の優位が見いだされる。とりわけ異質な社会との出会いを契機に晩年のミルが傾斜してゆく〈アソシエーション〉論は，「外」の世界を直視し，「外」の人間的復権を見いだす努力を払う「世界経済学」構築のためのひとつの方途を指し示しているようである。

(3)　「アジアにおける自由貿易の勝利」の欺瞞

　ヘンリー・マーティンの時代からウェイクフィールドの時代まで，貿易理論の論争史においてつねに主要な争点となったのは東インド会社を通じたアジア貿易をどう捉えるかという点であった。現代の貿易理論史ならびに経済史は，この論争を「自由貿易」対「重商主義的独占」という図式のもとに把握するのが常である。しかし，そのような図式的把握は，それがマルクス的発展史観の名のもとに行なわれるのであれ，新古典派ないしマンチェスター派的な自由貿易主義の観点から行なわれるのであれ，度し難い欺瞞に陥る。すなわち，アヘン商人が自由貿易商人と規定され，東インド会社がアジア貿易から撤退して私商人がアヘン貿易を牛耳ることに成功した事実が「アジアにおける自由貿易の勝利」と規定されることになるのである。本山 (1973) は，イギリス資本主義の世界化という観点から，こうした図式的理解にたいして痛烈な批判を行なった。以下に紹介するこの問題提起は，現代のグローバリズムを考察するうえでも，けっして忘れられてはならない観点である。[4]

　18・19世紀のアジア貿易の最大の問題とは，イギリスの主力産品（毛織物，後に綿製品）にたいする需要がほとんどないということであった。東インド会

社はイギリス製品の対アジア輸出を本国から義務づけられ、売り込みに相当の努力を払ったものの、まったく成功しない。本国からは東インド産綿布の輸入を禁圧され、また銀での支払を非難され、貿易不振と戦費によって本国負債が累積した挙げ句、18世紀後半になると、東インド会社は巨額の利益があがる中国貿易（茶の輸入）に活路を見出した。ところが、イギリス製品の需要がないという点で中国はインド以上であった。機械制大工業を確立したイギリス製造業が、19世紀後半に至っても中国における「零細農業と家内工業の結合」を凌駕できなかったのである。[5] 東インド会社は、インドの政治的統治に乗り出して土着綿業を政策的・暴力的に破壊した。インドをイギリス綿布の市場とするとともに、原綿とアヘンの生産を強制し、これらを対価に中国から輸入した茶を本国で独占的に販売し、その収益を本国債務返還にあてた。東インド会社は原綿とアヘンの対中密輸に利用するために私商人を育成したが、私商人はやがてアヘンの調達・販売および送金・金融業務で東インド会社から自立し、独自の国際貿易・金融網をもつ貿易商社に成長してゆく。19世紀初めのマンチェスターの「自由貿易」キャンペーンは中国市場にかんする無知にもとづく幼稚なものであったが、私商人はこれを巧みに利用して、1834年、ついに東インド会社をアジア貿易から撤退させることに成功した。

英・米・アジアを結ぶ世界貿易ネットワークとロンドンを中心とした世界的金融ネットワーク、すなわちイギリスを基軸とする資本主義世界市場は、こうした強奪と奪権の過程の末に創出されたのである。

最後に、もういちど1930年代の分水嶺に立ち帰ろう。100年前の分水嶺に際して主流派貿易理論はウェイクフィールドの問題提起を受け入れなかったが、同様の事態が20世紀にも繰り返された。『一般理論』（1936年）の絶大な影響力にもかかわらず、その主たる分析対象が閉鎖体系であったために、国際経済学における「ケインズ革命」は生じなかったのである。

戦後、貿易理論研究の主流はヘクシャー＝オリーン・モデル（要素賦存理論）に移行し、それにともなって貿易理論の無時間的抽象空間への内閉化がい

っそう進行することになった。というのも，この理論は「『天から降ってきた恵物（manna）』のような要素の賦存状態を考えていた」（本山 1987b, 126頁）からである。神が賢明にも資源と財貨を世界に不均等にばらまかれることによって地域間の交易を促進させたもうたとするこの思想（「普遍経済の理論 the doctrine of universal economy」と呼ばれる）は，ヴァイナーによれば，紀元後の数世紀間に神学者たちが発展させた「最古かつ最長命の経済理論」である（Viner 1959, p. 42, また Irwin 1996, chap. 1も参照）。

　ここに至って貿易理論による「歴史の忘却」が完成したと言ってよい。

(1)　だからこそ，新古典派貿易理論にたいするもっともラディカルな批判である不平等交換（unequal exchange）論は，この公理自体を批判の対象に据えるのである。すなわち，新古典派がいつでもアウタルキーに戻ることができるという意味で特化を可逆的であると考えるのにたいし，不平等交換論は，技術係数は同一だが特化が不可逆的である世界を想定し，国際的な賃金格差がそのまま低賃金国側の不利益に結びつくことを示そうとするのである（本山 1987b, 第4章を参照）。

(2)　リカードの貿易理論は，「比較生産費説 the theory of comparative costs」と呼称されることが多いが，リカード自身はこの用語を使用したことがない。他方，「比較優位 comparative advantage」という用語をはじめて用いたのはリカードである。「ある国がある特定の商品の製造について従来もっていた比較優位を，新しい租税が破壊することもあろう」（Ricardo I, p. 263, chap. 19）。さらに「資本を農業で使用するのと製造業で使用するのとどちらが比較優位かという問題」（Ricardo VII, p. 270, 1818年6月24日付マルサス宛書簡）。したがって，リカード貿易理論の呼称としては「比較優位の原理」がふさわしいと思われる。

　　また，現代のテキストブックでは「リカード・モデル」を「生産要素が労働のみの一要素経済を分析するモデル」と定義し，完全特化のケースを論じるのが一般的であるが，この扱いは理解に苦しむ。『原理』第7章の「4つの数字」を提示した箇所では，「資本 capital」という語が2つのパラグラフに計3回も使用されているのである（Ricardo I, p. 135）。さらに，この箇所を総括した注では「自国の消費に要する穀物の一部を輸入することがありうる」（同上 p. 136, 強調引用者）と述べられており，リカードが農業部門の収穫逓減にもとづく不完全特化のケースを論じていることは明らかであろう。

(3)　資本主義の「内」と「外」を強く意識した開発経済学者ハーシュマンが J. S. ミルを自らの思想的源流のひとりに位置づけるのはこの文脈からであろう（Hirschman 1981, p. 17）。

(4) 本山（1973）は，内容の卓越性ばかりでなく，本山教授のその後の業績の多くの要素をすでに含んでいるという点で，記念碑的作品である。すなわち，世界市場の創出と世界的多角的決済機構の確立（1976），植民地銀行・周辺部の幣制研究（1976，第6章，ならびに1986，第Ⅱ部，1987a，第Ⅰ部，に所収された諸論文），「世界市場の型」（1982，第11章，他），新古典派・国民経済派の両面批判（1982，1984，1987b，他），W. A. ルイス評価（1982，第6章，他），重商主義者の再評価（1986，第5章，ならびに1993，第8講）や，先進国の金融危機と途上国債務問題の連動（1987a，1996，第2部），はては近年の「売られるアジア」とハゲタカ・ファンド批判（2000），内生的に生じる国際通貨のネットワークと，それを操ろうとする権力との角逐（2001），「戦争の民営化」とエリート人脈，メディアによる情報操作の危険性（2004），「闇のグローバル化」（2005），等々。情況に応答して先見力と洞察力を発揮された本山教授の諸著作が，実は熟慮された研究計画に沿ったものでもあったと知れば，読者は驚かれるにちがいない。

(5) この事実を同時代に的確に分析したのはマルクスであった（Marx 1859）。鋭敏なジャーナリストとして同時代のアジア貿易を観察したマルクスは，のちに彼の名を冠して語られることになる図式的発展史観とは無縁であった。彼は『ニューヨーク・デイリー・トリビューン』紙上で，アヘン貿易の実態を詳述した上で，「英国の自由貿易の本質を綿密に研究するならば，ほとんどつねにその『自由』の底には独占が存在していることがわかる」（Marx 1858，邦訳528頁）と結論づけた。また，ルイスは次のように論じた。「19世紀後半には，ある幻想がつくられた。熱帯諸国は農業が比較優位の立場にあるというのが，西ヨーロッパにおける信条となるに至った。実際には，インドの繊維生産がまもなく示しはじめたように，熱帯諸国と温帯諸国の間では1人当たり食料生産の格差のほうが，1人当たり近代工業生産の格差よりもずっと大きかったのである」（Lewis 1976, p. 11, 邦訳13頁）。

参考文献

信夫清三郎（1968）『ラッフルズ伝』平凡社。
杉原四郎（1973）『イギリス経済思想史—J. S. ミルを中心として—』未来社。
田淵太一（2006刊行予定）『貿易・貨幣・権力』法政大学出版局。
馬場宏二（2003）『マルクス経済学の活き方—批判と好奇心—』御茶の水書房。
——（2005）『もう一つの経済学—批判と好奇心—』御茶の水書房。
本山美彦（1973）「イギリス資本主義の世界化とアジア—アヘンをめぐる東インド会社と広東商社の角逐—」，小野一一郎／行沢健三／吉信粛編『世界経済と帝国主義』有斐閣，所収。
——（1974）「古典学派の植民地観」，杉原四郎／菱山泉編著『セミナー経済学教室2．経済学史』日本評論社，所収。

第1編　国際貿易

―――（1976）『世界経済論―複合性理解の試み―』同文舘。
―――（1982）『貿易論序説』有斐閣。
―――（1984）「不等価交換論と国際価値論」，根岸隆／山口重克編『二つの経済学―対立から対話へ―』東京大学出版会，所収。
―――（1986）『貨幣と世界システム―周辺部の貨幣史―』三嶺書房。
―――（1987a）『国際金融と第三世界』三嶺書房。
―――編著（1987b）『貿易論のパラダイム』同文舘。
―――（1991）「ポリテイアの影絵」，内山秀夫編『政治的なものの今』三嶺書房，所収。
―――（1993）『ノミスマ（貨幣）―社会制御の思想―』三嶺書房。
―――（1996）『倫理なき資本主義の時代―迷走する貨幣欲―』三嶺書房。
―――（2000）『売られるアジア―国際金融複合体の戦略―』新書館。
―――（2001）『ドル化―米国金融覇権への道―』シュプリンガー・フェアラーク東京。
―――（2004）『民営化される戦争』ナカニシヤ出版。
―――編（2005）『「帝国」と破綻国家―アメリカの「自由」とグローバル化の闇―』ナカニシヤ出版。
行沢健三（1974）「リカードウ『比較生産費説』の原型理解と変型理解」，森田桐朗編著『国際貿易の古典理論―リカードウ経済学・貿易理論入門―』同文舘，1988年，所収。
Blaug, Mark (1978) *Economic Theory in Retrospect,* Third edition, Cambridge: Cambridge University Press.（久保芳和他訳『新版　経済理論の歴史Ⅰ～Ⅳ』東洋経済新報社，1982-86年。）
Bloomfield, Arthur I. (1994) *Essays in the History of International Trade Theory,* Aldershot: Edward Elgar.
De Cecco, Marcello (1974) *Money and Empire: The International Gold Standard, 1890-1914,* Oxford: Basil Blackwell.（山本有三訳『国際金本位制と大英帝国』三嶺書房，2000年。）
Haberler, Gottfried (1933) *Der Internationale Handel,* Berlin: Verlag von Julius Springer.（松井清／岡倉伯士訳『国際貿易論』有斐閣，1937年。）
Hirschman, Albert O. (1981) *Essays in Trespassing: Economics to Politics and Beyond,* Cambridge: Cambridge University Press.
Irwin, Douglas A. (1996) *Against the Tide: An Intellectual History of Free Trade,* Princeton: Princeton University Press.（小島清監訳／麻田四郎訳『自由貿易理論史―潮流に抗して―』文眞堂，1999年。）
Keynes, John M. (1931) "To the Editor of *The New Statesman and Nation,* 16 March 1931," in Vol. XX of *The Collected Writings of John Maynard Keynes.*

第1章 古典派から新古典派までの貿易理論史

Lewis, W. Arthur (1976) *The Evolution of the International Economic Order*, Princeton: Princeton University Press.（原田三喜雄訳『国際経済秩序の進展』東洋経済新報社，1981年。）

Maneschi, Andrea (2002) "The Tercentenary of Henry Martyn's 'Considerations upon the East-India Trade,'" *Journal of the History of Economic Thought*, Vol. 24, No. 2, pp. 233-50.

Marshall, Alfred (1923) *Money, Credit and Commerce*, London: Macmillan.（永沢越郎訳『貨幣信用貿易』岩波ブックサービスセンター，1988年。）

Martyn, Henry (1701) *Considerations upon the East India Trade*, reprinted in McCulloch ed. (1856). Reissued in the title of *The Advantages of The East-India Trade to England*, 1720.

Marx, Karl (1858) "Trade and Monopoly," *New York Daily Tribune*, September 25.（「アヘン貿易の歴史」，『マルクス・エンゲルス全集第12巻』大月書店，1964年，525-28頁。）

―――― (1859) "Trade with China," *New York Daily Tribune*, December 3.（「中国との貿易」，『マルクス・エンゲルス全集第13巻』大月書店，1964年，537-41頁。）

McCulloch, J. R. ed. (1856) *A Collection of Early English Tracts on Commerce*, reprinted in D. P. O'Brien ed., *J. R. McCulloch Classical Writings on Economics*, Vol. I, London: William Pickerling, 1995.

Mill, John Stuart (1848) *Principles of Political Economy*, reprinted New York: Augustus M. Kelley, 1973.（末永茂喜訳『経済学原理(1)～(5)』岩波文庫。）

Myint, Hla (1958) "The Classical Theory of International Trade and the Underdeveloped Countries," *Economic Journal*, Vol. 68, No. 270, June, pp. 317-37.

North, Dudley (1691) *Discourses upon Trade*, reprinted in McCulloch (1856).（アダム・スミスの会監修，久保芳和他訳『交易論・東インド貿易論』東京大学出版会，1966年，所収。）

Ohlin, Bertil (1933) *Interregional and International Trade*, Cambridge, Mass.: Harvard University Press.（木村保重訳『貿易理論―域際および国際貿易―』ダイヤモンド社，1970年。）

Ricardo, David (1951-73) *The Works and Correspondence of David Ricardo*, 11vols, edited by Piero Sraffa with the collaboration of M. H. Dobb, Cambridge: Cambridge University Press.（堀経夫他訳『デイヴィド・リカードウ全集 I ～ XI』雄松堂書店，1969-99年。）

Robinson, Joan (1974) "Reflections on the Theory of International Trade," in *Collected Economic Papers*, Vol. 5, Oxford: Blackwell, 1979.

Ruffin, Roy J. (2002) "David Ricardo's Discovery of Comparative Advantage,"

History of Political Economy, Vol. 34, No. 4, Winter, pp. 727-48.

Schumpeter, Joseph A. (1954) *History of Economic Analysis,* London: George Allen & Urwin Ltd. (東畑精一訳『経済分析の歴史』岩波書店, 1955-62年。)

Smith, Adam (1776) *An Inquiry into the Nature and Causes of the Wealth of Nations,* reprinted New York: Random House, 1937. (大内兵衛／松川七郎訳『諸国民の富(1)～(5)』岩波文庫, 1959-66年。)

Sraffa, Piero (1930) "An Alleged Correction of Ricardo," *Quarterly Journal of Economics,* Vol. 44, pp. 539-45.

Viner, Jacob (1937) *Studies in the Theory of International Trade,* reprinted London: George Allen & Unwin, 1955.

────── (1959) "Five Lectures on Economics and Freedom," in Douglas A. Irwin ed., *Essays on the Intellectual History of Economics,* Princeton: Princeton University Press, 1991.

Wakefield, Edward Gibbon (1833) *England & America: A Comparison of the Social and Political State of Both Nations,* reprinted New York: A. M. Kelley, 1967. (中野正訳『イギリスとアメリカ―資本主義と近世植民地―(1)～(3)』日本評論社・世界古典文庫, 1947-48年。)

Winch, Donald (1965) *Classical Political Economy and Colonies,* London: G. Bell. (杉原四郎／本山美彦訳『古典派政治経済学と植民地』未来社, 1975年。)

第2章

国際経済論の学説

　本章では，国際経済論，特に新古典派の貿易理論の批判的検討を行なうとともに，経済のグローバル化が国民経済にどのような影響をもたらすのかを考えることとする。本山教授が述べているように，グローバリズムによってもたらされる社会の変化は，「ナショナルなものの破壊に集約される」（本山 2001, 1頁）。そして同時に，グローバル化の影には，それを「推進して国益増進をめざす主導国の論理」が存在する（池本 2001, 23頁）。しかし，新古典派の貿易理論は，この事実を見えなくする。なぜなら，この理論は，現実とはかなり異なる世界を想定し，そのもとでモデルを展開するからである。その結果，自由貿易が最もよいという結論を得る。つまり，自由競争が普遍的に望ましいという幻想を振りまいてしまう危険性をもつのである。さらに問題なのは，自由貿易が望ましいという結論ゆえに，この理論が，強い競争力をもつ企業や国家にとても都合がよいということである。よってわれわれは，この理論のもつ学問的な意味だけでなく，政治的な意味を理解する必要がある。

I　ヘクシャー＝オリーン・モデル

　新古典派経済学（neo-classical economics）が基づいている原子論的社会観は，社会はホモ・エコノミクス（経済人）という原子の単なる集合体であると想定する。つまり，人々はみな同質である。よって，新古典派の貿易理論は，国民経済内の多様な階層の存在を無視してしまうことになる。さらに，不平等な関係にある取引主体間の貿易，伝統的産業と近代産業の対立，労働者の資本家に対するバーゲニング・パワーといった問題を十分に分析することができない

(本山編 1987)。

　このように，新古典派の貿易理論は様々な問題点をもつ。にもかかわらず，この理論が，世界の多くの経済学者・実務家から支持されていることも事実である。そこで本節では，新古典派の貿易理論の中心的理論であるヘクシャー＝オリーン・モデルを取り上げ，その批判的検討を行なう。

　ヘクシャー＝オリーン・モデルは，国家間の要素賦存比率の違いにより，2つの国の間で貿易が発生することを説明する理論である。よって，リカード・モデルと異なり，2つの国の技術水準は等しいと仮定する。つまりそれは，同一の技術をもつ国間でも貿易が発生することを説明する理論である。さらに，リカード・モデルと異なり，各国が輸出財の生産に完全特化せずに輸入品と競合する財の生産も行なうことを説明する。

　このモデルは，2国2財2要素が存在するという設定のもとで，いくつもの仮定を置く。その主なものは，1．両国は同一の生産関数をもち，そして両国で生産された財は互いに同質である，2．企業による参入・退出は自由である，3．生産関数は規模に関して収穫一定である，4．両国に存在する資本と労働は互いに同質である，5．資本と労働が産業間を移動する際，その調整コストがかからず，また各生産要素は完全雇用される，6．両国の需要パターンは同一であり，また所得の各財への支出割合は一定である，7．生産要素は国際的に移動できない，8．貿易収支はゼロとなる，などである。

　5の仮定については，ある産業で資本や労働者が余った場合には，その余剰量がもう1つの産業ですべて雇用され，さらに資本の価格や賃金が伸縮的に動くため，産業間移動のコストや失業等も発生しないというものである。言い換えると，資本と労働は，それぞれ無限の代替性をもつ。しかし現実には，アパレル企業で使わなくなった機械設備が家電企業へ移されて使用されるということはほとんど起こらないし，労働者が他の産業へ移る際には新しい産業での職業訓練が必要である。また，失業が存在しないというのも現実的でない。したがって5の仮定は，そうした産業間移動が調整コストなしにスムーズに行なわれるような新古典派的世界を想定している。言い換えれば，この仮定が実現す

るような長期，いわば数十年のスパンについての分析であると解釈することができる。

　ヘクシャー＝オリーン・モデルからいくつかの定理が得られるが，その主要なものの1つは，要素価格均等化定理である。これは，貿易により生産要素の価格は両国で均等化するというものである。

　要素価格均等化定理は，生産要素それ自体を貿易しなくても，財を貿易すれば，生産要素の価格が均等化することを意味する。要するに，財の貿易を通じて各国は生産要素を輸入しているので，自国と外国の要素価格が均等化するのである。この結果，貿易を開始すると，資本豊富国では賃金が低下し資本レンタルが上昇する。労働豊富国では賃金が上昇し資本レンタルが低下する。このように貿易は所得分配を変化させるのである。

　現実の世界では，各国の技術水準は同一ではない。そこで今度は，外国が自国と同一の技術水準をもつという仮定をはずし，一般的な貿易による国内価格の変化が要素価格に与える影響を説明するのが，ストルパー＝サミュエルソン定理である。これは，ある財の価格が上昇したとき，その財の生産に集約的に用いられる生産要素価格は上昇し，集約的に用いられていない生産要素価格は低下するというものである。例えば，労働集約財の国内価格が20％上昇したとしよう。すると，賃金が30％上昇し資本レンタルが10％低下するといったようなことが起こる。

　こうしたことが起こる理由は，労働集約財の価格が上昇すれば，国内では，資本集約財の生産に従事していた資本と労働の一部が，労働集約財産業に移動する。これにより労働への需要が高まるので，賃金が上昇するからである。一方，資本は労働集約財産業において比較的必要とされないので超過供給となり，資本報酬率が低下することとなる。

　したがって，労働集約財の輸入に関税をかければ，その財価格は上昇する。そして賃金は，財価格を上回る比率で上昇する。よって労働組合にとっては保護主義の方が望ましい。

　ストルパー＝サミュエルソン定理の意味することは重要である。上記のメカ

ニズムを逆にして，労働集約財価格が下落する場合を考えてみよう。現在，日本は中国から労働集約財である衣類や農産物を大量に輸入しており，その結果日本国内の衣料品価格や農産物価格は下落傾向にある。この定理によれば，それは賃金低下を引き起こすことになる。

別の例をあげると，労働集約財の輸入関税率を引き下げれば，その国内価格が低下する。これも賃金低下を引き起こすことになる。さらに現実には，労働集約財の国内価格低下は，その財の国内生産量減少を通じて雇用量減少をもたらす可能性がある。先進国の労働者の一部が，WTO（世界貿易機関）での貿易自由化交渉に強く反対している理由の1つは，こうしたことへの危惧である。

最後に，貿易利益について論じる。両国の要素賦存比率が一定の範囲内にあるときには，貿易を行なっている均衡状態において，両国が比較優位をもつ財に不完全特化する。そして，特化する財を互いに輸出する。そのとき，所得が増加し，貿易開始前には実現し得なかった消費パターンを実現できる。よって，両国とも貿易利益を得る。したがって，ヘクシャー＝オリーン・モデルでは，自由貿易が最も望ましいという結論が得られるのである。

しかしながら，貿易利益は国民全体に平等にもたらされるわけではない。要素価格均等化定理で示されたように，貿易を開始すると，資本豊富国の労働者と労働豊富国の資本所有者の所得は低下する。だが，資本豊富国の資本所有者と労働豊富国の労働者の所得がそれ以上に上昇するので，両国とも国民所得が上昇する。よって貿易利益が発生するのである。したがって，最大多数の最大幸福，つまり各人の効用の総和を最大化することを社会厚生の目的とする功利主義的基準が，新古典派の思想の背景にある。

加えて，労働の産業間移動がスムーズに行なわれないならば，失業が発生する。そのときの国民所得が貿易開始前よりも上昇するとは限らない。また，国内の資本や労働が互いに同質でないならば，一国内の要素価格が均一化せず，国家間の要素価格均等化も起きない。

このように，以上の結論はモデルのもつ多数の仮定に依存しており，それらの仮定が成り立たないときは結論も変わり得る。特に致命的なことは，価格支

配力をもつ企業は存在せず価格は市場で決定されるという仮定と，現実とのギャップである。世界市場は，しばしば不完全競争市場である。圧倒的な市場支配力をもつ企業や国が，その財の価格に対し強い影響力をもつ。その意味で，ヘクシャー＝オリーン・モデルは，世界経済の現実からはかけ離れた理論である[1]。

さらに，このモデルには大きな問題点が存在する。このモデルでは，賃金は内生変数である。しかし本山教授が強調したように，実際の因果関係は逆で，賃金は独立変数であり，賃金が財価格を決めるのではないか。このとき，先進国と途上国の賃金格差により，貿易不利益や不等価交換が生じるのである。加えて，このモデルは，各国が比較優位のある財を自由に選択できると仮定する。だが歴史的には，セイロンの紅茶やマレーシアのゴムのように，途上国は国際分業を強制されてきたという事実が存在するのである（本山 1984）。

II　ヘクシャー＝オリーン・モデルの実証分析

第2次大戦直後のアメリカは，他のどの国も比較にならないほど機械設備を大量に所有し，世界一の資本豊富国だと考えられていた。よってヘクシャー＝オリーン定理に従えば，アメリカは資本集約財を輸出し，労働集約財を輸入するはずである。

ところが，経済学者レオンチェフは，自らが考案した産業連関表のデータを用いた計算により，アメリカが労働集約財を輸出し資本集約財を輸入しているとの論文を1953年に発表した。つまり，ヘクシャー＝オリーン定理から予想される貿易パターンとは逆の結果が出たのである。このことを，レオンチェフ・パラドックスという。

レオンチェフは，1947年のアメリカについて，輸出財を生産するのに必要な資本および労働の量と，輸入財と競合する国内生産の財を生産するのに必要な資本および労働の量を計算した。その結果，輸出財よりも輸入競争財の方が，資本・労働比率が30％高かった。よってアメリカは，労働集約財を輸出し資本

集約財を輸入していることとなる。この結果は，当時の学会に大きなショックを与えるものであった。

　このパラドックスをどう理解すればいいのかについて，レオンチェフの論文が発表されて以降，様々な議論がなされた。レオンチェフ自身は，アメリカの労働者は他国の労働者より3倍効率的かもしれないと示唆した。つまり，アメリカの労働量が名目値の3倍存在すると考えれば，労働集約財を輸出することはおかしくない。しかし，アメリカの資本財も，他国の資本財と比べて生産性が高いと思われる。よってこの説明は説得力をもたなかった。

　このパラドックスの原因として考えられることは，第1に，ヘクシャー＝オリーン・モデルの仮定の非現実性である。このモデルでは各国は同一の生産関数をもつと仮定しているが，現実には，アメリカと貿易相手国とで同じ財を作る際の資本・労働比率が異なることがあり得る。第2に，生産要素として資本と労働のみを取り上げた点である。第3に，関税が労働集約財の輸入量を低下させ，よって輸入競争財の資本・労働比率の計算の際，輸入競争財に占める労働集約財の比率が低下したことが考えられる。

　第4に，レオンチェフの計算が理論的に正しかったのかどうかという問題がある。ヘクシャー＝オリーン・モデルから，貿易収支がゼロとなるという仮定をはずす。すると，資本豊富国の貿易財に含まれる資本と労働がともに輸出超過ならば，純輸出（＝輸出－輸入）における資本・労働比率が生産要素賦存量の資本・労働比率より高く，そして生産要素賦存量の資本・労働比率が消費する財に含まれる資本・労働比率より高いことになる。リーマーは，レオンチェフの使ったデータを用いて，このことがアメリカで成り立っていたことを実証した。この結果は，パラドックスが存在していなかったことを意味するのである。

　ところが，別の研究者が，労働を純輸出する国は，労働者1人当たり支出が世界平均を下回ることを理論的に示した（Brecher and Choudhri 1982）。実際には，アメリカの労働者1人当たり支出は世界平均より高かったため，これは新たなパラドックスの出現であった。

こうして，レオンチェフ・パラドックスをめぐる議論はいまだ決着していない。ここまでしてヘクシャー＝オリーン・モデルにこだわるより，別の方向を探るべきではないかとも言える（本山 1987，43頁）。

また，Bowen, Leamer and Sveikauskas（1987）は，世界27カ国のデータを用いて，各国の要素賦存量からその国の貿易パターンを説明できるかどうか実証した。その結果，12要素のうち8要素では，予想貿易パターンが現実と一致したのは70％未満であった。この結果も，ヘクシャー＝オリーン・モデルにより現状の貿易パターンを予測する精度が必ずしも高くないことを示している。

今度は，グローバル化が賃金にどういった影響を与えるかに注目する。ストルパー＝サミュエルソン定理によれば，日本が中国などから労働集約財である繊維製品や農産物などを輸入すると，そうした産業が縮小し，よって労働者の賃金が低下することになる。

しかし，実際の賃金決定は，景気，物価上昇率，労働市場の制度的特性など様々な要因の影響を受ける。よって，日本など多くの国では，賃金低下がそうしばしば起こるわけではない。[2]ゆえに，この定理が述べていることが実際に起きているかどうかを検証することは容易でない。

賃金に関して明らかなこととして，先進国におけるホワイトカラーとブルーカラーの賃金格差は，1970年代は縮小傾向にあったが，1980年代以降は拡大傾向にある。特にアメリカとイギリスはその傾向が著しい（Freeman and Katz 1994）。

日本でも1980年代以降，製造業における学歴間の時間当たり賃金格差は拡大傾向にある。[3]佐々木・桜（2004）は，その要因としてスキル偏向的技術進歩と経済グローバル化があることを，実証分析により明らかにした。ここで，スキル偏向的技術進歩とは，特定の技能・技術を有する労働者を相対的に多く用いるような技術変化を指しており，IT関連技術，高度な技術・熟練を要する製造設備，研究開発などが含まれる。経済グローバル化とは，海外生産や輸入拡大などである。

さらに，上記の経済グローバル化に関して，非熟練労働者を相対的に多く有

する業種から熟練労働を相対的に多く有する業種への業種間の需要シフトによる影響は比較的小さかった。むしろ，各業種内での熟練労働への需要シフトの影響が大きいことが示された。したがって，ストルパー＝サミュエルソン定理から推測されるような，輸入財価格低下が労働集約的産業の縮小を通じて学歴間賃金格差を拡大させるというよりも，製造業全般における最終財・中間財の輸入拡大が，賃金格差を拡大させる要因として重要である。つまり，外国，特に低賃金労働力が存在する国へのアウトソーシングが，賃金格差を拡大させるのである。

アメリカでも同様の実証分析が存在する。フィンストラとハンソンは，アメリカの非生産労働者と生産労働者の賃金格差拡大要因として，コンピューターへの設備投資の寄与度が35％，外国へのアウトソーシングの寄与度が15％と推定している（Feenstra and Hanson 1999）[4]。

したがって，ストルパー＝サミュエルソン定理による効果は必ずしも大きくない。だが，それも含めたグローバル化の効果は無視できないものとなっている。

III 「新しい」貿易理論

1980年代以降，規模の経済性や不完全競争，ゲーム理論などを用いた「新しい」貿易理論が発展した。この背景には，戦後の貿易拡大の大部分が，先進国同士の貿易であったという重要な事実がある。先進国は技術水準や要素賦存比率が似通っているため，なぜこうしたことが起きたのか，従来の貿易理論では説明がつかない。

「新しい」貿易理論において最も根幹となる概念の1つは，規模の経済性，すなわち，規模に関して収穫逓増である。これは，すべての生産要素の投入量を増加させるとき，そこから生じる生産量の増加率が，生産要素増加率を上回るというものである。その結果，生産量が大きいほど，平均費用，すなわち製品単価が下がることとなる。規模の経済性は，現代の製造業を説明する上で不

可欠の概念である。

　規模の経済性は，いくつかの種類に分けて考えることができる。第1は，内部的な規模の経済性（internal economies of scale）である。これは，一企業（あるいは一生産設備）の生産について，規模の経済性がはたらくことである。よって，その企業は大量生産を行なう傾向にある。

　第2は，外部的な規模の経済性（external economies of scale）である。これは，ある産業の地域（または国）全体での生産量が大きいほど，その産業に属する各企業の平均費用が低下することである。

　例えば，アメリカのカリフォルニア州には，情報通信産業の企業が集積するシリコン・バレーと呼ばれる地域がある。集積する理由は，企業間の情報交換や部品・中間財の調達がしやすい，熟練労働のプール化が起きている等により，この地域の情報通信産業に外部的な規模の経済性がはたらき，各企業にとって平均費用が低下するからである。

　こうした産業レベルでの規模の経済性は，産業にとっては内部的であるが，各企業にとっては外部的である。よって，個別企業の生産について内部的な規模の経済性がはたらくかどうかは別問題である。

　第3は，動学的な収穫逓増（dynamic increasing returns）である。これは，累積生産量が大きくなるにしたがい生産性が高まることを意味する。すなわち，生産活動を通じた学習効果（learning by doing）により，その企業の生産効率が上昇して平均費用が低下する。

　ところで，戦後の貿易の特徴の1つは，産業内貿易の拡大である。例えば日本は，自動車に関して，小型車を輸出し大型車を輸入している。また近年は，テレビに関して，薄型テレビを輸出しブラウン管テレビを輸入している。そしてパソコンに関して，部品を輸出し完成品を輸入している。

　このうち，テレビとパソコンの産業内貿易は，日本は高度な技術を要する製品の生産に特化し，発展途上国は低賃金労働による組み立て作業に特化しているので，リカード・モデルやヘクシャー＝オリーン・モデルで説明がつく。だが自動車については，小型車と大型車の品質や規格等の相違は比較的小さいの

で，それらの理論では説明がつきにくい．むしろ，内部的な規模の経済性で説明することができる．日本における大型車の需要は小さいため，日本で生産しても平均費用が高い．よって大型車は国内生産ではなく輸入されるのである．トヨタ自動車のレクサスがアメリカから輸入されるのもその1例である．

　一般にその国の所得水準が上昇するほど，需要が多様化する傾向にある．したがって，所得水準の増加とともに，差別化された製品による産業内貿易が増加する．しかも，このような産業内貿易は，技術水準や要素賦存比率が似通った国同士ほど起こりやすい．これが先進国間の貿易拡大の一因である．理論的にも，規模の経済性と製品差別化を組み込んだ貿易モデルは，産業内貿易を説明するものとして大きく発展している．

　次に，外部的な規模の経済性も，貿易理論や貿易政策，産業政策に大きな影響を与えている．例えば，大きな市場をもつ国が，外部的な規模の経済性がはたらく産業を育成したいと考えているとしよう．しかし，国内生産量が小さいと平均費用が高く，輸入品との価格競争に勝てない．そこで，その財の輸入を禁止する．すると国内生産量が拡大し，平均費用が低下する．その結果，平均費用が輸入品の価格を下回ったならば，輸入禁止を解除しても輸入品と競争できる．つまり，一時的輸入禁止措置により産業を育成できるのである．

　さらに，2つの国が，外部的な規模の経済性の性質をもつ2つの財を生産・消費するとしよう．このとき，両国がいずれかの財の生産に特化し，それを輸出することにより貿易が生じる．よって，比較生産費や要素賦存比率が等しい国家間でも貿易が発生するのである．その際，どの国がどの財に特化するかを，事前に決める基準はない．よって貿易パターンは予測できない．ゆえに，有利な方の財に特化するため，政府の役割が重要となる．

　従来の歴史観には，歴史的因果関係を重視するものや，マルクス主義的な唯物史観が存在した．しかし上述のように，規模の経済性が存在する場合，貿易パターンは，歴史的経過や資源の有無だけでなく，歴史的偶然，企業の戦略あるいは政府の政策などによっても決まり得る．実際に，歴史的偶然や政府の政策が産業集積や貿易パターンを決定した事例も存在する（Krugman 1991）．こ

うした考え方は，進化経済学においてさらに発展をとげている．

Ⅳ　世界経済論の必要性

　本山（1976）以来，本山教授の問題視角の根底にあるのは，その歴史意識である．すなわち，国際分業構造は，ヘクシャー＝オリーン・モデルによって描かれるような，経済的に対等な国家間の予定調和的関係ではない．世界経済の中心にある国家あるいは企業によって強制的に生産，貿易を組織化された非対称的関係の歴史的帰結なのである．

　本山教授が批判してきたように，新古典派の貿易理論には，本山（1976, 1982），本山編（1987）に描かれた国家間の関係性の視点が存在しない．そうした政治経済学的視点があってはじめて，世界経済の歴史的・動態的認識が可能となる．

　新古典派は，他の経済理論と比べて，数学モデルの発展や，データを使った実証分析を行ないやすい．そのことに目を奪われ，昨今では，新古典派の欠陥が見落とされるきらいがあるように思われる．その欠陥を克服して，世界経済における異質性（本山1976）を把握するとともに，世界市場での競争の中で生まれる様々な階層の人たちのあるべき姿を考えていくために，世界経済論が必要とされるのである．

(1) 新古典派の貿易理論には，寡占市場を分析しているものもある．よって，新古典派が寡占市場を無視しているわけではない．
(2) もし日本の生産現場において労働コストを低下させようとするなら，1人の労働者の賃金を下げるよりも，正社員をパートタイマー，契約社員，派遣労働者，請負労働者などに切り替えるという方法のほうが多くとられるであろうと思われる．
(3) 日本の全産業では，学歴間の時間当たり賃金格差は縮小傾向にある（櫻井 2004）．
(4) アメリカの実証分析では，グローバル化の影響の規模について議論が分かれている．佐々木・桜（2004）参照．

参考文献
池本清（2001）「経済グローバリゼーションの新仮説」本山編（2001）所収．

第1編　国際貿易

櫻井宏二郎（2004）「技術進歩と人的資本―スキル偏向的技術進歩の実証分析―」『経済経営研究』25(1)，1-66頁．

佐々木仁／桜健一（2004）「製造業における熟練労働への需要シフト：スキル偏向的技術進歩とグローバル化の影響」日本銀行ワーキングペーパーシリーズ，No. 04-J-17．

本山美彦（1976）『世界経済論―複合性理解の試み―』同文舘．

─── (1982)『貿易論序説』有斐閣．

─── (1984)「不等価交換論と国際価値論」根岸隆／山口重克編（1984）『二つの経済学―対立から対話へ―』東京大学出版会所収．

─── (1987)「比較優位論のパラダイム」本山編（1987）所収．

─── (2001)「戦後55年」本山編（2001）所収．

───編（1987）『貿易論のパラダイム』同文舘．

───編（2001）『グローバリズムの衝撃』東洋経済新報社．

Bowen, Leamer and Sveikauskas (1987) "Multicountry, Multifactor Tests of the Factor Abundance Theory," *American Economic Review*, 77, pp. 791-809.

Brecher, Richard A. and Ehsan U. Choudhri (1982) "The Leontief Paradox, Continued," *Journal of Political Economy*, 90(4), pp. 820-23.

Feenstra, Robert C. and Gordon H. Hanson (1999) "The Impact of Outsourcing and High-Technology Capital on Wages: Estimates for the United States, 1979-1990," *Quarterly Journal of Economics*, 114, pp. 907-40.

Freeman, Richard B. and Lawrence F. Katz (1994) "Rising Wage Inequality: the United States vs. Other Advanced Countries," in R. B. Freeman ed. (1994) *Working under Different Rules*, New York: Russell Sage Foundation.

Krugman, Paul (1991) *Geography and Trade*, Cambridge: MIT Press.（北村行伸他訳『脱「国境」の経済学』東洋経済新報社，1994年．）

Leamer, Edward E. (1980) "The Leontief Paradox, Reconsidered," *Journal of Political Economy*, 88(3), pp. 495-503.

Leontief, Wassily (1954) "Domestic Production and Foreign Trade: The American Capital Position Re-examined," *Economica Internationale*, 7(1), pp. 9-45.

第3章

国際貿易システムと戦略的貿易論

　1995年1月1日に発足した世界貿易機関（WTO）は，第2次世界大戦後の国際貿易システムの新たな到達点である。戦後自由貿易の推進役であった関税および貿易に関する一般協定（GATT）を継承したWTO体制ではあるが，法的にも分野的にもGATT体制に比べ大きな変容を遂げた。

　この章においては，GATT体制の理念と実践を概観し，戦後国際貿易システムの最大の転換点とも言えるウルグアイ・ラウンドのからくりを分析したうえ，現行のWTO体制の問題点を整理する。これらの作業を通じて，第2次世界大戦後の自由貿易の旗手であったアメリカの戦略とジレンマに検討を加えたい。

I　GATTの理念と実践

(1) ITO構想の破綻

　WTOの前身であるGATTが誕生したのは，1948年1月1日である。国際通貨基金（IMF）体制と並び，戦後の国際経済体制を貿易の面で支えてきたこの歴史的な出来事は，自由貿易の追求というアメリカの理念の結果と言えよう。もっと正確に言うと，GATTはアメリカの貿易政策において自由貿易主義が絶頂点に達した時代の産物である。

　1929年10月のニューヨーク証券市場における株価大暴落が，1937年にまで続く世界経済の大不況の発端となった。大不況の進行過程で，アメリカの1930年スムート・ホーレー関税法や英連邦特恵関税制度の強化といった保護貿易主義的な動きが活発化した結果，世界経済のブロック化が進み，第2次世界大戦勃

発の誘因の1つとなった。

　戦時中及び戦後，この悲惨な世界大戦を招いた原因を教訓に，自由貿易の下で世界各国の経済的繁栄，雇用の増大および生活水準の向上を実現する重要性が認識された。1941年8月に米英間で調印された大西洋憲章は，「すべての国家に対し，平等の条件においてその経済的繁栄に不可欠な貿易と資源の獲得を保証する」ことを唱え，戦後の国際的経済協力体制の理念について初めて明確に言及した（津久井 1993，9頁）。さらに，1945年11月，アメリカ政府は「世界貿易および雇用の拡大に関する提案」を発表し，世界各国の雇用および消費の拡大を図り，人類の福祉と繁栄を達成するために，物質の交易と分配における障害を取り除くべく，国際協定の締結でもって国際貿易機関（ITO）の創設を提唱した。

　しかし，このITO構想は，1944年に合意されたブレトン・ウッズ協定の下でのIMFと国際復興開発銀行（IBRD）の創設ほど順調ではなかった。アメリカの唱導に呼応して，ITO構想は1948年53カ国が後にバハマ憲章と呼ばれる「国際貿易機関憲章」に調印したにもかかわらず，最終的には僅かリベリアとオーストラリアの2カ国の国会承認しか得られず頓挫した。ITO構想の破綻をもたらしたのは，米英の国益を巡る激しい対立の他，バハマ憲章が生み出す強力な超国家的な権力に対するアメリカ自身の警戒心であった。

　一方，バハマ憲章の発効を待たずに，アメリカの提案を受けて1947年の秋に23カ国参加の下に関税率の相互引き下げと特恵関税の廃止に関する交渉が行なわれた。この交渉の結果，相互に引き下げを約束した関税率表とその引き下げを保証する必要な諸規定を1つの取り決めにまとめたものがGATTである。1948年1月，GATTはITO協定案の第34条としてITOに先んじて「暫定的な適用」という形で発足したが，バハマ憲章の発効が結局実現しなかったため，ITOの代わりとしてその役割を果たすようになった。

(2) GATTの原則と例外

　このように，GATTは奇しくもアメリカの理想主義が現実によって大きく

修正させられた産物であると言えよう。これによって，GATT は IMF のような国際機関とは成り得ず，あくまでも 1 つの国際条約として存在せざるを得なかった。この法的地位の弱さが後の GATT ルールの運営に不利な影響を及ぼしたことは否めない。GATT の法体系は，発足当初の1945年には 3 部35条であったが，1966年には発展途上国問題を取り扱う第 4 部が追加され，4 部38条となった。この他，非関税措置問題の対策としてケネディ・ラウンドおよび東京ラウンドで成立した10コード，さらに GATT 締約国団の決定・勧告なども GATT 法体系の一部と見なされていた。

　GATT は最初，その協定文に単独で発展途上国問題を取り扱う条文がなく，1955年に GATT 第18条の全面改正を経て経済開発上必要とされる措置について，GATT の義務違反とされない例外扱いを初めて認めるようになった。しかしこの第18条で 4 つの節からなる幼稚産業に関する規定はその後，厳しい審査の下で適用されている B 節を除き死文化しているという（高瀬 1993，86頁）。1960年代始め，先進国の貿易政策に対する途上国の不満を背景に，国連に貿易開発会議（UNCTAD）を設立しようとする動きが活発化してきた。このことが先進国の態度を変え，1964年の UNCTAD 第 1 回総会の開始直前，GATT 一般協定文に第 4 部の「貿易と開発」が追加された。1964年に始まったケネディ・ラウンドで途上国は第 4 部のノン・レシプロシティー（非互恵主義）を援用して先進国からの譲歩を得ることができた。さらに，1971年に GATT 締約国団はいわゆる「授権条項」を採択し，途上国を優遇する一般特恵関税や途上国間特恵を恒久的に承認した。

　一方，ITO 構想が頓挫したものの，GATT 協定文では，アメリカの自由貿易を推し進めるための理想主義が色濃く反映されていた。中でも，「最恵国待遇」と「内国民待遇」という 2 大原則は GATT の礎石をなして無差別主義の精神を守っていた。最恵国待遇の原則とは，GATT 締約国が第 3 国に与える最も有利な待遇を締約相手国に供与しなければならないことである。これは，自国が他の如何なる締約国をも平等に扱うという意味で，「無差別待遇」とも呼ばれている。内国民待遇の原則とは，輸入品に対して同種の国内産品に与え

る待遇より不利でない待遇を与えなければならないことである。すなわち，輸入品と自国産品を無差別に扱うという意味である。因みに，GATTにおいて内国民待遇の対象は産品のみとなるが，2国間通商条約においては産品の他，自然人，法人および船舶等についても通常内国民待遇を規定している（高瀬編1993，22頁）。

　GATT は最恵国待遇と内国民待遇を柱とする原則によって，その自由・無差別主義の実現を図ろうとしているが，やはり「原則の例外」という現実との妥協を余儀なくされている。中でも最恵国待遇における「例外」がGATTルールの実践に大きな意味を持っていた。最恵国待遇に対して認められる重要な例外として，英連邦特恵関税などGATT成立前にあった特恵関税，発展途上国が適用される一般特恵関税，関税同盟と自由貿易地域，安全保障上の理由による最恵国待遇原則の逸脱，義務免除（ウエーバー）などが挙げられる（これらの例外についての解説は，津久井（1993，20-21頁）を参照されたい）。これらの例外は適用の前提条件が付いているものの，最恵国待遇というGATT原則に対する重要な修正であったことが否めず，その後のGATT運営に多くの不自然さをもたらす一因になった。

(3) 弾力的な運用とプラグマティズム

　GATTの究極的な目的は，すべての貿易障害を無くすことであった。そのため，GATTはまず関税を唯一の国際貿易に対する数量制限措置として認めたうえ，それから関税交渉によって各国の関税率を最終的にゼロにまで引き下げていくという仕組みを採っていた。第1回関税交渉（1947年）から第7回関税交渉である東京ラウンド（1973〜79年）まで，主要先進国の平均関税率は，およそ40％から4.7％にまで引き下げられた（同上，33頁）。さらにウルグアイ・ラウンド（1986〜94年）を経て，主要国の平均関税率が一層引き下げられるようになった。単純に関税引き下げの実績で評価すれば，GATTはかなりその役割を果たせたと言える。

　だが，GATTの規定自体の曖昧さはもとより，さらにその最大の唱導国で

第3章　国際貿易システムと戦略的貿易論

あるアメリカのリーダーシップの欠落によって，関税の引き下げだけではGATTの理念を実現できそうにない運命にあった。

　まず，東京ラウンドまでの関税交渉で平均関税率が大幅に引き下げられたため，貿易障害としての関税の有効性が著しく低下した。それにつれて，いわゆる非関税障壁が主な保護主義の手段として急速に一般化するようになった。東京ラウンドでは非関税障壁に関する多くの取り決めが定められたが，透明度の高い関税の引き下げに比べ，非関税障壁の定義自体が不明確なため，その効果が極めて疑問的である。

　しかし，最もGATTの運営に危害を来したのが，やはりアメリカのルールの悪用と無視である。アメリカ農産物のウエーバー取得と国際繊維協定(MFA)の成立は，その最たるものであった。

　GATT第25条では，3分の2以上の締約国の賛成があれば，GATT義務が免除できると規定されている。アメリカが1955年にこのいわゆるウエーバー条項を援用して，自国農産物のウエーバーを取得した。戦時中および戦争直後の農業増産政策による農産物の構造的過剰に悩まされたアメリカ政府は，1951年に油脂と一部の乳製品の輸入制限を実施していながら，これらの産品の作付制限を行なわなかった。これがGATT第11条2項(c)の違反となるため，国内農業政策の優先を選択したアメリカ政府は1933年農業調整法(1935年改正)第22条の対象農産物について，一括的なウエーバーを取得することを求めた。1955年3月5日，GATT総会において賛成24，反対5，棄権5という3分の2の多数決によって，アメリカ農産物のウエーバーが承認された。これによって，世界で最強の農業生産力を持つアメリカは，GATT上合法的に農産物の輸入数量制限を行なえる国となった(佐伯 1990, 88頁)。アメリカ農産物ウエーバーが事実上，①対象品目の無制限，②期限の無制限，という特徴を持つため，「米国の農産物輸入政策は，事実上国際的な法的政策の枠外におかれることになった」(ジョスリン他 1988, 44頁)。

　アメリカの保護主義は，工業製品の貿易にも現れた。アメリカ政府は1956年に議会の圧力に屈し，日本政府に1957年から5年間にわたる綿製品の輸出自主

規制（VER）を結ばせた。さらにアメリカは日本に限らず包括的に発展途上国からの繊維製品輸入を抑制するため，1961年に綿製品貿易に関して有効期限1年間の短期取決（STA），1962年に有効期限5年間の長期取決（SLA）を成立させた。SLAは，1973年まで延長された後，輸入規制対象を拡大したMFAに取って代わられた。MFAの核心は，GATT19条の規定によらずに緊急輸入制限措置すなわちセーフガードを発動できるという意味から，GATTの枠外措置または灰色措置と呼ばれていた。繊維貿易を国際貿易の最高のルールとされるGATTの枠外に2004年末まで置き続けたことは，GATTの威信は無論のこと，自由貿易の旗手として振舞うアメリカの信用を大きく失墜させた。

このようなGATT原則のいわゆる弾力的な運用は「良きプラグマティズム」であり，1971年にブレトン・ウッズ体制の終焉をもたらしたIMFの危機に比べ，GATT体制が長らく有効性を保てた秘訣であるとして評価する向きがある。これに対して，鳴瀬成洋が「運用の弾力性とは，むしろGATT原則が侵害されていることの裏返し」とし，GATTが存続しえたのはIMFより強靭な骨格を持つよりも，もともと「背骨を欠いている」ためであると断じた（鳴瀬 1989, 38-39頁）。

II　ウルグアイ・ラウンドとWTO

(1) 新しい交渉分野とサービス貿易

GATT体制は上述のように，基本ルールが大きく曲げられながらも，締約国全体の平均関税率を大幅に引き下げることに成功し，IMFの方向転換と違ってその体裁をなんとか維持してこられた。この意味においてはアメリカの存在が大きい。戦後，空前の生産力をバックに貿易戦争を回避し自由経済の下で世界経済の繁栄を実現しようとするアメリカは，国内の保護主義に時折大きな妥協をしながらも，第2次世界大戦終了後から1960年代まで貿易自由化がその貿易政策の基調であった（入江 1990, 87頁）。

しかし西ヨーロッパと日本の台頭は，アメリカの立場を次第に窮地に追い込

むようになった。GATT体制は1973年に旧IMF体制のような破綻を免れたとはいえ、その原因であったドル危機すなわちアメリカの貿易赤字の影響を免れることはできなかった。本山美彦教授が述べているように、もともと自由貿易とは強者の論理であった。貿易摩擦が激しくなればなるほど自由貿易体制を守れというスローガンが叫ばれるが、自由貿易の利点に対する信仰にもかかわらず、この体制は事態の自由な進行に委ねて維持できるものではない（本山編 1983, 19頁）。市場経済国の盟主として、アメリカはGATT体制を維持するコストを負う意味で、これまで苦し紛れに通商問題の解決をGATT枠外に求めたりしながら、国際貿易体制の破局を回避してきた。しかし、それでもGATT体制維持のコストを負い切れなくなったら、仕切り直しとしての「総調整」の時が来る。1986年から94年にかけて開催されたウルグアイ・ラウンドが、その「総調整」に当たるものである。

ウルグアイ・ラウンドの眼目は交渉分野の増設であるが、中でもサービス貿易、知的財産権および貿易関連投資措置という3つの新規分野が最も大きな意味を有している。

サービス貿易は従来、モノの貿易を対象とするGATTとは基本的に無縁であったが、ウルグアイ・ラウンドにおいて新規分野として認められた最大の理由は、モノの貿易の伸び率を超えるサービス貿易の急成長であった。石黒一憲は次の2点においてGATTとサービス貿易との関わりに対して疑問を投げかけた。第1に、サービス貿易の統計に曖昧さがあり、実態は必ずしも言われるほど大きくない。第2に、サービス貿易は一国の社会・文化構造と密接な関係をもっていることから、自由貿易の原則が果たしてサービス分野に妥当するのかというより根本的な問題である（石黒 1994, 13頁）。結局、これらの議論がまともに行なわれず、先進国とりわけアメリカの強力な支持でウルグアイ・ラウンドの新規分野に決まった。

アメリカの思惑の背後に、その国内経済の「サービス化」という構造的変化が起きたことを看過できない。1970年代に入って、アメリカでは工業製品の競争力が明白に低下し始めた一方、金融、運輸および通信を中核とするサービス

業の成長が著しい。アメリカ経済界の関心は，そのサービス産業とりわけ最も競争力のある金融業の海外進出に加え，規制緩和によって参入が容易となった国内サービス市場から外国業者の「ただ乗り」を排除することに移った（上田1992, 10-11頁）。だが，アメリカにとって最も厄介なのは，金融市場が閉鎖的とされる日本でもサービス貿易の自由化に批判的な発展途上国でもなく，GATT の最恵国待遇と内国民待遇という基本原則であった。このため，如何にして GATT ルールの再定義によってサービス分野における「高い自由化義務」を実現するかは，アメリカの最も腐心するところであった。

　アメリカの強引な自由化路線で金融サービス分野の交渉は大いに紛糾し，ウルグアイ・ラウンドの貿易交渉が1993年12月に妥結した際に合意に達することができず，ラウンド終結後も交渉を継続することになった。1997年12月，アメリカがある程度の歩み寄りを見せたため，交渉がようやく最終的に決着した。しかし，ウルグアイ・ラウンドのサービス貿易一般協定（GATS）の付属文書の１つである「金融サービスに係る約束に関する了解」には，「市場アクセス」条文が記載されていることは非常に注意を要する点である。後述のように，市場アクセスという言葉は，内国民待遇原則を形骸化し結果主義につながる戦略用語であるため，これが正式にウルグアイ・ラウンドの合意文書に盛り込まれただけでも，アメリカの金融サービス自由化の交渉で大勝利を収めたと言えよう（石黒 1994, 16頁）。

(2)　幼稚産業保護論の風化

　既述のように，GATT は発展途上国にほとんど無関心であったが，1960年代に発展途上国を利するルール改正を行なわざるを得なかったのは，東西両陣営の厳しい対立が根本的原因であった。実際，途上国優遇のための最も重要なGATT ルール改正は，まさにソ連陣営の影響力が大きい UNCTAD の設立を機に途上国の東側への一層の傾倒を食い止める弥縫策であったに過ぎない。

　だが，1980年代に入ってソ連・東欧における体制転換によって，先進国の途上国に対する配慮は過去のものとなった。ウルグアイ・ラウンドほど素直にこ

の時代背景を反映したものはない。ウルグアイ・ラウンド合意において，途上国の将来に最も深刻な影響を及ぼす内容と言えば，まず知的財産権と貿易関連投資措置が挙げられよう。

知的財産権は GATT には新しい分野であったが，ウルグアイ・ラウンド最終合意文書に知的財産権の貿易関連の側面に関する協定（TRIPS）が盛り込まれた。この新分野に関して，2つの原則的問題が存在していた。

1つは，なぜ知的財産権問題が GATT に持ち込まれたかということである。従来，知的財産権問題の専門的国際機関として世界知的財産権機関（WIPO）が既に存在している。しかし，「当時 WIPO ではパリ条約改正のための会議が10年越しで続けられていたが，南北対立で行き詰まりを見せていた。これを打破するため，アメリカの指導力が発揮されやすいガット交渉に知的所有権問題を持ち込む戦略が有利と判断された」（石黒 1994, 157頁）。製造業でなく，サービス産業への依存が高まる中，アメリカは過去の遺産である知的財産権で経済力の優位を維持しようとする戦略が明白である。アメリカにとって，その収益源を確保するために，自らの発言権が大きいうえ，罰則もある GATT に持ち込むのが得策であった。同じアメリカが，その特許の先発明主義を国際的に主流とされる先願主義へ変更することを迫られたら，一転して「WIPO で解決すべきだ」と主張したことは如何にも皮肉なことである（高倉 1992, 29頁）。

いま1つは，知的財産権が抱えている理論的実践的な問題である。代表的な知的財産権保護制度とされる特許制度を例に取ると，それは実質上独占を容認する制度である。「独占は悪」という経済学の一般的立場からすれば，特許制度は極めて特殊な制度であり，それが存在しているのは「一種の政治的解決であり，議論の決着がついたわけではない」（今井他 1972, 303頁）。さらに，実践的にも特許制度の有無が必ずしも企業の存亡にかかわる技術革新の決め手にはなっていない。熾烈な企業間競争がある限り，企業は他の何かの誘因がなくても，意欲的に研究開発に取り組まざるを得ない（同上 1972, 306頁）。1970年代はアメリカでは独占禁止の視点が主流を占め，特許を始めとする知的財産権への関心がほとんどなかったと言う（下田 1992, 147-49頁）。この事実は何よりも

重要であると思う。

　にもかかわらず，ウルグアイ・ラウンドでは未曾有の広範囲と強度でTRIPSが成立してしまった。保護の対象は著作権，商標，地理的表示，意匠，特許，集積回路の回路配置，未公開情報などに及び，既存の国際条約の内容を網羅したのみならず，トレード・シークレットやコンピュータ・プログラムといった新しい分野や事項まで含まれるようになった。保護の強度も，著作権保護期間の延長，特許権保護期間の統一といったルールの改定によって大幅に強化された。その中で，とりわけ発展途上国を狙い撃ちするものとして，物質特許の承認と生命体の特許化が挙げられる。

　まず医薬品の特許に関して言えば，従来，途上国では方法特許しか認められていなかった。しかし，「米国でのウルグアイ・ラウンドの推進力は製薬業界と金融業界だ」という指摘があったように，知的財産権分野の交渉でアメリカが特に注力したのが途上国に医薬品の模倣に最も有効な対策とされる物質特許を認めさせることである。アメリカの主張が認められたため，製法を変えても，医薬品の最終製品が同一のものであれば特許侵害になる。このことは，自力で新薬を開発できない途上国にとって，人々の生存条件の著しい悪化を意味する（鄭 1995, 108-09頁）。

　生命体の特許化とは，TRIPS第27条3項(b)で種子，微生物及び微生物の操作過程などを特許として保護しうることが明文化されたことである。これは自らの生物資源を有効に守れない発展途上国にとっては，大変恐るべき規定である。先進国の企業が生物資源の豊富な途上国へ研究チームを派遣して，「いずれ彼らの専売特許として使うための素材を採取するのだが，その原産国はいかなる補填も受け取ることはない」（ジョージ 2002, 34頁）。アフリカ諸国は，1992年もリオの会議で採択された生物多様性に関する協定の内容に沿ってTRIPSの規定を修正するよう提案したが，聞き入れられなかった。

　この規定への憂慮が早くも中国との関わりで現れた。アメリカの大手種子会社であるモンサント社（MONSANTO）が，中国の野生大豆をもとに新品種の大豆開発に成功し，2000年に世界100以上の国で広範囲の特許申請を行なった。

それが認められたら，原種を持つ中国は今後その野性大豆の資源を利用した開発研究が特許侵害になる可能性が極めて高いと言われている（『南方週末』2001年10月25日号）。

(3) 貿易関連投資措置協定と発展途上国の経済的自立

　同じく新分野として導入された貿易に関連する投資措置に関する協定（TRIMS）も TRIPS 以上に発展途上国に甚大な打撃を与えるものである。ウルグアイ・ラウンドの準備段階でアメリカは海外直接投資に関して，投資受入国によって課される現地調達要求，輸出要求といった海外直接投資関連の問題を幅広く取り上げるよう提案した。この提案のきっかけはアメリカとカナダとの投資措置に関する貿易摩擦である。1984年に GATT の紛争解決パネルはアメリカのカナダの外国投資審査法の運用が GATT 規定に違反しているとの申し立てを審理し，カナダの措置が内国民待遇の違反という結論を下した（高瀬 1995, 203頁）。このアメリカの提案に日本や EC などが追随する形で，主に発展途上国からの強い抵抗を押し切って守備範囲の広い TRIMS 協定文に仕上げられた。

　TRIMS では，主な GATT 違反の措置として，①現地調達要求，②輸出入均衡要求，③為替制限，④国内販売要求，が挙げられている。発展途上国の経済発展を考える場合，最も打撃が大きいのは他でもなく①の「現地調達要求の禁止」である。現地調達要求は，「ローカル・コンテント要求」や「国産化率要求」とも呼ばれているが，経済の自立を図るための効果的な措置として，多くの途上国がこの政策を採っている。この問題で最初に先進国と途上国が激しく衝突したケースは，インドネシアの国民車構想である。

　1996年2月，インドネシア政府は自国の自動車産業の振興策として「国民車構想」を発表した。その内容とは，本国の企業が3年以内で乗用車の国産化率を60％以上に引き上げることを保証すれば，税率が最高で65％の自動車部品輸入税と税率が最高で35％の奢侈税の免除という優遇が与えられる。結局，候補メーカーからティモール社は最初の「国民車」の生産メーカーとして選ばれた。

またティモール社は，本国での自動車組み立て工場が完成するまでの間，とりあえず韓国の起亜自動車の乗用車を輸入して，「ティモール」のブランドで国内販売するとの方針を打ち出し，実施した。

　この国民車構想に対して最も激しく反発したのは日本であった。これは，1996年にインドネシアで販売された33万台の乗用車のうち，約90％が日本車であったことが大きく関係していた。日本政府は，インドネシア政府の韓国企業のみへの免税措置，および奢侈税免除の条件としての国産化率指標の導入は，WTOの内国民待遇・最恵国待遇の原則，TRIMSに抵触するものとして，1996年10月にアメリカ，EUとともにWTOに提訴した。日本政府などの要求に応じ，WTOで1997年6月に当該紛争に関するパネルが設置され，1998年にインドネシア政府の敗訴が決まった（鄭 1998，432-35頁）。

　WTOルールで見れば，インドネシアの国民車構想はいくつかのルール違反をしていることが明らかである。この点について，インドネシア教育文化大臣ワルディマン・ジョヨネゴロはこう述懐する。法律的原則から言えば，インドネシアの立場が弱い。しかし，われわれの立場から言えば，自動車産業は国民的なプライドのかかった産業である。これは気持ちの問題である（『週刊東洋経済』1997年6月21日号）。

　インドネシアは約2億人の人口を持つ国で，自立的な自動車産業を持ちたいという考えは，プライドの問題だけでなく，規模の経済性からも十分に合理性を持つものである。しかし，ウルグアイ・ラウンドを経てWTOという国際貿易システムの下では，TRIMS協定とTRIPS協定などの束縛で，インドネシアのみならず，すべての発展途上国にとって，ルール違反なしに重要な産業を確立することはもはや不可能となっている。発展途上国は，民族産業を発展するのに，「プライドの問題だ」と先進国の同情心に訴える以外に，もはや正当性を主張するすべがないまで追い詰められているのである。

Ⅲ 戦略的貿易論とWTO体制の将来

(1) 戦略的貿易論と日米半導体協定

1995年1月1日，WTOはウルグアイ・ラウンド交渉の結果をそのまま継承して発足した。WTO発足までのGATTの47年間の歴史を見れば，ウルグアイ・ラウンドを境目にその性格に根本的な変化が起きたことが観察できよう。すなわち，ウルグアイ・ラウンドまでは，GATTは自由貿易の理念と現実との衝突を受動的に規定を悪用したり，灰色措置を採ったりすることによって，その機能を維持していたのに対して，1980年代以降，GATT／WTOはその主要なメンバーにのみ都合の良い分野を能動的に取り入れることによる枠組みやルール自体の「刷新」で，自由貿易の理念と事実上決別したのである。この変化は，アメリカの通商政策の流れを反映したもので，とりわけ1974年通商法および戦略的貿易論の存在が無視できない。1980年代までは，アメリカは農産物ウエーバーやMFAのような不名誉な記録を残したものの，イデオロギーから通商問題への政府介入にはある程度の恓悱さを見せていたが，80年代以降はむしろ吹っ切れたように貿易摩擦を力によって解決する方向に転換した。これは他でもなく，アメリカが政府介入を支持する理論的根拠を見つけたからである。

規模の収穫不変と市場の完全競争に立脚した伝統的貿易理論は，1980年代に入って大きな挑戦を受けるようになった。1980年代前半に提起されたブランダー＝スペンサー・モデルでは，ゲーム理論，収穫逓増と不完全競争を用いて，産業政策によって超過利潤が生まれる可能性が強く示唆される。すなわち，第1に，ハイテク産業など規模の経済性が存在し，国際的に寡占状態にある産業において，自由貿易よりも政府の介入によって自国の経済的厚生を高めることができるという管理貿易擁護論であると同時に，第2に，将来世界的な需要の拡大が予想されるような産業に対して，政府が補助金を出すなどして意図的に比較優位を作り出すべくとする国内産業政策擁護論である。この戦略的貿易論と呼ばれるブランダー＝スペンサー・モデルは提起者自身の予想を超えた反響

を呼び，アメリカにおいて通商問題への政府介入を容認する機運が一気に高まった。カリフォルニア大学バークレー校教授でクリントン政権の大統領経済諮問委員会（CEA）委員長を務めたローラ・タイソンは，戦略的貿易政策の旗振り役として知られる学者である。彼女は1989年以降の日本市場における米半導体製品のシェア拡大は，「対抗措置をとるという脅しをかけて米国の圧力を継続させたこと」に原因があると強調して憚らない（タイソン 1993, 160頁）。

アメリカの半導体産業は古くから政府庇護の下で成長してきたのだが，日本の猛追でその世界トップの座を奪われる中，1970年代末から日本の研究開発体制を手本とする官民共同研究開発体制が強化された。さらに1987年には，アメリカで政府と主な半導体メーカー14社が 64MDRAM 製造技術を目指す研究組織 SEMATECH が発足した（大西 1994, 33頁）。この予算規模が15億ドルにも上るプロジェクトは，戦略的貿易論の影響を強く受けた初めての産業振興策であった。一方，ほぼ同じ時期に，アメリカはその半導体産業の最大ライバルである日本に輸入における数値目標の導入を執拗に迫った。

1985年6月，アメリカ半導体工業会（SIA）は日本企業が米市場で半導体のダンピングを行なっているとして1974年通商法に基づき米通商代表部（USTR）にアンチダンピング措置を採るよう訴えた。1年間以上に及ぶ日米政府間協議が難航の末，1986年7月に日本側が①日本企業が定期的に製造コストと販売に関する情報を米商務省に提供すること，②日本通産省は日本企業の一部の半導体製品や応用設計論理回路などの価格を監視・指導し，米商務省は必要に応じて公正な価格の実現のために日本側と協議できること，③日本の政府と企業はアメリカ製半導体の日本市場でのシェアを高めるよう努力すること，を受け入れることで5年間にわたる日米半導体協定が締結された（長岡 1987, 73-74頁）。

この日米半導体協定は，明らかに自由競争を排除する国際カルテルであるうえ，GATT 規定にも違反していた。すなわち，この2国間協定は GATT 第11条「数量制限の一般的禁止」に抵触する価格協定との批判を受けていただけでなく，1988年5月における GATT のパネル報告からも，アメリカ政府に強要された日本政府の半導体輸出価格を監視するための「行政指導」が GATT 第

11条1項に違反しているとの判断が下された(津久井 1993, 368頁)。しかし，それでもアメリカは日米半導体協定によるアメリカ製品の日本市場アクセスの改善が認められないとして，1987年に報復関税を一方的に発動した。さらに86年日米半導体協定が失効を迎えた1991年に，日本政府が外国製半導体の日本市場におけるシェアを20％とすることを事実上保障するという新しい日米半導体協定が締結された。これは，日本にとって輸入における最初の数値目標の導入となった。

(2) 結果主義と「市場アクセス」

戦略的貿易論は，その有効性について懐疑的・批判的な見方が少なくないが，いわゆる比較優位が産業政策または通商政策の工夫によって創出できるという主張が，従来の貿易理論に対するアンチテーゼとして評価できる側面はあろう。問題はその具体的な政策が国際ルールに整合性を持つか否かである。この意味において，戦略的貿易論に依拠したアメリカの通商政策には是認されるべきものは少ない。日米半導体協定締結の経緯からも分かるように，アメリカの通商政策は1980年代に輸入増加を防ぐという従来の防御的な保護主義から，相手国市場での自国製品シェアを相手国政府に保証させるという攻撃的な管理貿易手法に変わったことが大きな特徴であった。この「攻勢的な一方主義」(バグワティ他 1990，3頁)と批判された通商政策が1980年代に猛威を振るった原因は，理論の面においても，手段の面においても攻勢をかける条件をアメリカなりに具備したことにある。

まず「手段の面」と言えば，やはり1974年通商法がまず挙げられよう。1970年代に入ってから貿易赤字の拡大を背景に，アメリカの議会および労働組合が次第に保護主義に傾き，1974年12月に，外国の不公正な貿易政策や慣行に対して対抗措置を取る権限を大統領に認めるという「通商改革法案」すなわち1974年通商法が成立した。有名な通商法301条の誕生である。301条の最大のポイントは，アメリカ当局が一方的な判断で外国のいわゆる「不公正」な貿易慣行や貿易政策を能動的に糾すということにあり，その発動基準の恣意性，提訴対象

の広範囲性および目的の多様性からして，これまでの貿易匡正法とは異質なものであった（中本 1999, 33-34頁）。なお，この301条をより威力を発揮するようにするため，1988年包括通商・競争力法によって，第1302条（＝スーパー301条）や知的財産権を対象とする第1303条（＝スペシャル301条）が追加された。

通商法301条がGATTの紛争処理規定との整合性問題について，バグワディなどは，74年通商法301条はGATT規定に抵触しないが，88年以降は「301条調査」の期限が短縮され，GATTの承認の前に報復措置を取ることができるため，報復を実施すれば確実に違法すると指摘する（バグワティ他 1990, 6頁）。しかしGATT第23条「無効化又は侵害」1項(c)は，「何らかの状態が存在すること」の結果として，GATT協定上の自国の利益に不利な影響を与えられた場合は，影響を与える国の行為の違法性が認められると規定している。石黒一憲はこれに着眼し，GATT締約国は301条を発動されるのを恐れるため，報復が開始される前にアメリカの一方的な通商要求を受け入れざるを得ないことがあるので，301条のGATT規定に抵触することが明らかであると主張した（石黒 1991, 199頁）。ただ，以上のような301条の違法性の「事後説」と「事前説」があるものの，とりわけ1988年以降の通商法301条がアメリカの大きな殺傷力を持つ通商兵器だという見方は衆目の一致したところである。実際，1980年代後半から1990年代末まで，301条がアメリカの対外通商摩擦の解決に圧倒的な力を発揮したことは明らかである。

「理論の面」とは，前述の戦略的な貿易論の出現である。ここで注目されるべきは，通商法301条と戦略的貿易政策との関係である。1985年9月23日，レーガン政権が「貿易とは公正貿易である」と訴える「新通商政策」を発表し，外国の不公正貿易との戦いおよびこれらの不公正貿易の犠牲となったアメリカの企業と労働者を救済する決意を宣言した。この新通商政策発表直前の9月16日に，レーガンは米大統領として初めてUSTRに301条に基づいて外国の不公正貿易慣行の調査を命じた。1974年通商法の流れと1980年代前半から形成された戦略的貿易論の流れは，ここで合流した。この合流によって，管理貿易に対する後ろめたさから解放されたアメリカ政府がより攻撃的な301条を求めた結

果，1988年包括通商・競争力法による301条の強化が実現されたと考えられよう。

　戦略的貿易論の他，いま1つ「理論の面」を見逃してはならない。それは，アメリカが「公正貿易」，「市場アクセス」のような曖昧な用語でGATT／WTOルールを形骸化させる戦略である。いわゆる「公正貿易論」は通商法301条の理論根拠として知られるが，1960年代初頭の米欧貿易摩擦をきっかけに1962年通商拡大法に初めて提起された概念である。これまで「不公正貿易」はアメリカの輸出を妨げる外国の「不合理な」，「不当な」，「差別的」という用語によって定義されてきたとはいえ，その意味は依然として不明確なままである。「不公正貿易」という用語は，301条の存在でクローズアップされていたため，かなり批判を受けていたのに対して，「市場アクセス」という言葉が使用された意味は必ずしも十分に知られていない。

　「市場アクセス」は，用語として，1985，86年頃に経済協力開発機構（OECD）によって使い始められたのではないかと言われるが，その定義を知っているGATT専門家や通商法専門家は皆無であった（石黒 1994, 15頁）。しかし，「市場アクセス」は定義不明のまま，モノの貿易だけでなく，サービス貿易の交渉にも広範に使用されている。特に前述のウルグアイ・ラウンドにおける金融分野の交渉で，「市場アクセス」はアメリカが金融自由化を迫る最も戦略的な用語として非常に重要な意味を持っていた。

　ウルグアイ・ラウンドの「金融サービスに係る約束に関する了解」における「市場アクセス」の2項は，「協定第13条の規定にかかわらず」という表現を用いて，「サービス貿易協定」の第13条「政府購入」に明記されている政府使用の場合における最恵国待遇，内国民待遇および市場アクセスの不適用規定を相殺させようとしたものである（鄭 1995, 10頁）。問題はこれに止まらず，さらに重要な条文がその10項に定められている。すなわち，GATT締約国は，たとえ無差別措置であっても，またGATT規定を遵守するものであっても，他の締約国の金融業者の企業活動を妨げることだったら，それを「除去し又は限定するよう努める」義務があるという。従来，GATTにおいては「差別的措置」があった場合，内国民待遇原則に反するものとして是正を求められるが，

この10項が問題にしているのは，たとえGATT協定を守っていても他国の金融業者の市場参入がうまくいかない場合には，当該国の市場が閉鎖的というレッテルが貼られてしまうことになる。これはGATT体制の大前提である内国民待遇の原則を完全に無視したもので，外資企業を特別に優遇するという内国事業者への実質的な逆差別である（石黒 1994, 18-19頁）。

このように「市場アクセス」は「公正貿易」などの用語と同じようにアメリカが自国に都合が悪くなった国際ルールの遵守義務を逃れるための戦略用語となって，本質的に結果主義と同轍のものと言えよう。

IV 不可欠なプラグマティズム

戦後の国際貿易システムの変遷が何を意味するかと言えば，それはアメリカという国の衰えていく姿を映し出す鏡であるに他ならない。国際システムはその盟主となる国に莫大な利益をもたらす反面，その維持コストも負担させるものである。GATT創設の大きな推進力となったアメリカの理想主義は同国の強大な国力によって初めて現実味を持つもので，一旦同国が衰退の途に付き始めたら，理想主義も色褪せしていくしかない。

GATT時代，アメリカは都合が悪くなったルールを正面から否定せず，その枠外で予防線を張ることなどして保護主義と理想主義との均衡を図った。MFAはその典型例である。このようないわばプラグマティズムは，「背骨なきGATT」の酷評を受けながらも，関税の大幅引き下げなどによる世界貿易の拡大に大きな役割を果たした。GATT末期のウルグアイ・ラウンドが開催される時は，ちょうど経済戦略の総調整を図ろうとするアメリカは，自国に有利なものであれば何でも「貿易関連」としてGATTの枠組みに入れ，なり振り構わぬように「財源の拡大」を目論んだ。同時に結果主義を正当化できるように従来のGATT原則の形骸化を図った。「市場アクセス」がウルグアイ・ラウンド協定文に「新しい原則」として盛り込まれたことはアメリカの策略の勝利ではあったが，同時にGATT体制の理想主義の実質的な終焉を告げるも

のでもあった。

　GATT 体制を継承した WTO は如何なる運命を辿るであろうか。「自由貿易とは強者の理論だ」との指摘があるように，建前上 WTO はまだ自由貿易を理念に掲げるならば，まだ最大の「強者」でいるアメリカがその維持コストを払い続けなければならない。コストが払い切れなくなった時に，ウルグアイ・ラウンドのように調整を余儀なくされる。換言すれば，WTO 体制はまだ少しでも理想主義の要素があれば，必ずその中心国であるアメリカにプレッシャーがかかる。そのプレッシャーにアメリカの産業構造が耐えられなくなったら，新たな「調整」で凌ぐしかない。この意味において，WTO 体制も GATT と同じようにプラグマティズムという生命維持装置が必要不可欠と言えよう。

参考文献

石黒一憲（1991）「通商問題の法的・制度的分析」伊藤元重／奥野正寛編『通商問題の政治経済学』日本経済新聞社所収。

石黒一憲（1994）「ポスト・ウルグアイ・ラウンドの課題について」『研究会レポート』NO. 164，3 月。

今井賢一／宇沢弘文／小宮隆太郎／根岸隆／村上泰亮（1972）『価格理論Ⅲ』岩波書店。

入江一友（1990）「米国」小宮隆太郎／横堀恵一／中田哲雄編『世界貿易体制——ウルグアイ・ラウンドと通商政策——』東洋経済新報社所収。

上田善久（1992）「サービス貿易交渉＝その理念と現実」『貿易と関税』1992 年 7 月号。

大西勝明（1994）『日本半導体産業論——日米再逆転の構図——』森山書店。

佐伯尚美（1990）『ガットと日本農業』東京大学出版会。

下田博次（1992）『知的財産権の恐怖——日米知あげ戦略——』にっかん書房。

T. E. ジョスリン／S. タンガマン／T. K. ワーレイ『ガット農業交渉 50 年史——起源からウルグアイ・ラウンドまで——』塩飽二郎訳，農山漁村文化協会，1998 年。

スーザン・ジョージ『WTO 徹底批判！』杉村昌昭訳，作品社，2002 年。

ローラ・D. タイソン『誰が誰を叩いているのか——戦略的管理貿易は，アメリカの正しい選択？——』竹中平蔵監訳・阿部司訳，ダイヤモンド社，1993 年。

高倉成男（1992）「各国利害からむ国際ルールづくり」『エコノミスト』4 月 7 日号。

高瀬保（1993）「開発途上国とガット」高瀬保編著（1993）所収。

高瀬保編著（1993）『ガットとウルグアイ・ラウンド』東洋経済新報社。

高瀬保（1995）「一時的保護措置と貿易関連投資措置の交渉」高瀬保編著『増補　ガットとウルグアイ・ラウンド』東洋経済新報社所収。

第1編　国際貿易

津久井茂充（1993）『ガットの全貌―コンメンタール・ガット―』日本関税協会。
鄭海東（1995）「ウルグアイ・ラウンドの陥穽」『福井県立大学論集』第7号，7月。
鄭海東（1998）「競合関係下における日中経済関係の展望」『独協国際交流年報』第11号。
長岡豊（1987）『日米経済摩擦』中央経済社。
中本悟（1999）『現代アメリカの通商政策』有斐閣。
鳴瀬成洋（1989）「背骨なきGATT」『商経論叢』第25巻第1号。
ジャグディシュ・バグワティ / ヒュー・パトリック『スーパー301条』渡辺敏訳，サイマル出版会，1990年。
本山美彦（1983）本山美彦編『経済摩擦をみる眼』有斐閣新書所収。

第2編　国際金融

第4章

国際資本移動の理論と現実[*]

I ルーカスの逆説

　新ケインズ派の代表的な経済史家であるデロングは，2004年にスティグリッツ等とともに立ち上げた電子ジャーナル *The Economists' Voice* において，次のように述べた。

　「15年前までは，自由な資本移動を支持し，これを阻害する資本規制を止めさせるように勧告することは，簡単だった。"資本移動を自由化して，豊かな国から貧しい国へ貸付けを行なうことが，なぜいけないの？"と誰もが言っていたものだ。しかしながら今日，自由な資本移動を支持することは，非常に難しくなってしまった。私には，国際資本移動が効率的であるという理論に，もはや確信が持てなくなっている。金融危機に伴う莫大なコストや，豊かな国からの資本移動ではなく，豊かな国への資本移動という現実は，私が身につけた標準的な経済モデルを疑わせるものとなってしまった」(Delong 2004)。

　デロングの問題提起は挑発的だが，ここで表明されていること自体は，まさに15年前に，ルーカス (Lucas 1990) が提起していた内容であり，現在では「ルーカスの逆説」として知られているものである。逆説と言われる所以は，ルーカス論文のタイトルである「なぜ資本は豊かな国から貧しい国へ移動しないのか？」という資本移動の現実が，デロングの言う「標準的な経済モデルを疑わせるもの」だったからである。

　本章は，まず，資本移動の標準的なミクロ理論を２つ取り上げ[(1)]，次に，この標準的なモデルでは説明できない国際資本移動の現実と，その現実を説明する

ための2つの新しい仮説をサーベイする。最後に,現実の政策として模索されている「アジア債券市場」の可能性について考察する。[2]

II 資本移動のミクロ理論

(1) マクドゥーガル・モデル

古典的な資本移動のミクロ理論は,次のようなマクドゥーガル・モデルである (Mcdougall 1960)。資本 K と労働 L を投入し,同一の生産技術で,同一の財を生産している2国を考え,自国を資本豊富国(豊かな国),外国を資本稀少国(貧しい国)としよう。このモデルでは,両国とも同一の財を生産しているため,異なる財の交換である貿易は行なわれず,また労働力移動がなく,労働力を一定とすると,両国は資本移動のみによって統合される。

ここで,財の価格を p,資本レンタル r,資本の限界生産力を MPK で表すと,

資本の限界生産力価値=資本レンタル $[p \times MPK = r]$ (4-1)

となるところまで,資本は使用される。[3]

図4-1の横軸は,両国の資本投入量(自国はO点が起点,外国は O^* 点が起点),縦軸は,両国の資本の限界生産力価値(自国は左側の縦軸 MPK,外国は右側の縦軸 MPK^*)を表す。MPK 曲線および MPK^* 曲線が減少関数になっているのは,資本の限界生産力が逓減する生産関数を仮定しているからであり,これらの曲線は,資本レンタルが与えられたときに,どれだけ資本を需要するかを表す「資本の需要曲線」である。

自国および外国の資本賦存量を,それぞれ OK, O^*K ($OK>O^*K$) とすると,閉鎖経済の下では,自国および外国の資本レンタルは,それぞれ r, r^* ($r<r^*$) となる。$r<r^*$ なので,開放経済の下で,両国間で資本移動が自由ならば,両国の資本レンタルが r^e になるまで,KK^e の部分だけ,自国から外国へ資本が流出する。その結果,両国の所得の変化は,

自国の資本所得+労働所得:$OKBr + ABr$(閉鎖経済)

$\rightarrow OK^eEr^e + AEr^e$(開放経済)

第4章　国際資本移動の理論と現実

第4-1図　マクドゥーガル・モデル

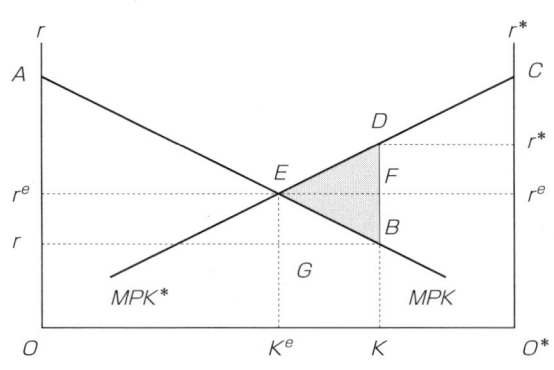

外国の資本所得＋労働所得：$O^*KDr^* + CDr^*$（閉鎖経済）

$\rightarrow O^*K^eEr^e + CEr^e$（開放経済）

となる。生産から得られる所得は，自国では $EBKK^e$ だけ減少し，外国では $EDKK^e$ だけ増加する。しかし，自国は外国からの金利収入（$r^e \times KK^e = EFKK^e$）を受け取り，外国は自国に同額の金利費用を支払うので，ネットでみると，自国では EFB の所得が増加し，外国では EFD の所得が増加することによって，両国では EBD の所得が増加する（第4-1図の斜線部）。[4]

資本移動の結果，両国の所得が増加するのは，「資本の限界生産力価値が低い資本豊富国」から，「資本の限界生産力価値が高い資本稀少国」へ，資本が移動することによって，資本の限界生産力価値が両国で等しくなり，世界的に効率的な資本配分が実現するからである。これが，資本移動のミクロ理論による経済厚生の古典的結論である。

さて，ここで言う資本 K とは，工場とか機械といった実物資本である。現実の世界では，すでに生産に使用されている実物資本を，外国に移動させることは不可能である。しかも現実には，実物資本は時間の経過とともに減耗していく。すなわち，自国の貯蓄が国内で投資されず，外国に流出していくと，自国の実物資本は次第に減少していく。マクドゥーガル・モデルは，この「動学的プロセス」（貯蓄が投資ではなく，資本流出することによって，国内の実物資本が減

少する過程）を捨象し，資本移動が資源配分や所得分配に及ぼす「長期的な」効果を分析したものである（伊藤／大山 1985, 155頁）。このモデルで捨象された動学的プロセスを考察したのが，次の異時点間貿易モデルである。

(2) 異時点間貿易モデル

一般に，金融とは，黒字主体と赤字主体が資金を融通しあう貸借関係を意味する。国際金融も，「支出よりも所得の方が多い黒字国」と，「所得よりも支出の方が多い赤字国」が，資本を輸出入しあう国際貸借関係を意味する。また，現在時点で貸した（借りた）資金は，将来時点で返済を受ける（返済を行なう）ことを伴うので，貸借関係は，異なる時点での取引である。さらに，自国が外国に貸付けを行なうという金融取引は，将来に返済されるという約束で，外国に対して「現在の生産以上の消費」を行なう権利を与えるという実物面での影響を伴う。このことを，一種類の財を，現在（第1期）と将来（第2期）の2期間で，生産・消費の決定を行なう異時点間貿易モデル[5][6]で考えよう。

生産の決定 現在，この経済に$\bar{Y}_1$だけの生産物（初期賦存量）が存在し，そのうちY_1を消費財の生産に，Iを投資にあてるとすると，第1期における投資が増加するほど，第2期の生産Y_2は増加する。すなわち，第1期および第2期の生産と投資の間には，

$Y_1 = \bar{Y}_1 - I$

$Y_2 = f(I)$ ただし，$f'(I) > 0, f''(I) < 0$

という関係がある。第4-2図(a)は，「異時点間の生産関数」を表しており，これを裏返しにして，横軸と縦軸に第1期と第2期の生産をとったものが，第4-2図(b)の「異時点間の生産可能曲線」である。生産可能曲線が右下がりなのは，第1期に投資される部分が増えれば，第1期の生産は減少し，第2期の生産が増加するからであり，また原典に対して凹の曲線となるのは，限界生産力が逓減する生産関数を前提としているからである。

生産可能曲線の形状について言えば，現在の生産に比較優位があり，資本の限界生産力が相対的に小さい「豊かな国」は，現在の生産に偏った形状をして

第 4 章　国際資本移動の理論と現実

第 4-2 図　異時点間の生産可能曲線

(a) 異時点間の生産関数

(b) 異時点間の生産可能曲線

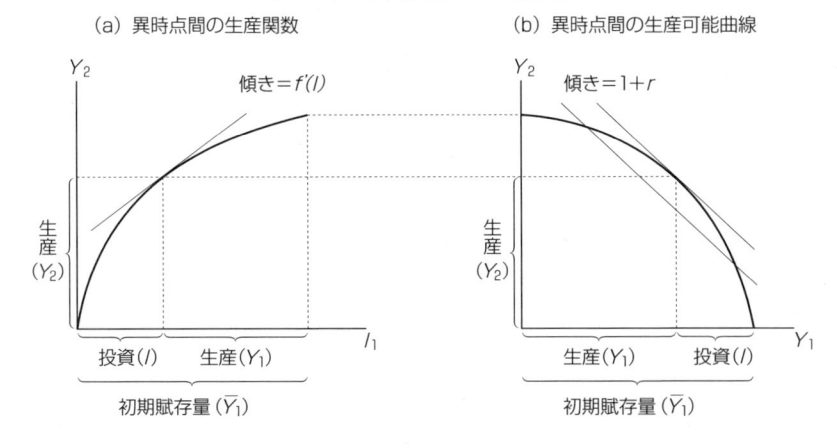

おり、将来の生産に比較優位があり、資本の限界生産力が相対的に大きい「貧しい国」は、将来の生産に偏った形状をしている（後述の第 4-4 図を参照）。

さて、この異時点間の生産可能曲線が与えられたとき、この国はどの点で現在および将来の生産を決定するであろうか？　ここでは、現在と将来の生産の総価値（割引現在価値）を最大にするように、生産が決定されると仮定する。利子率を r とすると、現在 1 単位の所得は、将来 $1+r$ 単位の所得となるので、2 期間にわたる生産の総価値（割引現在価値）W は、

$$W = Y_1 + \frac{Y_2}{1+r} \quad [or \ \ Y_2 = -(1+r)Y_1 + (1+r)W] \tag{4-2}$$

と表せる。(4-2) 式の W を最大にする生産量 Y_1, Y_2 は、第 4-2 図(b)で示されているように、生産可能曲線とこの直線が接する点で決定される。この点では、

$$\text{資本の限界生産力} = 1 + \text{利子率} \quad [f'(I) = 1+r] \tag{4-3}$$

が成立している。

消費の決定　一国の代表的個人は、現在と将来の消費から得られる効用を最大化するとする。このとき、消費者が将来の効用を現在において評価する際の「主観的割引率」が問題となる。

73

第2編　国際金融

第4-3図　異時点間の無差別曲線

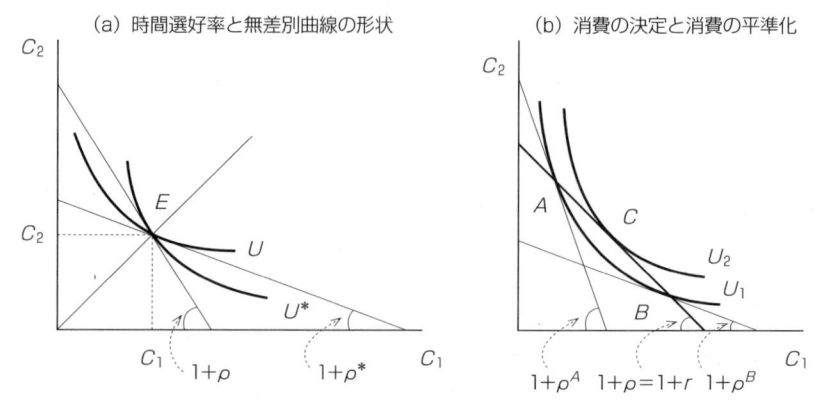

(a) 時間選好率と無差別曲線の形状　　(b) 消費の決定と消費の平準化

　同じ財を同じ量だけ消費するのであれば，現在消費することを，将来消費することより選好する消費者の傾向を「時間選好」と言う。一般に，将来の効用に対して現在の効用を選択する度合いを「時間選好率」と言い，これを ρ で表そう。現在の消費をより高く評価する場合，ρ は高い値をとり，将来の消費をより高く評価する場合，ρ は低い値をとる。[7]

　第4-3図は，異時点間の無差別曲線を描いたもので，一般の財と同様に，限界代替率が逓減的ならば，右下がりで原点に対して凸の形状となる。この無差別曲線が右下がりなのは，将来消費を増やすためには，現在消費を減らさなければならないからである。また，原点に対して凸の曲線となるのは，現在消費が少ない左上の点では，現在消費を増やすことの効用が大きいため，ρ の値が大きく，現在消費が多い右下の点では，現在消費を増やすことの効用が小さくなるため，ρ の値は小さくなるからである。

　第4-3図(a)は，時間選好率の大きさによって，代表的個人の無差別曲線の形状が異なることを示している。ここでは，現在消費と将来消費が等しい45度線上の E 点で，時間選好率 ρ の異なる2つの無差別曲線が描かれている。無差別曲線 U における E 点での ρ の方が，無差別曲線 U^* における E 点での ρ^* よりも小さい。前者は，現在消費よりも将来消費を高く評価するは「豊かな国」，後者は，将来消費よりも現在消費を高く評価する「貧しい国」と考えら

れる（後述の第4-4図も参照）。

　さて，この異時点間の無差別曲線が与えられたとき，この国はどの点で現在および将来の消費を決定するであろうか？　現在と将来の消費の合計（割引現在値）は，現在と将来の所得の合計を上回ることはできないという予算制約の下にある。現在1単位の消費をあきらめて，将来$1+r$単位の消費が可能ならば，異時点間の予算制約は，

$$C_1 + \frac{C_2}{1+r} \leq W = Y_1 + \frac{Y_2}{1+r} \quad [\text{or} \quad C_2(1+r)C_1 + (1+r)Y_1 + Y_2] \tag{4-4}$$

となる。

　第4-3図(b)は，この制約の下で，現在と将来の効用を最大にする消費の組み合わせを示したものである。太線で示した直線が，予算制約線(4-4)式である。まず，この予算制約線と点Aと点Bで交わる無差別曲線U_1を考えてみよう。点Aでは，$\rho^A > r$であり，現在消費C_1を増やすことで効用が上昇し，点Bでは，$\rho^B < r$であり，将来消費C_2を増やすことで効用が上昇する。したがって，より高い効用をもたらす無差別曲線U_2と予算制約線の接点Eが，現在と将来の効用を最大にする消費の組み合わせを示す点である。点Cでは，$\rho = r$となっており，このとき，現在と将来の「消費の平準化」（consumption smoothing）が達成されていると言う。すなわち，

限界代替率＝1＋時間選好率＝1＋利子率 $[1+\rho=1+r$ または $\rho=r]$　(4-5)

が成り立っている。つまり，主観的な時間選好率を客観的な市場利子率に等しくするように現在消費と将来消費が配分されているときに，消費は平準化されるのである。

　(4-3)式と(4-5)式より，異時点間の予算制約の下で，効用を最大化する生産・消費の組み合わせは，

1＋時間選好率＝1＋利子率＝資本の限界生産力 $[1+\rho=1+r=f(I)']$　(4-6)

を満たさなければならない。

資本移動の役割　異時点間の貿易（対外借入れや対外貸出し）がない場合，現在および将来の消費は，現在および将来の生産によって決定される。すなわち，第4-4図で示されているように，資本移動が存在しない閉鎖経済の下では，生産と消費の組み合わせは，生産可能曲線と無差別曲線（自国は U_1，外国は U_1^*）との接点（自国は E，外国は E^*）で示される。このとき，自国および外国の利子率は，$r<r^*$ となる。これは，自国が「現在の生産に比較優位を持ち，かつ将来の消費をより高く評価している豊かな国」で，外国は「将来の生産に比較優位を持ち，かつ現在の消費をより高く評価している貧しい国」であることを意味している。

ここで，国際利子率 r^W が，$r<r^W<r^*$ の範囲にあり，自国も外国も「小国」で，国際利子率 r^W で国際貸借が可能なように，資本移動が開始されるとしよう。このとき，自国および外国の生産点は，$(1+r^W)$ の傾きを持つ等所得線 (4-2) 式と，生産可能曲線が接する点 Q，Q^* となり，消費点は，$(1+r^W)$ の傾きを持つ予算制約線 (4-4) 式と，より高い効用水準を示す無差別曲線 U_2，U_2^* が接する点 C，C^* となる。

第4-4図の斜線部分が両国の国際貸借を示している。自国は，第1期において，生産 Y_1 を下回る消費 C_1 しか行なわないので，経常黒字 CA_1 が発生し，これを外国へ貸し出すため，第2期において，$CA_2 [=(1+r^W)CA_1]$ の返済を受け，生産 $Y_2[=F(I)]$ を上回る消費 $C_2[=Y_2+CA_2]$ が可能となる。外国は，第1期において，生産 Y_1^* を上回る消費 C_1^* を行なうので，経常赤字 CA_1^* が発生し，これを自国から借り入れ，第2期において，$CA_2^*[=(1+r^W)CA_1^*]$ の返済を行なうため，生産 $Y_2^*[=F(I^*)]$ を下回る消費 $C_2^*[=Y_2^*-CA_2^*]$ しか行なわない。

このように，国際利子率が与えられ，資本移動が可能な場合，生産と消費のギャップを資本移動が埋めることにより，自国も外国とより高い効用水準を達成できる。これは，国際利子率と時間選好率を等しくする点 $C(C^*)$ で両国が消費を決定することによって，「消費の平準化」が達成できることによる。

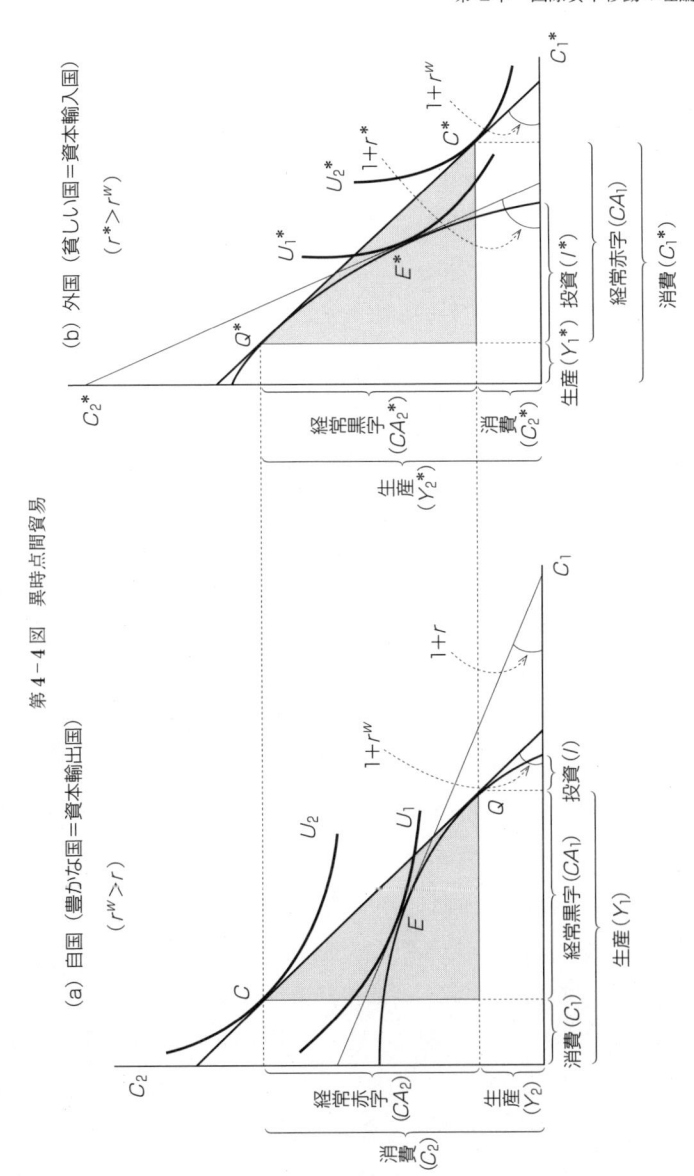

第4-4図 異時点間貿易

Ⅲ 資本移動の現実と新しい仮説

(1) 資本移動のプロシクリカリティ

前節で解説した2つの標準的な資本移動モデルは，次のような資本移動の現実を説明できない。

第1に，マクドゥーガル・モデルのように，自国と外国が，同一の生産物を同一の生産要素（資本と労働）と生産技術（規模に関して収穫一定）で生産しているならば $[Y=F(K, L)]$，一人当たり資本 $[k=K/L]$ が大きくなれば，一人当たり所得 $[y=Y/L]$ も大きくなるので $[y=f(k)]$，両国間で資本移動が自由ならば，豊かな国（資本豊富国）から貧しい国（資本稀少国）へ資本が移動し，両国で資本の限界生産力は等しくなるはずである。

ルーカスは，1988年のアメリカとインドの資本の限界生産力の格差を計算し，インドはアメリカの58倍もの資本の限界生産力の格差があることを示した。これだけの収益率格差が存在すれば，全ての資本が，アメリカからインドへ移動するはずであるが，実際にはそういうことは起っていない。[8] これが本書の冒頭で述べた「ルーカスの逆説」である。

第2に，異時点間貿易モデルで主張される「消費の平準化」についても，プロシクリカル（pro-cyclical, 順循環的）な資本移動という実際の観察によって，再検討されざるをえない。一般に，金融部門のプロシクリカリティ（pro-cyclicality, 順循環的変動）とは，実物部門の景気循環を金融部門が増幅するメカニズムと定義できる。実体経済に比べて貨幣経済が肥大化し，「景気の過熱とその崩壊」（boom-bust cycle）が引き起こされる「金融部門の不安定性」である。

伝統的なケインズ政策とは，実物部門の景気循環を，カウンターシクリカル（counter-cyclical, 反循環的）な財政・金融政策によって，平準化することであった。しかし，例えばIMFが通貨危機に陥った国に融資する際に課すコンディショナリティは，財政支出の削減や増税といった国際収支の改善には効果があるものの，マクロ経済的には順循環的な政策である。

第4章　国際資本移動の理論と現実

第4－5図　アジアの新興市場諸国への資本移動

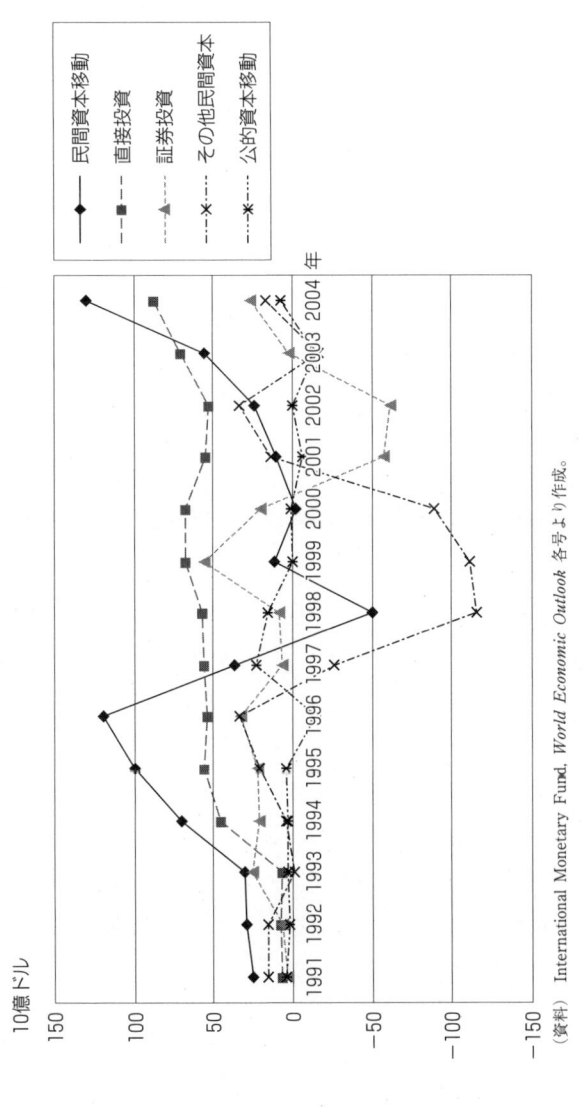

10億ドル

凡例：
― ◆ ― 民間資本移動
― ■ ― 直接投資
― ▲ ― 証券投資
― × ― その他民間資本
― ＊ ― 公的資本移動

（資料）International Monetary Fund, *World Economic Outlook* 各号より作成。

国際資本移動についても，景気循環や資産価格等の実体経済に対して，プロシクリカルに作用することが観察されている。例えば，カミンスキー等は，1960年から2003年を対象に，先進国および途上国の104カ国をサンプルとして，以下のような4つの「定型化された事実」を確認した。(1)ほとんどのOECD諸国と途上国において，ネットの資本流入はプロシクリカルである（対外借入れは，好況期に増加し，不況期に減少する），(2)多くの途上国において，財政政策はプロシクリカルである（好況期に財政を拡大し，不況期に財政を縮小させる），(3)新興市場諸国において，金融政策はプロシクリカルである（好況期に政策金利を下げ，不況期に政策金利を上げる），(4)途上国（特に新興市場諸国）において，資本流入は拡張的なマクロ経済政策に伴って発生し，資本流出は緊縮的なマクロ経済政策に伴って発生する（Kaminsky *et al.* 2004）。

　また，アジア通貨危機におけるタイを例にとると，危機以前の資本収支はGDP比で約6％の黒字であったが，危機後は約7％の赤字に転落した。こうした資本流入は好況を拡大させ，資本流出は不況を悪化させる効果を持った。第4-6図は，1990年代におけるアジア新興市場諸国への資本流入の推移を，資本移動の形態別に示したものである。全体としての民間資本移動を見ても，アジア危機以前の1996年には1200億ドル近くまで急激に流入が増加していたのが，危機後の1998年には500億ドル近くの流出に転じている。形態別に見ると，最も安定的に推移しているのは直接投資であるのに対して，銀行借入れを中心とするその他民間資本は，危機前は335億ドルの流入であったのが，危機後には1152億ドルの巨額の流出に転じている。

　したがって，1990年代以降のアジアにおける順循環的な資本移動は，銀行借入れの加熱と崩壊であった。この点を説明する新しい仮説を最後に2つ紹介しよう。

(2) 情報の非対称性とオーバーボローイング・シンドローム

　財の移動（貿易）と資本移動とは，「情報の非対称性」という点で大きく異なる。一般に，財・サービス市場においても発生する「売り手と買い手の情報

の非対称性」は，金融・資本市場においては「貸し手と借り手の情報の非対称性」として，以下のような問題を発生させる。第1に，借り手のプロジェクトに関する情報は，貸し手にとって不完全である。したがって貸し手は，高い金利を支払おうとするリスクの大きい借り手を選択し，低い金利しか支払わない健全な借り手が淘汰されてしまうという「逆選択」が発生する。第2に，逆選択によって健全な借り手が淘汰されてしまうと，貸し手に高い金利を支払おうとして，借り手はリスクの高いプロジェクトを選好してしまう「モラル・ハザード」が発生する。

　国内金融市場における情報の非対称性は，国際資本市場において一層深刻な問題となる。マッキノン＝ピルは，途上国の国際金融・資本市場からの「過剰借入症候群」(overborrowing syndrome) という現象を，政府が提供する「暗黙の保証」によって，銀行がモラル・ハザードを引き起こす問題として説明した（McKinnon and Pill 1996, 1999）。政府による暗黙の保証が存在することが分かっていれば，銀行による貸出しの審査は慎重でなくなり，ハイリスク・ハイリターンなプロジェクトに融資するというモラル・ハザードが誘発され，銀行はリスクの大きいビッグ・プロジェクトに過剰貸出しを行なうかもしれない。

　途上国は，金融の自由化によって，国内金利（r）より安い世界金利（r^*）で国際金融市場へのアクセスが可能となるが，モラル・ハザードの問題が解決されないまま，金融の国際化が行なわれると，次のようなオーバーボローイング・シンドロームが発生する。資本規制が撤廃され，資本移動が自由になれば，$r-r^*=f$という「カバー付きの金利平価」(CIP) 条件が成立する（fは先物プレミアム）。このCIP条件が成立すれば，先物市場でヘッジして外国通貨を借入れることと，国内市場で自国通貨を借入れることとは等価となり，国際金融市場からの過剰借入れのインセンティブはなくなる。ここで，銀行預金に対する政府の暗黙の保証のみならず，規制監督機関が100％のヘッジ要件を課していないならば，銀行はヘッジされていないポジションで外国通貨を借り入れ，自国通貨で世界金利より高い国内金利で貸し出しを行なう。この過程で発生する

通貨リスクは，預金保険という暗黙の保証によって政府に転嫁され，一国全体の過剰借入れがさらに加速し，オーバーボローイング・シンドロームが形成されるのである。

(3) 通貨ミスマッチと原罪仮説

標準的な資本移動モデルでは，情報の非対称性という金融市場に独特な問題を考慮に入れていないのみならず，異なった通貨の交換という国際資本移動にとって根幹の問題も考慮に入れていない。対外債務がいかなる通貨建てであるか（debt denomination）という問題は，少なくとも標準的な経済モデルでは，これまで等閑視されてきた問題であった。

アイケングリーン＝ハウスマン等は，自国通貨で対外借入れができないという制約を「原罪」（original sin）と呼んだ（Eichengreen, et al. 2003, 2005）。「原罪」という些かエキセントリックな用語を意図的に使用しているのは，それが債務国に関わる問題から生じているのではなく，それをはるかに越えたグローバルな問題から生じているからであり，「通貨ミスマッチ」ではなく「原罪」という概念を使用しているのは，前者が，外国通貨建ての「ネットの対外債務」を意味するのに対して，後者は，対外総債務のうち外国通貨建ての「グロスの対外債務」の比率を表すからである。

彼らは，世界の投資家が，自己の債権を主要 5 通貨（米ドル・ユーロ・円・ポンド・スイスフラン）という一握りの通貨建てで保有し，とりわけアメリカの居住者が，外国の債券は保有してもよいが，外国通貨建てでの債券は保有したがらないという傾向を示した後，次のような，「原罪指標」を定義している。

$$OSIN_i = \max\left(1 - \frac{i国通貨建て証券}{i国によって発行された証券},\ 0\right)$$

ここで，i 国が，全ての債券を自国通貨建てで発行している場合には（例えばアメリカが全ての債券をドル建てで発行し，かつドル建て債券はアメリカ以外の国でも発行されているならば），「i 国通貨建て証券／i 国によって発行された証券 ＞ 1」となり，$OSIN_i = 0$ となる（原罪は存在しない）。逆に，i 国が，全ての債券

を外国通貨建てで発行している場合には（例えばタイが全ての証券をドル建てで発行しているならば），「i国通貨建て証券／i国によって発行された証券＝0」となり，$OSIN_i=1$となる（原罪は大きい）。すなわち，$0 \leq OSIN_i \leq 1$であり，$OSIN_i$の値が大きいほど，原罪が大きいと言える。例えば，国際金融センター（アメリカ，イギリス，スイス，日本）では0.08，ユーロ導入後のユーロ圏では0.09と低い値をとり，途上国，とりわけラテンアメリカは1.00，アジア太平洋地域は0.94と高い値をとっている。

　アイケングリーン＝ハウスマン等は，この原罪指標を説明変数の1つとして，いくつかの被説明変数について回帰分析を行なっている。その結果，原罪指標が高いほど，為替レートを弾力的に動かせないこと，金融政策とりわけ金利の動きがプロシクリカルであること，GDPの変動や資本移動の動きがプロシクリカルであること等を検証し，「原罪」の概念を使用することで，Ⅱで述べたような標準的なモデルでは説明できない現実，すなわち，「豊かな国から貧しい国へ資本が流入しているわけではないこと［ルーカスの逆説］，貧しい国がその資本収支を消費の平準化に使えることを困難にしていること［資本移動のプロシクリカリティ］を説明できる可能性が，自国通貨で対外借入れができないという原罪仮説にはある」としている。

Ⅳ　アジア債券市場の可能性

　1990年代以降のアジアにおける資本移動のうち，最も流出入の変動が激しかったのは銀行借入れであった。マッキノンの言うモラル・ハザードによる「オーバーボローイング・シンドローム」を回避し，アイケングリーンの言う自国通貨で対外借入れができない「原罪の痛み」から解放する1つの試みとして，「アジア債券市場の育成」（ドル建ての銀行融資に過度に依存することのない長期資金を，アジア域内通貨建てで調達できるような債券市場を育成する試み）を位置づけることができるかもしれない。

　アジア債券市場の可能性は，理論的に言えば，借り手と貸し手の「情報の非

対称性」を緩和する上で，市場を必要としない相対取引である銀行融資（間接金融）と，明示的な市場取引を必要とする債券市場（直接金融）とは，アジア経済においてはどちらが望ましいかという問題に帰着する。しかし，情報の非対称性を解消するために，貸し手と借り手との間に「長期・継続的関係」が維持しようとする「関係的ファイナンス」(relational finance) と，当事者同士が「距離を置いたファイナンス」(arm's-length finance) との，どちらが望ましいかは，アプリオリには決められない。

本章で述べたような標準的な資本移動の理論と，金融グローバル化の下での新しい資本移動の現実とのギャップを埋める作業は始まったばかりであり，金融グローバル化の下で持続可能な資本移動を促す政策も模索され始めたばかりである。

＊本章は，平成17～19年度科学研究費補助金（基盤研究 C）「国際資本移動のプロシクリカリティに関する研究」（課題番号 17530176，研究代表者 岩本武和）による研究成果の一部である。
(1) 「資本移動のミクロ理論」とは，貨幣の存在しない（したがって異なった通貨交換を伴わない）物々交換モデルであり，国際要素移動の経済厚生を扱うものである。これに対して，「資本移動のマクロ理論」とは，古典的なマンデル＝フレミング・モデルをはじめ，現在ではトリレンマ命題（自由な資本移動・固定相場制・金融政策の独立性は鼎立しない）として知られているような，異なった通貨交換を伴うモデルである。これらについては岩本（2002）を参照。
(2) 各国ないし各地域の経常収支不均衡が，どの国ないし地域からの，どのような形態での「国際資本移動」によってファイナンスされているか，という相互依存関係を端的に表したものを，特に「国際資金循環」と言う。本山教授によるこの分野における先駆的な業績は，本山（1976）（1979）に見ることができる。そこでは，「各経済要素を通時的（脱歴史的）に数量化していく」ことの重要性が繰り返され，そうした着実な実証の結論として，単なる国民経済の総和でない世界経済の「発展の論理と型」が仮説として提示されており，国際金本位制および両大戦間期の「国際資金循環」研究において，今なお不滅の業績である。
(3) 利潤 π は，$\pi = pF(K, \overline{L}) - rK - w\overline{L}$ と表される（w は賃金）ので，両辺を K で微分して 0 とおくと，$p \times dF/dK - r = 0$ となり，(4-1) 式が求められる。
(4) ただし，資本流出国では資本に有利・労働に不利な，資本流入国では資本に不利・労働に有利なように，所得分配が変化する。

(5) 以下の動学モデルは，アーヴィング・フィッシャーによる消費と貯蓄の2期間モデルを，開放経済のモデルに適用したSachs（1981）によって先鞭をつけられ，その後，Frenkel and Razin（1987）やObstfeld and Rogoff（1996）といった国際マクロ経済学の上級テキストの基本モデルに採用されたことによって，今日における標準的な資本移動モデルの1つとして定着した。

(6) 「貨幣論」は，本山教授のライフワークの1つである。本山教授の貨幣観の根幹には，ケインズの「計算貨幣」（債券・債務関係の時間を通じる継承関係）がある。すなわち貨幣とは，「将来入手する資産を，債務を対価に現在入手する行為」（本山 1993, 246-47頁）である。本章は基本的に貨幣の登場しないミクロ理論を中心に扱っているが，この貨幣観は，本節で扱う「異時点間の消費の交換」と概念的には全く符合する。

(7) 例えば，1万円を現在消費することをあきらめ，それを貯蓄し，将来消費できる金額が同じ1万円ならば，消費者は1万円を現在消費することを選好するであろう。1年後に消費できる金額が1万500円なって，消費者が1万円を現在消費することをあきらめるならば，「時間選好率」ρは0.05（現在消費と将来消費の「限界代替率」$1+\rho$は1.05）であると言う。「現在の消費をより高く評価する場合」は，1年後に返済される金額が1万1000円にならないと，現在の消費をあきらめることはないであろう。この場合，$\rho=0.1$と高い値になる。「将来の消費をより高く評価する場合」は，1年後に返済される金額が1万300円であっても，現在の消費をあきらめるであろう。この場合，$\rho=0.03$と低い値になる。

(8) ルーカス自身は，人的資本を考慮に入れることで，この逆説に答えうると考えた。人的資本の蓄積hが高いため，一人当たり生産高yの高い国（豊かな国）の方が，能率単位で測った資本・労働比率$k(K/hL)$が低く，資本の限界生産力$f'(k)$が高い場合もあり得る。その場合，資本は豊かな国へ流入する。

(9) 周知のように，情報の非対称性の問題は，1970年にジョージ・アカロフによって中古車市場のレモンの問題として，最初に提示された（Akerlof, G., 1970, "The Market for Lemons: Quality Uncertainty and the Market Mechanism," *Quarterly Journal of Economics*, 84(3)）。これを金融市場における信用割当（credit rationing）の問題として発展させたのが，1981年のスティグリッツ＝ワイス論文である（Stiglitz, J. E. and A. Weiss, 1981, "Credit Rationing in Markets with Imperfect Information," *American Economic Review*, 71(3)）。

(10) 危機後のアジア経済において，債券市場が銀行融資に一挙に代替するわけではなく，銀行融資と債券市場が補完的な役割を果たす「中間的金融市場」ともいうべきものが続き，この過渡期において中核をなすのが，「銀行融資の証券化」であろう（岩本 2004）。

参考文献

伊藤元重／大山道広（1985）『国際貿易』岩波書店。

岩本武和（2002）「国際資本移動と為替レート制度」『福井県立大学経済経営研究』第11号。

――――（2004）「アジア債券市場の可能性と諸問題」*Working Paper,* No. J-39，京都大学大学院経済学研究科。

小川英治（2002）『国際金融入門』日本経済新報社。

河合正弘（1994）『国際金融論』東京大学出版会。

澤田康幸（2004）『基礎コース国際経済学』新世社。

深尾京司（2000）「国際資本移動――資本は豊かな国から貧しい国に流れるか――」福田慎一／堀内昭義／岩田一政編『マクロ経済と金融システム』（東京大学出版会）101-26頁。

本山美彦（1976）「地域的多角決済から世界的多角決済への発展の論理」本山美彦『世界経済論』同文舘，第5章（184-246頁）。

――――（1979）「多角的貿易の型――解説にかえて――」F.ヒルガート（山口和男／吾郷健二／本山美彦訳）『工業化の世界史』ミネルヴァ書房（181-204頁）。

――――（1993）『ノミスマ（貨幣）』三嶺書房。

DeLong, B. (2004) "Should We Still Support Untrammelled International Capital Mobility ? Or Are Capital Controls Less Evil Than We Once Believed ?," *The Economists' Voice.,* (1)-1, September 15.

Eichengreen, B., Hausmann, R. and U. Panizza (2003) "Currency Mismatches, Debt Intolerance and Original Sin: Why They Are not the Same and Why it Matters," *NBER Working Paper* No. 10036.

Eichengreen, B. and R. Hausmann, eds. (2005) *Other People's Money: Debt Denomination and Financial Instability in Emerging Market Economies,* Chicago University Press.

Frenkel, J. and A. Razin (1987) *Fiscal Policy and the World Economy: An Intertemporal Approach,* MIT Press.（河合正弘監訳『財政政策と世界経済』HBJ出版局，1991年。）

Kaminsky, G. L., C. M. Reinhart, and C. A. Végh (2004) "When it Rains, it Pours: Procyclical Capital Flows and Macroeconomic Policies," *NBER Working Paper* No. 10780.

Krugman, P. and M. Obstfeld (2005) *International Economics,* 7th. Edition, Addison Wesley.（第5版の翻訳は，吉田和男監訳『国際経済学』エコノミスト社，2001年。）

Lucas, R. (1990) "Why Doesn't Capital Flow from Rich to Poor Countries ?,"

American Economic Review, 80(2), pp. 92-96.

Mcdougall G. D. A. (1960) "The Benefits and Costs of Private Investment from Abroad: A Theoretical Approach," *Economic Record,* 36, March, pp. 13-35.

McKinnon, R. and H. Pill (1996) "Credible Liberalisations and International Capital Flows: The Overborrowing Syndrome," in Ito, T. and A. O. Krueger (eds.) *Financial Deregulation and Integration in East Asia ,* Chicago University Press, pp. 7-45.

―――― (1999) "Exchange-Rate Regimes for Emerging Markets: Moral Hazard and International Overborrowing", *Oxford Review of Economic Policy* 15 (3), pp. 19-38.

Obstfeld, M. and K. Rogoff (1996) *Foundation of International Macroeconomics,* MIT Press.

Sachs, J. (1981) "The current account in the macroeconomic adjustment in the 1970's," *Brookings Papers on Economic Activity* 1, pp. 201-268.

Williamson, J. (2005) *Curbing the Boom-Bust Cycle: Stabilizing Capital Flows to Emerging Markets,* Institute for International Economics.

第5章

国際金融市場
―― 1970年代前半における転換 ――

I 国際金融における〈「官」から「民」へ〉～本章の課題～

　本書序章で本山教授によって示された「世界的規模での」「『官』から『民』へという流れ」――国際金融市場は，そうした潮流の中心に位置し，さらにはその牽引役を担ってきたと言えるだろう。

　為替レートは，かつてはIMF協定にもとづき各国通貨当局の市場介入によって固定されていたが，73年春に固定相場制度が崩壊，その後は市場の決定に委ねられるようになった。資本取引では，60年代までは国際機関や各国政府による公的援助が中心であったが，73年の石油ショック以降は，銀行など民間金融機関による仲介が大きな役割を果たすようになった。

　為替レートの決定・国際的な資本取引の両方において，70年代前半を画期として，従来の公的な管理が解体し，いわば民営化の時代が始まったのであり，それが金融のグローバル化をもたらしたのである。

　では，こうした70年代前半の転換はどのようにして起こったのだろうか。大きな変化は，変動相場制への移行と民間資本取引の拡大であるが，本章では特に後者に焦点を当て，アメリカの政策を中心にそうした変化の経緯と意味について概観し，最後にその後の国際金融市場の展開を簡単に整理することとしたい。

Ⅱ　転換点としての1970年代前半

(1)　変動相場制への移行

　1970年代の前半を，戦後国際金融の転換点として捉えることに関して，大きな異論はないかもしれない。冒頭で述べたように，何よりもこの時期は，1944年のブレトンウッズ会議によって形作られた固定相場制度が崩壊し，現在まで続く変動相場制への移行期だからである。

　すなわち，アメリカはドルと金との固定相場を維持し，その他のIMF加盟国は自国通貨とドルとの固定相場を維持するという約束によって，第2次大戦後の為替レートは安定的に推移してきたわけであるが，こうした固定相場制度は，1971年8月，アメリカがドルはいつでも金に交換するという約束を一方的に破棄したことで破綻する。同年12月のG10（スミソニアン会議）でドルの切下げ（＝ドル建て金価格の引上げ）を含む各国間の為替レート調整が実施され固定制は一旦再建されるものの，73年2月にドルが二度目の切下げに踏み切ると，翌月にかけ主要国通貨は相次いで変動制に移行してしまったのである。

　しかしながら，この73年春の時点では，各国当局者の間では，変動制への移行はあくまで一時的な措置であり，固定制への復帰が可能かつ必要であるとの見方が一般的であった（ソロモン 1990, 342, 465頁）。国際通貨制度の長期的検討を行なうべく72年7月にIMFに設立された20カ国委員会での議論は，国際収支不均衡の調整方法をめぐる欧米間の意見の対立で迷走しつつも，為替相場制度に関しては，73年秋の時点でも「安定的な，しかし調整可能な平価制度」を基礎とすることで一致していたのである。

　こうした状況を一変させたのが，73年末の石油ショックであった。原油価格が一気に4倍になり，各国間の対外不均衡の急激な拡大とインフレ率の高騰・格差増大が目の前に迫った時，固定相場制への復帰が不可能であることは誰の目にも明らかであった。20カ国委員会は，石油ショック直後の74年1月のローマ会議において，為替切下げ競争の回避を訴えつつも固定制への復帰を断念，

これによって国際通貨制度の再建策を検討すべき委員会そのものもその役割を失ったのである（同年6月に解散）。その後も固定制への復帰を主張し続けた唯一の主要国であるフランスも，75年11月の主要国会議で変動制に合意し（ランブイエ合意），翌年1月には現状を追認すべくIMF協定を改正することが決定されている（キングストン合意）。

こうした過程を経て，固定相場制の崩壊＝変動相場制への移行は完成したのであり，（こうした変化の背景がアメリカ国際収支の悪化という形で60年代に用意されていたのは言うまでもないが）その意味で，70年代前半という時代が戦後国際金融における大きな転換期であったことは間違いないであろう。

(2) 民間資本取引の本格化

しかしながら，1970年代前半の転換点としての意義を，変動制への移行という点だけで捉えるのでは，不十分であるように思われる。と言うのも，この時期は変動制への移行期であると同時に，民間ベースでの国際資本取引が本格化し始めた時でもあったからである。その重要性は，変動制への移行に勝るとも劣らないように思われるが，こうした理解は，未だ必ずしも一般的でないかもしれない。

では，資本取引は70年代前半にどのような転換点を迎えたのであろうか。

1929年以降の大恐慌から第2次大戦にかけて，各国は金本位制を停止し管理通貨制度に移行，国内的には金利規制や業態分離規制を強化するとともに，対外的には民間の資本取引を厳しく規制するようになった。対外取引をコントロールしなければ，国内規制が尻抜けになるからである。また，アメリカの金融機関について言えば，1920年代のブームを背景に推し進めた国際化は大恐慌によって頓挫，以降60年代まで，33年銀行法など厳しい規制の下で国内業務に専念することになる。

しかし，57年9月にイギリスがポンド危機への対応策として為替管理を強化した際，国際業務に長い伝統をもつイギリスの金融機関がポンドの代わりにドルを用いて業務を展開したことを契機に，ユーロドル市場が誕生した。そして

それは，大恐慌以降の標準的な金融規制である〈金利規制〉〈準備預金制度〉〈預金保険〉のいずれをも免除された自由な市場として成長していく。英銀によるドルの使用とは，すなわち，大英帝国以来の国際的な金融機関ネットワークを保持し国際金融センターとしての復活を夢見つつもポンドの軟化に悩まされるイギリス（ストレンジ 1989）と，国際通貨ドルを戴きつつも銀行の国際化の進まないアメリカの，それぞれの比較優位の結合であった。その後60年代に入ると，米銀も，対外融資規制を回避するために，また，アメリカ系企業の海外進出を追いかけるために，さらには国内金融逼迫期にユーロドルを調達するために，ユーロ市場へ進出するようになり，1920年代以来およそ40年ぶりに国際化を再開する。それでも，60年代という段階では，ユーロ市場の役割は国際金融の中でまだ周辺的なものに留まっていたと言うべきであろう。

しかし，そのようなユーロ市場の位置づけを大きく変えたのが，やはり，73年末の石油ショックであった。戦後最大の国際収支不均衡の出現という新たな状況の中で，ユーロ市場はオイルダラー・リサイクルの担い手として中心的な役割を果たすようになる。産油国から預金を受け入れ，それをNICS諸国に積極的に貸し出したのである。

この段階に至って，ユーロ市場は，本格的な民間国際資本市場となったと言えるであろう。なぜなら，この時期に，国内の金融規制を迂回する限界的手段という段階を超え，規模が飛躍的に拡大しただけでなく，オイルダラーのリサイクルというその時点で最も重要な機能を果たすことで国際金融市場における必要不可欠な市場としての地位を獲得したからである（その際のNICS向け融資が，82年には債務危機という世界的な金融危機を生み出すことにもなる）。そして，規制を免除された自由な金融市場の本格的台頭は，金融を厳しくコントロールしてきた各国に，その緩和・撤廃を迫るようになる。すなわち，70年代半ば以降，各国は，ユーロ市場を起点とする競争的な金融規制緩和の渦に投げ込まれ，それが今日の金融グローバル化につながるのである。

70年代前半は，このような意味で，すなわち変動制への移行期であると同時に，資本取引自由化への移行期であったという2つの意味で，大きな転換点だ

ったと思われる。

以下，本章では後者——資本取引の自由化——の意味について，アメリカの政策転換を中心に，検討することとしたい。

Ⅲ　70年代前半の資本自由化への転換

(1)　石油ショックへの対応

国際収支の不均衡が発生した場合，それを調整する方法は大きく分けると，①為替レートの調整，②マクロ政策の調整（黒字国の拡大政策と赤字国の引締め政策），③黒字国から赤字国への資本移動，の3つである。ブレトンウッズ体制においては，原則として，①と③は排除され，②のうちの赤字国の引締め政策がとられていた。日本の「国際収支の天井」，イギリスのストップアンドゴー政策はその典型である。

しかしながら，石油ショックの場合，発生した不均衡が景気やインフレ等に起因する循環的なものでない以上，先進工業国を中心とする石油輸入国の為替の切下げや内需の抑制は，世界経済を混乱に陥れるばかりで効果的でない。そこで，先に触れた石油ショック直後（74年1月）のIMF20カ国委員会は，為替の調整でも，マクロ政策の調整でもない，ファイナンスによる調整を選択したのである（ローマ宣言）（ソロモン 1990, 358-60頁：大蔵省国際金融局 1977, 37頁）。すなわち，（経常収支）赤字国は資本を輸入することによって，国際収支不均衡を是正すべきだ，という考え方である（したがってそれは，経常収支不均衡については，その是正を先送りすることだとも言える）。

戦後過渡期の金融援助等を除けば，これが，戦後初めて，国際収支不均衡に対して，主としてファイナンスによって対処すべきことが公式に宣言された時であった。[1]

しかし，より大きな問題は，そのファイナンスをどのような方法で実施するかであった。

IMF専務理事のウィッテビーンは，石油ショック直後より，IMFが仲介機

関となって産油国から石油輸入国への資金移動を実現する計画（オイル・ファシリティ構想）を主張するが，この案にはアメリカが強力に反対した。その理由は，公的なファイナンスはOPECの石油戦略の容認につながるほか，石油ショックにともなう国際収支危機と一般的な国際収支危機を区別することができないため安易な資金供給になりかねないといった点であった。結局，オイル・ファシリティの融資枠は，当初計画額より大幅に削減されてしまう。

そしてこのことが，結果的に，オイルダラー・リサイクルへのIMFの関与を限定的なものとし，反対に，前述のようにその多くをユーロ市場に委ねることに，そしてそれがユーロ市場という民間国際金融市場の本格的な拡大をもたらすことになったのである。「『官』から『民』へ」の流れの典型的なケースと言えよう。

(2) 米国の資本自由化への転換

73年末の石油ショックは，このように，国際金融市場への影響という点でも非常に大きなものがあったのであるが，アメリカは，偶然にも石油ショックの直前に自国の資本輸出規制の撤廃を決定していた[2]。その結果，米銀は，オイルダラーのリサイクルで大きなビジネスチャンスをつかんだのである。すなわち，74年1月に，60年代に導入していた対外資本輸出規制が完全撤廃されると，石油価格高騰による貿易赤字に直面した各国政府が融資を求めて米銀に殺到することとなり，「銀行の貸付担当者に心から歓迎され」たのであった（クームズ1977，263頁）。こうした国際業務に対して，米銀の中にもそのリスクの高さから慎重な姿勢を示したチェースマンハッタンのようなところもないではなかったが，シティコープを先頭に，多くが積極的に取り組んだのである[3]。大企業の銀行離れが進むなど国内業務の低迷もそれに拍車をかけた。

では，アメリカは，なぜ，この時期に自国の対外資本政策を180度転換し，対外資本規制を撤廃したのであろうか。

1960年以来，国際収支の悪化に悩まされたアメリカは，対策の1つとして対外資本流出規制を導入した。63年7月には対外証券投資への新規課税（金利平

衡税）が導入され，65年2月には当初2年の予定だった金利平衡税を延長し新たに銀行融資も対象とするほか，銀行と企業には対外投資の抑制を要請することが発表された。そして68年1月のさらなる規制強化へと続くのであるが，こうした一連の資本流出規制の背景にあるのは，ケネディ政権下の財務次官であったローザを中心とする，長期資本の流出超過額は，経常収支黒字額の範囲内に抑えるべきであるとの考え方——〈経常収支＋長期資本収支＝基礎収支〉の均衡の維持——であった。基礎収支の均衡を維持しつつ，世界が必要とするドルは短期資本輸出の形で供給すれば，ドルの安定を維持しかつドル不足も避けることができる（いわゆるトリフィンのジレンマは回避可能である）との主張である。この考え方では，問題の根本的解決に必要なのは，あくまでアメリカの対外輸出競争力の回復であった（伊豆 1990）。

ところが，こうした60年代の対外資本規制は，1974年の1月にすべて撤廃されたのである。

70年代前半のアメリカの資本自由化論は，国際協議の場でも際立っていた。すなわち，60年代末からの外為市場の動揺に対して，西ドイツをはじめとする欧州諸国や日本は，非居住者の預金に対して高率の準備預金を課すなど，資本取引規制の導入を1つの対策としてきた。アメリカ自身も69年9月には，ユーロ市場からのドル取入れに対して超過準備を導入している。そこで20カ国委員会においても，IMFが加盟国に資本規制の導入を強制できるようIMF協定を改正するといった案や，ユーロ市場に預金準備を導入する案などが議論されたのである。しかしながらアメリカは，国際協調的な資本規制を求める欧州諸国に強く抵抗，結局，撹乱的資本移動に関する小委員会は，資本規制は許容されるが強要されてはならないという，実質的な意味のない結論だけを出して終了している（ソロモン 1990, 347頁）。

このように，70年代前半という時期に，アメリカは，自らのかつての政策を完全撤廃し，他国からの協調の要請も厳しく拒否してまで，資本自由化へと転換したのであるが，それはどのような背景にもとづくものだったのだろうか。

Ⅳ アメリカの政策転換の背景

(1) 国際金融市場の自由化と政策の自律性

　60年代までの常識に従えば，アメリカからのドルの流出は国際収支を悪化させ，国内経済運営の自由度を低下させることになる。ドルの下落を避けるべく，財政や金融の抑制が必要となるからである。しかし他方，ドルの流出によってユーロドル市場という魅力的な運用先が拡大すれば，ドル保有のインセンティブがかさ上げされ，ドルの価値は下支えされることになるであろう。ユーロ市場の拡大はドルを不安定化させそして同時に安定化させるという矛盾する状況が生まれていたのである。当初は資本流出の抑制によってドルの安定を図るという前者の論理が優先されていたものの（そのため前述のようにアメリカも69年には米銀のユーロ市場との取引に規制をかけている），流出規制そのものも一因となってユーロ市場が拡大していくにつれ，重心は次第に後者へと移っていく。

　そして，71年にドルと金の交換性が停止され国内経済政策が国際収支均衡という桎梏から解放されると，ユーロ市場や資本取引は〈ドルへの脅威〉から〈ドルの存立基盤〉へと変化したのである。言い換えれば，60年代前半，ドルは経常収支黒字の範囲内でのみ対外投資可能な国際通貨に過ぎなかったため，国際収支の悪化は直接的にドルの危機を意味したが，70年代前半には，経常収支にとらわれることなく国際金融市場を根拠として流通しうる，かつてとは性格を異にする国際通貨へと変貌したのである。

　アメリカでこうした政策転換が生じた原因の1つは，政権内部で市場メカニズムを支持する新自由主義の影響が強まったことである。ニューディールからブレトンウッズ会議に至る時代には，福祉国家型の介入主義が重視され，経済政策の自律性を確保するために資本移動を規制することは当然視されていたのであるが，抑制的な財政・金融政策を重視する新自由主義者は，資本移動を，政府の政策に規律を与える手段として，むしろ望ましいものと見なした。すなわち，投機的な資本移動は確かに撹乱的であるかもしれないが，同時にファン

ダメンタルズに反応しその是正を要求しているのであるから，資本移動に対する正しい対応は，それを規制することではなくその根底にある経済・金融の不安定な状況を改めることだという主張である．他方で，スタグフレーションがケインズ政策への批判を強め，海外への進出を進める多国籍企業や銀行は資本取引の自由化を求めていた．68年の大統領選挙において，資本自由化はニクソンの公約の1つだったのである．[4]

しかしながら，新自由主義の浸透がそのまま資本自由化をもたらしたわけではない．と言うのは，野放図な財政・金融政策に規律が求められ，にもかかわらずそれを実現できなかったのはアメリカ自身であり，前述のように，国内経済政策に対する国際均衡からの制約を破棄するためにこそ，アメリカは，金との兌換停止，資本自由化に踏み切ったのであった．新自由主義が求める抑制的な財政・金融政策に最も強く抵抗していたのがアメリカなのである．しかしながら，国際通貨国であり世界最大の金融市場を擁するアメリカにとっては，国際金融市場の自由化は，国内経済政策への規律としてではなく，逆に政策の自由度を高める手段として機能しうる．

新自由主義の主張する資本取引の自由化・為替レートの変動化が，その主張する論理とは正反対に，アメリカの政策の自律性を高めるものに転換した時，あい矛盾するはずの両者が結びついたのであった．健全な財政金融政策を求める新自由主義と，対外不均衡の累積にもかかわらず国内経済政策の自律性を求める人々との，国際金融市場の〈民営化〉（変動制＋資本自由化）という一点での，奇妙なしかし必然的な結合，それが，70年代前半の転換をもたらしたのである．

すなわち，かつてのブレトンウッズ体制は，国際金融における自由主義を抑制することによって国内経済政策の自律性を確保しようとしたニューディーラーと，西側の結束のために同盟国への援助に積極的であった冷戦派との結合によって形成・維持されてきたのであるが，対外輸出競争力の低下によってそれを支える力を失ったアメリカは，国際金融市場の自由化によって，従来とは異なる形で自らの政策の自律性と力を維持しようとしたのである（Helleiner 1994,

p. 120)。

(2) 〈非決定の力学〉

　こうした転換の結果，国際収支不均衡の調整コストをめぐるルールも大きく変化することになった。すなわち，アメリカが資本自由化に踏み切ったことで，ブレトンウッズ体制下で一般的であった〈国際収支不均衡が発生した場合には，赤字国側が財政金融の引締めや為替の切下げなどの責任を負う〉という調整方法から黒字国が調整を実施するシステムへと転換したのである。例えば，70年代前半，黒字国となった日欧諸国には２つの選択肢しか残されていなかった。１つは，日本のように，ドル買い介入によって（マネーサプライ増大のリスクをおかしつつ）ドルの下落（＝自国通貨の上昇）を防いで輸出競争力を維持する方法であり，もう１つは，西ドイツのように，通貨の切上げを受け入れ，対外競争力の低下を内需拡大によってカバーするという方法である。このことは，赤字国であるアメリカが緊縮政策をとるのではなく，黒字国である日欧諸国が為替レートの調整や内需の拡大を受け入れるという形で，すなわちブレトンウッズ体制下で一般的であった赤字国側が調整コストを負担するという方法とは異なる形で，不均衡の是正が図られるようになったことを意味する。

　こうした，赤字国責任論から黒字国責任論への転換こそ，当時のアメリカ通貨当局が強く望んでいたことであった。しかし，それは，アメリカの外交的な努力によって成し遂げられたわけではなかった。

　60年代の国際通貨交渉は，G10と呼ばれる先進国グループが中心であったが，71年12月のスミソニアン会議以降，アメリカは，G10では欧州の発言権が強すぎると不満を表明するようになる。そこで，途上国の代表を含めるとの大義名分のもとIMFに設立されたのが20カ国委員会であった。そして，その20カ国委員会の設立会議が開催された72年９月のIMF・世銀総会の場において，アメリカは，ボルカー財務次官が実質的な担当者となって作成した国際通貨制度改革案を発表するが，それは国際収支調整の対称化を求めるという形で事実上の黒字国責任論を強く打ち出しており，「1943年のケインズ案に驚くほど似て

いた」(ソロモン 1990, 336頁)。ボルカー自身, 1940年代のイギリスと70年代前半のアメリカの類似性について,「実際, 私もケインズも大まかにいって同じ立場から改革案を作成していた。すなわち, 当時英国は準備通貨国でありながら国際収支が赤字であり, ケインズはポンドに対するいかなる調整圧力にも抵抗した。一方当時の米国は慢性的黒字国であり, ケインズの案に反対であった。当時の米国の姿勢はちょうどその30年後に米国の改革案に対し, ヨーロッパ諸国が抵抗したのと同じだった」と回想している(ボルカー／行天 1992, 177頁)。

しかしながら, 会議規模を拡大してまで新たな不均衡調整方法を導入しようとした, こうしたボルカーらの奮闘にもかかわらず, ブレトンウッズ会議に至る英米交渉でケインズ案が受け入れられなかったのと同じく, 黒字国責任論を柱とするアメリカの制度改革論は他国の受け入れるところとはならなかった。

すなわち, 当時のアメリカには, 金とドルの交換性を一方的に停止したり, 欧州の主張する協調的な資本規制の導入に反対したりといった一種の拒否権の行使は可能であったが, (ブレトンウッズ会議の時代に見られたような) 新たな国際金融制度を構築する力は失われていたのである。それが, ベトナム戦争での敗北やウォーターゲート事件などと合わせて, 当時の米国衰退論の1つの根拠ともなったのであった。

しかしながら, 他方の欧州諸国にしても, アメリカ当局者の主張を拒否することこそできたものの, アメリカの意向に反して新たな制度を創設することはできなかった。そして何より, アメリカによって解き放たれた市場の圧力に対抗することは不可能だったのである。国際金融市場が〈民営化〉された時, アメリカは他国に対する圧倒的な優位にあり, そのことが結果的に, 不均衡調整コスト負担をめぐるルールを転換させることになったのである。外交交渉によってなしえないことを, 市場の圧力が実現したと言えよう。アメリカは, 国際金融におけるある種の市場ベースの権力を握ったのであり, 70年代前半は, まさにストレンジの言う構造的権力,〈非決定の力学〉が顕在化した瞬間であった(本山 1989)。

V その後の国際金融市場の展開

こうした70年代前半の転換を経て，ユーロ市場を起点に国際金融市場が発展していったのであるが，しかしながら，変動相場制と自由な資本取引が，その後，自動的に国際収支不均衡を調整するようになった，というわけではなかった。アメリカも，他国との関係においては優位を維持し，国際金融市場の発達から最大限の恩恵を受けつつも，だからと言って対外金融関係を〈ビナイン・ネグレクト（優雅に無視）〉し続けられたわけではない。

資本取引が自由化されたため，市場の信認を受けさえすれば，経常収支が赤字であっても国際収支上は問題でなくなったが，しかし，市場の信認を得られなければ，たとえアメリカと言えども例外ではなく，70年代後半以降，国際金融市場は，市場の信認を求める政府対政府の競争と協調の場として展開したと言えよう。

アメリカは，70年代後半には，国際政策協調という名目で日本と西ドイツという黒字国の内需拡大によって不均衡を調整しようとし（77～78年の黒字国機関車論），それが失敗すると，自らが金融引締めによってドルへの信頼を回復しようともした（78年11月カーター・ドル防衛政策，79年10月ボルカーによる金融引締め政策への転換）。さらに85年9月には，為替レートを70年代前半のように市場メカニズムに委ねるのではなく，G5の協調によって調整しようとし（プラザ合意），87年2月には再びマクロ政策の国際協調によって為替レートを維持しようとしている（ルーブル合意）（伊豆 2004）。

しかしながら国際金融市場の側も，70年代半ば以降のNICS向けユーロ・シンジケート・ローンといった銀行融資に象徴される状況から，82年の債務危機以降は大きく変化し，先進国間の債券市場を中心に展開するようになる。国際的な債券市場の拡大は，金利スワップなどの規制回避商品の発達とあいまって，国内の金利規制や業態分離規制の意味を失わせた。ユーロ市場の自由な特徴が各国の国内市場にも広がり，グローバルな通貨・金利市場が形成されたのであ

る。さらに90年代に入るとIMF下の改革を経た中南米への投資ブームが訪れ，直接投資を含む株式投資が大きなウエイトを占めるようになる。機関投資家の分散投資に株式が加わるようになったのであり，国際金融市場の〈株式化〉は，90年代末の株式交換によるM&Aブームで1つの頂点を迎えたと言ってよいであろう。

　国際金融市場において株式市場のウエイトが大きくなると，市場の信認を得るためには，財政政策や金融政策といったマクロレベルの健全性のみでなく，会計基準や企業のガバナンスなどミクロ面での〈グローバル・スタンダード〉（「ワシントン・コンセンサス」はその一部である）への移行が必要となる。そうした現状の下では，国際金融市場において，かつてのような国際通貨外交の役割は低下し，かわって，そうした〈スタンダード〉の創設や適用をめぐる議論，対立や協調が大きな役割を担うようになるのも当然であろう。国際金融市場の段階的な発展は，それぞれの段階に応じた新たな信認を要求するからである。

　そして，70年代前半という転換期が，そうした有り様の出発点となったのである。

(1)　例えば，アメリカへの融資を目的とした1962年のバーゼル協定やGABの設立なども国際収支危機に対するファイナンスの一種であったが，その目的は一時的な市場介入資金の供給にあり，それによって経常収支不均衡の是正を回避できるとするものではなかった（伊豆 1990）。その点，経常収支赤字の存続を前提とした，ここで言うファイナンスとは役割が異なる。

(2)　アメリカは，73年2月の段階で，資本規制の撤廃を決定していたが，同月の日欧諸国とのドル引下げ交渉を経て，74年までその実施を延期することとしていた（ボルカー／行天 1992, 158, 164頁）。

(3)　ボルカー／行天 1992, 283頁。しかしその結果，シティコープは債務危機後に30億ドルという「米国の銀行史上類をみない」貸倒引当金を計上することになる（同上書，316頁）。

(4)　FRBでは，こうした考え方は一般的でなかったが，対外通貨政策を担当する財務省にはすでに広く浸透していた。当時のシュルツ財務長官は新自由主義派の代表的な論者であるミルトン・フリードマンの強い影響下にあり，例えば，72年9月にアメリカが発表し，その後の20カ国委員会での議論の中心軸となった国際通貨制度改革案は，事前にフリードマンのチェックを受けたものであった（ボルカー／行天

1992, 174, 177頁)。
(5) ボルカー／行天 1992, 171頁, 柏木 1972, 273頁。G10 は IMF 非加盟のスイスを含め実質11カ国で構成されるが，その内，欧州以外の国は，日本，アメリカ，カナダの3カ国のみであった。新たに設立された20カ国委員会では，議長はインドネシアから，副議長はガーナ，ブラジル，日本，アメリカから選出された（ソロモン 1990, 329頁)。

参考文献

伊豆久（1990）「ケネディ政権下のドル防衛政策とその米国経済像―ロバート・ローザの構想を中心に―」『証券経済』第174号。

―――（2004）「国際収支不均衡とその是正策」『証研レポート』1627号。

大蔵省国際金融局（1977）『第1回大蔵省国際金融局年報昭和52年版』金融財政事情研究会。

柏木雄介（1972）『激動期の通貨外交』金融財政事情研究会。

クームズ，チャールズ（1977）（荒木信義訳）『国際通貨外交の内幕』日本経済新聞社。

ストレンジ，スーザン（1989）（本山美彦／矢野修一／高英求／伊豆久／横山史生訳）『国際通貨没落過程の政治学―ポンドとイギリスの政治―』三嶺書房。

ソロモン，ロバート（1990）（山中豊国監訳）『国際通貨制度研究1945―1987』千倉書房。

ボルカー，ポール／行天豊雄（1992）（江澤雄一監訳）『富の興亡：円とドルの歴史』東洋経済新報社。

本山美彦（1989）『国際通貨体制と構造的権力―スーザン・ストレンジに学ぶ非決定の力学―』三嶺書房。

Helleiner, Eric (1994), *States and the Reemergence of Global Finance, From Bretton Woods to the 1990*, Cornell University Press.

第6章

国際金融規制の展開

I　国際金融規制とバーゼル銀行監督委員会

　国際金融規制が何であるか，確立した定義があるわけではない。国際金融規制は，国際的な金融活動に対する規制という側面と，金融活動に対する国際的な規制という側面の両面を持ち，定義の仕方により国際金融規制の範疇は大きく異なる。本論では，国際金融規制を狭義に捉え，国際的に活動する金融機関に関する国際的な規制という定義を採用しておく。BIS規制として知られるバーゼル銀行監督委員会における1988年の合意（Basel Accord, バーゼル合意）は，この定義にかなう最初の国際金融規制である。[1]

　バーゼル銀行監督委員会は，1974年にG10諸国（カナダ，フランス，ドイツ，イタリー，日本，オランダ，スウェーデン，イギリス，アメリカ，スイスおよびルクセンブルク）の中央銀行総裁によって設立された。バーゼル銀行監督委員会は，「中央銀行の中央銀行」とも呼ばれる国際決済銀行（Bank for International Settlements: BIS）におかれている。バーゼル銀行監督委員会は，当局同士や市中銀行との間での情報交換を促進するとともに，銀行監督・規制の国際的基準やガイドラインを設定し，最善の実務普及を目的とする国際機関である。

　バーゼル銀行監督委員会の決定は，法的効力を持つものではない。しかし，バーゼル銀行監督委員会の決定は無視することのできない国際的な権威を有している。バーゼル銀行監督委員会は，中央銀行関係者ばかりでなく，金融監督や規制に責任を有する当局の関係者によって構成されており，加盟機関はバーゼルでの決定を遵守する道徳的立場にある。BIS規制は，国際的に活動する銀

行の自己資本比率に関してバーゼル銀行監督委員会によって決定された国際統一基準であり，ミニマム・スタンダードとして各国基準に反映されるべき紳士協定である。

国際金融規制が登場した背景には，各国内における金融の自由化と，それと歩調を合わせた金融活動の国際化が存在する。金融自由化により，業際規制や金利規制といった競争制限的規制は段階的に撤廃された。その結果として，それ以前は規制が吸収していたリスクが解放され，個別金融機関にとってはリスクを戦略的に利用して収益力を高めることが経営課題となった。その一方で，金融の国際化は，金融機関の相互依存関係が国際的に一段と深まったことを意味するとともに，一金融機関におけるリスク管理の失敗が国際的に波及する危険性を高めたのである。各国の金融規制・監督当局にとって，金融の国際化は，自らが監督権限をもたない他国の金融機関によって自国の金融秩序の安定が危機にさらされる可能性をもたらしたのである。

バーゼル合意の意義は，主要各国が国際的な統一基準を協力して作りあげることに成功したこと，それ自体にある。金融の自由化・国際化をなし崩し的に追認してきた各国政府・中央銀行が，積極的に秩序形成へのイニシアティブを示し得たことの歴史的意義は小さくない。国際的な金融秩序の行方をレッセフェールに委ねるのではなく，様々な限界があるとはいえ，合意によるルール形成を通じて秩序を維持する方向で踏み出した第一歩がバーゼル合意であったといえる。

以下では，まず規制体系の変化とリスク管理に関する基本的な枠組みを確認したうえで，バーゼル銀行監督委員会を中心とする国際金融規制の展開を時系列的に整理することとする。そのうえで，おわりに，BIS規制の政治経済学的側面を概観する。

II　金融規制とリスク管理

金融自由化が進展する以前，信用リスクや市場リスクといったリスクの多く

は潜在的なものにとどまっていた。金利規制や固定手数料は一種の公定価格カルテルとして，市場リスクの顕在化を防いでいた。また，証券業務と銀行業務の分離等の業際規制や店舗規制は新規参入を困難なものにすることで，金融機関の超過利潤を制度的に保証する効果を持っていた。こうした制度的環境のもとでは，税法基準に従った引当金を計上することで，信用リスクは十分すぎるほどカバーすることができていた。金融自由化が進展する前のわが国の規制の特徴は，行政機関が事前に裁量権を発揮することで，金融リスクの顕在化を防いでいたことにあった。

しかし，金融の国際化が進行し，多国籍金融機関が日本においても積極的に営業活動を行なうようになると，法律に明文化されていない行政指導のような形での規制は，透明性に欠けるものとして変更をせまられることになった。市場競争のルールを明示化しておくことで，公平性と透明性を確保し，何らかの問題が生じた場合には，ルールに基づき事後的に対応するような規制が求められたわけである。

他方で，国債の大量発行は金利が市場によって決定される構造をもたらし，金利規制を形骸化させてしまった。市場によって金利が決まり，金利規制によるスプレッドの保証が失われてしまうことによって，市場リスクが顕在化した。1980年の公定歩合引き上げをきっかけとした国債価格の暴落は，ロクイチ国債の暴落として知られている。その前年の1979年から金利は上昇局面にあり，当局の指導のもとで，ほとんどの主要銀行は国債の評価基準を低価法から原価法に変更した。この会計基準の変更によって，銀行の財務諸表上に国債価格の下落が反映されることは回避された[2]。市場リスクは銀行によって負担され，かつ，そのリスクを会計上は表面に出さないという選択が行なわれたのである。銀行がリスクを負担しつつも，リスク情報を開示しないという組み合わせは，金融自由化による規制体系の再編が過渡的な段階において見られた特徴であった。

(1) 規制体系の変化

金融自由化は規制の撤廃を意味していたわけではない。金利規制のような競

争制限的な規制が暫時撤廃される一方で、ディスクロージャー規制や自己資本比率規制は強化されてきた。規制を市場活動に対する公的介入として、個別銀行の破綻が生じる前の規制を事前規制、生じた後の規制を事後規制とすると、代表的な事前規制には(a)競争制限的規制、(b)健全経営規制、(c)ディスクロージャー規制があり、事後規制には(d)救済措置、(e)合併・吸収の斡旋・調停、(f)預金保険制度がある。

上述のように競争制限的規制とは金利規制や業際規制のような金融機関同士の競争を直接制限するような規制であり、それに対して健全経営規制とは自己資本比率のようなバランスシート規制を典型とした一定の財務比率水準を義務づけ、その水準を満たさない場合に早期是正措置を講じるような規制である。ディスクロージャー規制は、銀行活動に関する情報のディスクロージャーを義務づけることで、市場参加者の合理的な行動が銀行に健全経営への誘因を与えることを通じて信用秩序を維持しようとする規制である。いわゆる市場規律を利用するのがディスクロージャー規制である。

事後的規制である個別銀行の救済措置や合併・吸収の斡旋・調停は、歴史的に民間銀行の間で形成されてきた相互互助の仕組みを公的に利用することで実施されてきたが、どのような場合にいかなる措置がとられるのかは当局の裁量権に委ねられていた。それに対し、預金保険制度は、加盟銀行から預金保険料を徴収することで、銀行破綻時に預金の払い戻しを事前のルールに基づいて保証する仕組みである。

金融自由化に伴う規制体系の変化は、(a)競争制限的規制と(d)救済措置および(e)合併・吸収の斡旋・調停の組み合わせから、(b)健全経営規制と(c)ディスクロージャー規制および(f)預金保険制度の組み合わせへの変化として整理することができる。単純化するとそれは、護送船団方式から市場競争を活用した規制体系への移行として理解することができる。

わが国において、市場競争活用型規制体系への変化が明確に提言されたのは、1985年の金融制度調査会が提出した答申「金融自由化の進展とその環境整備」においてであった。この答申において、預金保険制度の強化、自己資本比率指

第6-1表　規制体系の変化

事前規制	事後規制
(a)競争制限的規制	(d)救済措置
(b)健全経営規制	(e)合併・吸収の斡旋・調停
(c)ディスクロージャー規制	(f)預金保険制度

導を中心とする諸比率規制の抜本的改革，ディスクロージャーの強化が提案されたのである。この答申を受けて，1986年には預金保険の上限が拡大されるとともに，事実上その存在を無視されていた自己資本比率指導が整備されることになった。また，全国銀行協会連合会は，1987年に銀行の統一開示基準を制定した（高田 1987, 17頁）。

(2) 自己資本比率規制と預金保険制度

預金保険制度は金融システムへの預金者の信頼を確保することを目的としている。預金保険の提供条件を明確化すればするほど，預金者の信頼は高まると考えられるので，預金保険提供機関は最後の貸し手である中央銀行のように曖昧な態度を維持する必要はない。しかし，預金保険の存在は，銀行や預金者のモラル・ハザードというコストを伴っている。

預金保険制度が預金を完全に保証しているような場合，預金者は金融機関の経営状態に関心を抱く必要はなくなる。預金保険機関は，預金保険制度が存在しなかったならば預金者が行なったであろう判断，すなわち当該銀行に預金するのが安全であるかどうかに関する判断を行なう必要がある。銀行の財務状態を監視し，財務状態が悪化したならば，それに従い預金徴収量を増額するとか，あるいは，預金保険の提供を停止（早期閉鎖措置）することが，預金保険機関にとって適切な行動となる。

銀行監督規制当局が，業務改善命令や営業停止命令を行なうための判断基準の1つが，自己資本比率である。自己資本は，最終的なリスク負担者である株主の持ち分を表しており，自己資本比率が高いということは，それだけリスク負担能力が高いことを意味している。自己資本比率規制は，その自己資本比率

に下限を設定するものであり，一定比率を下回った場合には，業務内容の改善や営業の停止を命ずる早期是正措置と組み合わされた仕組みとなっている。このような仕組みを用意することで，預金保険制度によって生み出されるモラル・ハザード問題の緩和が期待されるのである。自己資本比率規制の意義は，早期是正措置や預金保険制度といった補完的制度と切り離して理解することはできない。

(3) 金融機関のリスク管理

　金融サービスの基本的機能はリスク変換にある。資金ニーズとリスク選好が異なる経済主体間を媒介するため，それぞれのニーズに応じたキャッシュフローとリスク・プロファイルを持つ契約や金融商品を提供することが金融機関の役割であり，この役割を遂行する過程において金融機関自らもリスクを負担し，それらに応じたリターンを確保すべく務めている。このような観点からは，リスク管理の巧拙が金融機関の競争力を左右することは明白である。

　しかし，今日では自明ともいえるリスク管理の重要性も，金融自由化過程において十分に理解されていたとはいえなかった。金融自由化は規制環境の急速な変化をもたらしたが，個別金融機関の経営は既に失われてしまった環境に適応した仕組みにとらわれがちであった。金融自由化への適応過程は，過去の成功体験を反映した組織の慣性に引きずられるなかでのタイムラグを伴った試行錯誤の過程でもあったのである。しかも，その試行錯誤は民間主体のみによって行なわれたわけではなく，公的規制の変化にも促される形で進展してきた。

　ディスクロージャー規制は，よく知られている市場規律だけでなく，外部報告会計制度の拡充が内部報告会計システムの充実を促し，その結果として，経営者自身のリスク認識が深まる経路を介しても健全経営を促してきた側面を持つ。オフバランス取引に関するディスクロージャー規制等では，外部報告会計制度の拡充が内部報告会計システムの改善をもたらしてきた。またデリバティブ規制論争においては，内部リスク管理システムの充実が問題となった[3]。

　今日では，信用リスク，市場リスク，オペレーショナル・リスクといった多

様なリスクを統合的に管理する統合リスク管理のフレームワークが多くの金融機関に採用されるにいたっている。統合リスク管理は、「様々なリスクを共通の見方で統合的に捉えたうえで、(I)経営体力に見合ったリスク制御による健全性の確保、(II)リスク調整後収益に基づいた経営管理（業績評価、資源配分等）による収益性や効率性の向上、を目指す体制」（日銀2001,4頁）と定義されている。基本的な考え方は、金融機関の事業ポートフォリオをそれぞれのリスクによって評価し、リスクをカバーするだけの資本（リスク資本）を各部門に配賦し、その成果をリスク調整済みの業績指標によって評価するというものである。

統合リスク管理のプロセスは次のように整理できる（日銀2001,4-5頁）。①様々なリスクを統合的に管理するリスク管理部署を設置し、当該リスク管理部署が全行横断的なリスク管理の調整を行なう。②各業務運営部署が抱えるリスクのうち、可能なものについてヴァリュー・アット・リスク等の共通の尺度を用いて計量化を行なう。③リスク資本を、管理会計上、経営から各業務運営部署に対して配賦する。④リスク枠、損失限度枠の設定等を通じ、各業務運営部署では配賦されたリスク資本の範囲内でリスク・テイクを行なう。⑤リスク・テイクの結果得られた収益について、リスク資本との関係から各部署のパフォーマンスを評価する。⑥こうして得られたリスク調整後収益指標や自己資本対比リスク資本の水準を基に、経営資源配分、業務戦略、資本調達方針、リスク管理体制等の見直しを行なう。一方、リスク資本を踏まえた評価基準の導入により、業務運営部署に対して、リスクを意識した運営に努めるインセンティブ付けがなされる。

統合リスク管理のプロセスから明らかなように、事業ポートフォリオの構成には戦略が反映されていることが前提となっている。また、リスク資本が配賦された後の業績評価管理プロセスは、まさに管理会計的な仕組みとなっている。つまり、統合リスク管理とは様々なリスクを統合的に管理するという意味で統合的であるばかりでなく、戦略的な管理会計とリスク管理を統合するという意味でも統合的なのである。

III　バーゼル協定（1975年）

1974年6月，当時の西ドイツ連邦銀行監督庁はヘルシュタット銀行の営業免許を取り消した。外国為替先物取引の失敗によって生じた損失が，ヘルシュタット銀行破綻の直接の原因であった。ヘルシュタット銀行は，ヘルシュタット・リスクとして名前を残している。ヘルシュタット・リスクとは，時差に伴う決済不履行リスクである国際決済リスクの別名である。ヘルシュタット銀行の破綻によって，個別銀行の破綻が決済網のほかの銀行の連鎖的な破綻を引き起こすシステミック・リスク（ドミノ・リスク）を惹起しかねない国際決済リスクが顕在化したのである。

当時の西ドイツ中央銀行であるブンデスバンクは，ヘルシュタット銀行が危機的状況に陥った後でも，最後の貸し手として緊急融資を行なわなかった。ブンデスバンクの決定により，ヘルシュタット銀行の流動性危機が取引先銀行に伝播し，国際決済システムは機能不全寸前にまで至った。ユーロ市場の参加者は信用リスクに過敏に反応し，ユーロ市場からの資金調達もままならないような状況が生まれたのである。

ヘルシュタット銀行破綻から半年も経たない1974年10月8日，アメリカのフランクリン・ナショナル銀行が倒産した。総資産額で全米第20位であった大銀行の倒産であった。ここでも倒産の直接の原因は，外国為替取引の失敗とそれを原因とする預金等の流出であった。

フランクリン・ナショナル銀行が外国為替取引に失敗したとの噂はそれ以前より流れており，1974年5月には資金流出から流動性危機に陥っていた。この時点で，ニューヨーク連邦準備銀行は多額の貸付を行ない流動性を供給することを決断した。フランクリン・ナショナル銀行の外国為替取引はニューヨーク連銀の支援によって継続されたのだが，さらに危機が深刻化した時点で，ニューヨーク連銀がフランクリン・ナショナル銀行の外国為替取引勘定を継承することになった。このようにして，ニューヨーク連銀が，フランクリン・ナショ

ナル銀行の外国為替取引を最終的に決済することで、国際金融市場の秩序は維持された。

ヘルシュタット銀行とフランクリン・ナショナル銀行の破綻は、国際金融システムの維持に重大な教訓を与えることになった。最後の貸し手としての責任の所在を明確にするとともに、最後の貸し手が行なう緊急融資や救済措置の実効性を高め、国際金融市場の混乱を防ぐために、各国銀行監督当局が協力する体制を築きあげる必要性が明確に認識されたのである。

(1) 外国事業拠点監督の原則

最後の貸し手としての中央銀行の役割は、金融システムを守るためのものであり、預金者保護とは直接関係ないということは、問題の所在を理解する上で重要である。事後的な預金者保護の問題はルールに則って時間をかけて対処すればいいものだが、金融システムの危機には中央銀行が自らリスクをとって信用を供与しなければならない。そこに事前のルールを設けることは、モラル・ハザードの誘因となり、制度的に望ましくない。「計算された曖昧さ」を維持しつつ、中央銀行は最後の貸し手として危機管理を行なわなければならないのである。

このことから、最後の貸し手としての責任範囲の明確化は微妙な緊張をはらむことになる。つまり、最後の貸し手として行動することを国際的責任として認めることはモラル・ハザードを誘発しかねないのである。ヘルシュタット銀行とフランクリン・ナショナル銀行の破綻を受け、最後の貸し手として協調行動をとる重要性が認識される一方で、主要各国の金融監督機関は、最後の貸し手の責任範囲ではなく、銀行の監督責任範囲の明確化を行なうことになる。

1975年にバーゼル銀行監督委員会が、国際的な営業活動を行なう銀行の監督責任について「銀行の外国事業拠点に対する監督についての原則（Principles for the Supervision of Banks' Foreign Establishments)」というガイドラインを設定した。これがバーゼル協定（Basel Concordat）である。

バーゼル協定では、まず、銀行の外国事業拠点の監督は、母国当局とホスト

第6章　国際金融規制の展開

当局の共同責任であることが述べられたうえで、それぞれの監督責任範囲が以下のように設定された。母国当局は、外国支店の支払能力の監督に責任を負い、ホスト国当局は、外国事業拠点の流動性および子会社の支払能力の監督に責任を負う。さらに、ホスト国当局と母国当局の間での情報の交換および協力関係の改善に向けた法的制度の改革が努力目標として掲げられた。このようにしてバーゼル協定は、銀行の外国事業拠点に対する監督責任の範囲に関する最初の国際的なガイドラインとなった。

(2) 連結監督原則と母国監督主義

　1982年、イタリアのアンブロジアーノ銀行が、海外現地法人の貸付債権の焦げ付きにより倒産した。このアンブロジアーノ銀行の倒産劇は、バーゼル協定の不備をあからさまにすることになった。

　アンブロジアーノ銀行は、ルクセンブルクに持株会社形態のバンコ・アンブロジアーノ・ホールディングを子会社として有し、ユーロ市場での取引活動を行なっていた。ここで問題は、ルクセンブルクにおけるアンブロジアーノ銀行の現地子会社が銀行ではなく持ち株会社であったことである。このため、イタリアの監督当局も、ルクセンブルクの監督当局も、バンコ・アンブロジアーノ・ホールディングに対する銀行監督責任の存在を認めず、また救済責任を負担することもないという立場をとった。

　これにより、バーゼル協定において明らかにされた「いかなる外国事業拠点も銀行監督から免れてはならない」という原則が、守られていなかった事実が判明したのである。このような事態を受けて、バーゼル銀行監督委員会は、バーゼル協定の改訂をはかることになる。

　1983年5月に公表された改訂コンコーダットでは、母国当局が銀行グループ全体に対して包括的な監督を行なう責任を持つべきであるとしている。これに対応して、国際的な事業活動を展開している銀行グループについて、母国監督機関は、グループ全体の連結財務諸表をベースとして監視することが求められたのである。改訂コンコーダットは、国際的な銀行活動について、連結監督の

111

原則を示したわけである。さらに、改訂コンコーダットは、支配能力や流動性、外国為替取引の監視について、監督責任範囲のいっそうの明確化をはかっている。全体としては、母国銀行監督機関の監督責任が、連結監督の原則とともに、重視されるようになった。

しかし、母国監督責任の強化によるループホールの縮小によっても、母国が明らかでないような複雑な資本関係を持つ銀行グループに対しては、監督責任の空白が残されたままであった。この問題は1991年7月のBCCI（Bank of Credit and Commerce International）の破綻によって明らかとなった。BCCIは、親会社としての持ち株会社の形式的所在地はルクセンブルク、営業上の本拠地はロンドン、資本の7割がアブダビ政府関係機関からのもの、というふうに、きわめて錯綜したグループの構造を持っていた。このように意図的に国際的な銀行監督体制の網から逃れようとする銀行グループに対しても適切な監督を行なうため、1992年には「国際的業務を営む銀行グループおよびその海外拠点の監督のための最低基準（Minimum Standards for the Supervision of International Banking Groups and their Cross-border Establishments）」が発表され、改訂コンコルダートの強化が図られている。

Ⅳ　バーゼル合意（1988年）

バーゼル協定が監督責任範囲の明確化と、国際的な監督協力体制の構築をはかろうとしたものであったのに対し、バーゼル合意は、国際的に銀行の自己資本比率規制を統一したものである。このバーゼル合意には2つの目的があった。国際的な銀行システムの安定性を強化することと、国際的に活動している銀行間の平等な競争条件を確保することである。

(1) バーゼル合意の概要

1987年12月に「自己資本の測定と基準に関する国際的統一化への提言」がバーゼル銀行監督委員会によって発表され、この提言に対する各方面からのコメ

ントを受け若干の修正を行なった後，1988年7月に『自己資本の測定と基準に関する国際的統一化』が公表された。これをバーゼル合意と呼ぶ。

バーゼル合意では，連結ベースでの最低所要自己資本比率を1993年度末までに8％とすることが合意された。分子となる自己資本については，基本項目と補完項目を設けたツーティア・アプローチ（two tier approach）が採用された。分母となる資産については，資産の種類毎に設定されたリスク・ウェイトによって重み付けされたリスク・アセットが利用されることになった。リスク・アセットには会計上はバランスシートに計上されないオフバランスシート取引も反映されるように配慮されている。

バーゼル合意で認められた自己資本基本項目は，発行済みかつ完全払い込み済み普通株式，公表準備金および非累積配当型永久優先株（優先して一定配当を受ける権利を有する株式であり，配当が実施されなかった場合に翌期に前期の配当を受けることができないような株式）に限定されていた。補完項目については，非公表準備金，再評価準備金，一般引当金または貸倒引当金，累積型優先株，負債性資本調達手段（カナダの長期優先株式，フランスの資本参加証券，永久劣後債，イギリスの永久債，ドイツの共益権付証券，アメリカの転換義務付証書など）および期限付き劣後債（5年以上），さらに有価証券含み資産の45％，等が各国銀行監督・規制当局の判断によって認められることになっていた。ただし，補完項目は基本項目相当額を自己資本算入の上限とされている。

(2) バーゼル合意の柔軟性

BIS規制における自己資本基本項目は，原則として各国共通である。しかし，補完項目の中身に関しては，各国がそれぞれの事情に応じて裁量権を発揮できるような二段構えの仕組み，ツーティア・アプローチになっている。つまり，BIS規制は，自己資本比率の下限を8％としたことに見られるように，表面的には国際的統一が達成されてはいるが，その内実において各国間には少なからぬ相違が残されていた。

このような相違の評価は難しい問題である。第1に，このような妥協なしに

銀行規制の国際的統一が可能であったかどうかは疑問である。バーゼル合意を軸として国際的な銀行規制が進展してきたことを評価するならば，問題点を抱えながらもともかく国際統一が実現したことそれ自体に意味があるともいえる。第2に，各国の金融制度，税制，会計制度，預金保険制度等の自己資本比率規制と補完的な制度が統一されていない状態で，自己資本比率規制の統一化を進めたとしても，それによって各国の競争条件がより公平になるとはいえない問題がある。第3点は，銀行の健全性の観点からの問題である。確かに自己資本比率を上昇させること自体は，（株主利益の犠牲の下で）銀行の健全性向上に寄与するが，自己資本比率の適切な水準は銀行の最適倒産確率および預金保険制度の最適負担額によって決められるべきものである。

(3) 市場リスクの BIS 規制への反映

バーゼル合意は，信用リスクに対応して最低所要自己資本比率を定めたものであり，信用リスク以外のリスクは対象とされていなかった。しかし，1980年代後半からいわゆるデリバティブの利用が広がり，それに伴ってデリバティブ関連の巨大損失事件が続くことになる。このような事件の頻発に対応してデリバティブ規制論争が巻き起こった。

デリバティブ利用に伴う主たるリスクは，バーゼル合意によってはカバーされていなかった市場リスクである。バーゼル銀行監督委員会は，1993年4月に「ネッティング，市場リスクおよび金利リスク：銀行の健全性の監督について—市中協議のための提案—」を公表し，その第二部「市場リスクに関する銀行監督上の取り扱い」において債券・株式・外国為替およびそれらに関連するデリバティブ取引を対象とした市場リスク規制案を提案した。

この時のバーゼル銀行監督委員会の提案は，バーゼル銀行監督委員会が定める標準的なビルディング・ブロック方式によってリスク量を算出し，リスク量に応じて所要自己資本額が決定されるというものであった。ビルディング・ブロック方式とは，債券を例に取るならば，価格変動リスクを発行者の信用度の変化による部分［個別リスク］と，市場全体の価格変動による部分［一般市場

リスク］に分けて認識し，それぞれのリスク量を算出した上で，その両者の合計をもって債券ポジションのリスク量と考える方式である。しかし，この提案は，市中協議において厳しい批判を受けた。リスク計測にバーゼル銀行監督委員会の定める標準的方式を強制していることが問題となったのである。

デリバティブを新しい収益源として重視した主要銀行は，それぞれ独自にリスク計測・管理システムを築きあげつつあった。1993年の時点でバーゼル銀行監督委員会が提案した標準的なリスク計測方式は，一部の民間銀行にとってはすでに時代遅れのものだったのである。1995年4月，2度目の提案「市場リスクを反映した所要資本のための内部モデルアプローチ」が公表された。ここでは，一定の条件を満たした銀行については，バーゼル銀行監督委員会が定める標準的手法ではなく，それぞれの銀行が独自に開発した手法（内部モデル）を利用することが認められるようになった。1995年12月に公表された市場リスク規制は，この第二次市中協議提案に沿ったものとなっている。

V　バーゼル2（2004年）

2003年6月に，バーゼル合意を見直した『自己資本の測定と基準に関する国際的統一化―改訂された枠組―』，通称「バーゼル2」が公表された。バーゼル2は，バーゼル銀行監督委員会が1999年より取り組んできた改訂作業を包括した成果である。バーゼル2では，従来の信用リスクと市場リスクに加えオペレーショナル・リスクが明示的に所要自己資本額に反映されるようになっている。また，リスク評価手法の発展にあわせたリスク計量手法が採用されていたり，従来から批判が多かった各国会計制度の違いから生じる問題，とくに引当金計上基準・慣行の違いから生じる問題を，期待損失と非期待損失概念を利用することで解決されたりしている。このように少なからぬ革新が行なわれる一方で，基本的構成要素の多くは，バーゼル合意以降に積み重ねられてきたBIS規制の部分的見直しによって既にBIS規制に反映されているか，バーゼル銀行監督委員会による監督上のガイダンスにおいて公表されてきているものであ

る。バーゼル2の意義は，リスク管理手法の発展によって拡大しつつあった規制と先進実務の乖離を縮小するとともに，バーゼル合意以降に段階的に付け加えられてきた新しい構成要素を体系的にまとめあげる枠組みを提示したことにある。

バーゼル2は，従来の自己資本比率規制に加え，監督当局による検証と市場規律を相互補完的に活用する枠組みとなっている。改訂枠組みのアプローチは3本柱アプローチと呼ばれており，第1の柱が自己資本比率規制，第2の柱が監督当局の検証，第3の柱が市場規律となっている。3本柱のそれぞれに，銀行自身の自己規律を最大限生かしていこうとする姿勢が共有されている。第1の柱である自己資本比率規制においては，銀行の内部システム上のリスク評価を大幅に活用することを認め，第2の柱である監督当局による検証では，自己資本充実度に関する銀行自身による評価を監督当局が検証する考え方になっている。第3の柱である市場規律においても，ディスクロージャーを通じて先進的なリスク管理手法の利用を促進するような考え方が反映されている。このようにバーゼル2は，先進的な銀行において採用されている統合リスク管理のフレームワークと整合的であり，また銀行が自発的にリスク管理の高度化を進めるインセンティブを与えるような枠組みとなっている（宮内 2004，5-6頁）。

第2の柱の考え方は，アメリカにおける内部統制の発展を色濃く反映している。アメリカでは1980年代の企業不祥事を背景としてトレッドウェイ委員会報告書『不正な財務報告』（National Commission on Fraudulent Financial Reporting 1987）が内部統制の確立を勧告した。それを受けて1992年にCOSOフレームワークとして知られる内部統制の枠組みをトレッドウェイ委員会組織委員会（Committee of Sponsoring Organizations of the Treadway Commission: COSO）が公表した（COSO 1992）。COSOフレームワークの特徴は，経営者の観点からではなく経営者を監督する企業統治の観点から内部統制を定義していることにある（鳥羽 2005，6頁）。COSOフレームワークでは，内部監査のような通常業務とは切り離された独立の立場にある者が内部統制システムの有効性を評価するだけでなく，業務を行なっている現場の人々が自らの業務遂行状況を評価する

ことによって内部統制の評価を行なう考え方（自己評価）がとられている。外部監査・内部監査・自己評価と重層的に内部統制実践が行なわれるというのがCOSOフレームワークの考え方となっている。COSOフレームワークは，2004年に改訂され，戦略的視点をより明示的にとりいれたリスク管理のフレームワークとなっており，バーゼル2は改定COSOフレームワークの金融版とも呼ばれている（樋渡／足田 2005）。

VI　BIS規制の政治経済学

　BIS規制の成立過程を見るならば，そこには主要各国の国益を反映したパワー・ポリティックスの世界がある。1980年代半ば，ヨーロッパでは統合に向けたルール作りが進んでおり，銀行業についても単一銀行免許制に伴う銀行規制の統一化に向けて協議が行なわれていた。当初は，ドイツやフランスのようなヨーロッパ大陸型のルール案が有力であり，EU新参者のイギリスは後手にまわっていた。

　その一方でアメリカにおいては，メキシコ累積債務危機やS&L危機といった銀行危機が続いたことで，銀行規制を再編する必要性が明らかになりつつあった。銀行経営者のモラル・ハザード等の問題を抑制し，信用秩序を維持することが，規制再編の目的であった。そのためには，規制を強化し，銀行業の健全性を向上させる必要があった。しかし，規制の強化は，米銀の国際競争力に悪影響を与えかねない。規制の強化と米銀の国際競争力の維持との間のトレードオフを止揚する方策が，自国の金融規制を国際的なスタンダードにするという戦略であった。

　そこで，当時のポール・ボルカーFRB議長（Paul Volcker）は，バンク・オブ・イングランドのロビン・リーペンバートン総裁（Robin Leigh-Penberton）に，共同戦線をはることを提案するに至る。1980年代に入り，アメリカとイギリスの銀行規制の差異は小さくなっており，それに，イギリスにとってもアメリカと共同歩調をとることは，イギリスがEUでの金融規制制定にイニシアテ

ィブをとるために有効だと考えられた。両国の利害が一致したことによって，1987年1月に，国際的な自己資本比率規制に向けての英米共同提案が発表されることになる。

　この英米共同提案に見られる自己資本比率規制の内容は，アメリカとイギリスの銀行制度の実状を反映したものであった。たとえば，米銀は累積債務危機に対して貸倒引当金を大量に計上することで対応していたが，この貸倒引当金は自己資本の補完項目として認められていた。イギリスに特有の永久債も，自己資本の補完項目に算入することが出来るようになっていた。バーゼル合意においてツーティア・アプローチが採用されたのは，このような英米合意が基本となっているからである。

　これに対し，ドイツやフランスが主導権を発揮して議論が進んでいたEU銀行規制における自己資本の定義は厳格なものであり，自己資本比率の最低水準については監督規制当局の判断を尊重するというものであった。これは，大陸型の規制スタイルを反映したものであった。つまり，狭義の自己資本については不純物を徹底的に排除するが，同時に，秘密積立金のような存在を認めるスタイルである。これは，市場に対するディスクロージャー以上に，規制当局による統制を重視するアプローチであったともいえる。

　EUにおける自己資本の定義は，英米共同提案発表後に英米型のものに修正されることになる。イギリスの非欧州連合的行動は欧州議会において厳しく批判されたが，イギリスの英米合意にかけた目的は達成された。

　世界の3大金融市場の1つである東京を持つ日本の当局は，英米合意に同調した。当時，邦銀のオーバー・プレゼンスを批判されていた日本は，英米両国に協力しないわけにはいかない状況にあったが，英米共同提案をそのまま受け入れてしまうと，邦銀の国際競争力が急激に低下する危険性があった。そこで，米銀が引当金，イギリスの銀行が永久劣後債を，それぞれ広義の自己資本として認めたように，邦銀については有価証券の含み益を広義の自己資本項目として認めるよう，英米両国と交渉し，含み益の45％が自己資本に算入可能となった。

その結果，バーゼル合意が成立した後も，バブルが崩壊するまで邦銀の国際金融市場における競争力は低下しなかった。しかし，リスク規制としての自己資本比率規制の機能を考えた場合，含み益を認めたことはわが国の金融秩序にとってきわめて不幸なことであった。[4] 80年代のわが国は，規制の再編成を進めなければいけない時期にあった。従来の官僚の裁量に基づく統制型の規制スタイルを改め，明示的ルールに基づき司法が最終的な調停役を務めるアングロ・サクソン型の規制スタイルへと移行しようとしていたのである。しかし，国際的な自己資本比率規制の統一の過程において，自国の金融システムにとって長期的な観点からは必ずしも好ましくない選択をしてしまったことが明らかになるには，90年代の銀行不良債権問題を待たねばならなかった。

(1) バーゼル合意の成立過程については澤邉（1998）の第6章を参照のこと。
(2) 1979年の低価法から原価法への会計基準変更については醍醐（1987）を参照のこと。
(3) デリバティブ論争と内部リスク管理システムの改善については，澤邉（1998）の第7章参照のこと。
(4) BIS規制と日本の会計制度の関係については澤邉（1998）の第5章，第6章およびSawabe（2002）を参照のこと。

参考文献
澤邉紀生（1998）『国際金融制度と会計制度』晃洋書房。
―――（2005）『リスク社会と会計制度改革』岩波書店。
醍醐聡（1987）「有価証券時価評価の経済的意義(1)(2)」『会計』第132巻第3号，33-48頁，第5号，80-97頁。
鳥羽至英（2005）『内部統制の理論と実務』国元書房。
日本銀行（2001）『金融機関における統合的なリスク管理』2001年6月8日。
樋渡淳二／足田浩（2005）『リスクマネジメントの術理』金融財政事情研究会。
宮内篤（2004）『新BIS規制案の特徴と金融システムへの影響』日本銀行ワーキングペーパーシリーズ，No. 04-J-16, 10月。
Basel Committee on Banking Supervision (2004) *International Convergence of Capital Measurement and Capital Standards, a Revised Framework,* Basel: BIS, June.
COSO (1992) *Internal Control—Integrated Framework,* Jersey City, NJ: AICPA.

――― (2004) *COSO Enterprise Risk Management—Integrated Framework*, Jersey City, NJ: AICPA.

National Commission on Fraudulent Financial Reporting (1987) *Report of National Commission on Fraudulent Financial Reporting*, New York: AICPA（鳥羽至英／八田進事訳『不正な財務報告――結論と勧告――』白桃書房，1999年。）

Sawabe (2002) "The Role of Accounting in Bank Regulation on the Eve of Japan's Financial Crisis: A Failure of the New Capital Adequacy Regulation," *Critical Perspectives on Accounting*, Vol. 13, No. 3, 2002, pp. 397-430.

第7章

デリバティブ取引と市場

I デリバティブ取引とは

　デリバティブ取引は金融派生商品と訳される場合が多い。デリバティブ取引とは，金利スワップ，株価先物（フューチャー），為替オプションなどのオフバランス取引（簿外取引）や，CBO（債券担保証券）やCLO（ローン担保証券）の証券化取引などを指し，一般的には融資業務，債券，為替取引などの基本的な金融取引（元になる資産と言う意味で原資産と呼ばれる）から派生したり，それから分化して発達した取引の総称である。太陽光線の下，人物が歩くと人影が出来る。歩くに従いその影も付かず離れず，形を変化させながら動くであろう。イメージ的には，人物が原資産（たとえば株式），その影がデリバティブ（たとえば株式のオプション）と言うことができ，両者の価格は互いに一定の関係を持ちながら変動する世界である。世界的な金融の自由化やグローバル化とコンピューター技術の発達により，その種類，規模とも急速に拡大しているのも事実で，もはやデリバティブ取引なくして現代金融を考えることができない時代となっている。

　デリバティブ市場の拡大において，1985年に世界の金融機関により設立されたISDA（国際スワップ・デリバティブ協会）の果たした役割は大きい。デリバティブ，特にスワップ取引は原則，取引当事者間で自由に条件を決める事が可能な店頭取引の契約である。その際，取引コストや取引リスクを少なくするため，標準となる基本契約書（マスターアグリーメント）の存在や用語の統一・整備は，スワップ市場のいわばインフラストラクチャーとして重要である。この観点か

ら，ISDAの果たした役割の中で最大のものは契約書の標準化である。ISDAは，1985年，1986年版と契約書の標準化を進め，1987年にはマスターアグリーメント形式を導入した。この形式の特徴は，まず，「マスターアグリーメント」でデリバティブ取引の一般原則を定め，「別紙（スケジュール）」で，取引当事者間の事情を反映させる点である。現在，マスターアグリーメント，別紙とも，2002年版が最新版である。この仕組みが，スワップ取引における契約書作成の煩雑さから関係者を解放し，スワップ市場急拡大の基礎を築いた。現在では，ISDAのマスターアグリーメントは，金利・通貨スワップのみならず，為替取引，商品指数スワップ，株価指数スワップ，オプション等あらゆるデリバティブ取引を網羅できる包括的なものへと発展している。

ちなみに，ISDAの統計によると，全世界ベースでのデリバティブの契約残高は2003年6月末現在，約170兆ドル（約1京8千兆円）である。しかも，最近3年間で見ると，毎年約30％のスピードで拡大し続けている計算である。

コンピューターの世界で，コンピューターそのものであるCPUやメモリーなどのハードの影響を超えて，現在ウインドウズ等のコンピューター・ソフトがコンピューター業界の動向を左右するまでになってきているのと同様，金融業界においても融資や債券・為替取引など現物（ハード）とそのデリバティブ（ソフト）の関係が，取引量，市場影響度において逆転しているのである。

そこで，まずデリバティブ取引というものがどのようなものなのか，具体的に内容をつかんでもらうため，銀行業務に最も関わりが深い金利スワップについて，その基本的仕組みを説明してみよう。一般的な契約内容を単純化して示すと，次のとおりである。

（金利スワップ契約の例）
＊契約当事者：A銀行とB銀行。
＊契約期間：5年間。
＊契約額：10億円。
＊A銀行が今後行うべき事：半年毎に契約額の1％（10億円の1％なので1千

万円）をB銀行に支払う。
＊B銀行が今後行うべき事：半年毎にその時点の金利で計算した利息額をA銀行に支払う。

注目して欲しい点は次の通りである。
(1) A銀行がB銀行に支払う金額は，半年毎に1千万円と確定している（この例では1％となっているが，何パーセントで契約されるかは，契約時の金利水準で決まる）。金額が確定しているので，固定利息と呼ばれる。
(2) B銀行がA銀行に支払う金額は，半年毎という点では同じであるが，金額は支払い時点の金利で計算された利息額であるため，毎回違った金額になるのが普通である（金利は変動するからである）。前もっては金額がわからないので，変動利息と呼ばれる。
(3) A銀行とB銀行のお金の受け渡しは上記利息額のみである。契約額は利息計算のために当初設定されるだけである。このため，契約額は，想定元本とも呼ばれる。
(4) この契約のみを考えた場合，契約期間5年間でどちらが得するかは，今後の金利動向次第であり，あらかじめ知ることはできない。

ローンのことを考えればすぐわかると思うが，要はA銀行とB銀行が，あらかじめ合意された契約額から発生する利息額（固定利息と変動利息）を，半年毎に交換（受け渡し）し合う契約である。これがデリバティブと呼ばれるゆえんは，ローンそのものではないが，利息が付き物のローンから派生した取引だからである。デリバティブは複雑そうで，よくわからないという人も多いが，そんなことはないであろう。「ところで，何の目的でそんな取引をするのか？」という声が聞こえてきそうである。この点については，徐々に言及することになるので，ここではイメージをつかんでもらえれば十分である。

Ⅱ　自由主義経済とデリバティブ

　それではデリバティブがこれほどまでに現代金融において，なぜ重要であるかを考えていくことにする。20世紀になり，世界は西側の自由主義経済圏と東側の社会主義経済圏に大きく袂を分かつことになった。第2次世界大戦後，日本やドイツなどの枢軸国は半封建的な経済体制をよりアングロサクソン型に近い経済体制に作り替えるわけであるが，まったく同じようなシステムとはならなかった。少々話しは大袈裟になったが，戦後の経済は，欧米流のアングロサクソン型経済，ソ連・中国等の社会主義計画経済，そして敗戦国であった日本やドイツの経済（混合経済）に大別できると考えている。これらの違いはどこにあるのであろう。それは経済資源の分配を，市場原理に委ねるか，もしくは中央による計画経済に委ねるか，もしくはその折衷案かという点にある。経済資源の適正分配で最も困難なことは，将来の需要をいかに予測し，また将来の供給をいかに決定するかである。当然ながら，人間は将来を正確に予測することは不可能であるから，将来の予測を市場のみに任せておけば，その決定は非常に不安定であり，しばしば失敗をするといったことが問題となる。

　社会主義計画経済は，これらの市場の失敗を重視して，中央政府による経済計画により需要と供給をコントロールすることにより経済の発展を狙ったと考えることができる。これらの手法は，生産財などの資本財の供給に関しては一定の発展を見たが，商品の量的側面を重視して，質的側面や消費における趣向や趣向の変化などに対応ができないといった欠陥をもっていた。経済が発展すればするほど，商品の質の面や供給より需要の側面特に消費の側面が益々重要になり，これらのシステムは衰退し，自由主義経済にとって変わられるようになった。

　実際，ベルリンの壁崩壊以降，社会主義経済が衰退するにつれ，アングロサクソン型市場経済が世界を席巻することになる。ドイツや日本などの混合経済体制においては，戦後の経済復興を促進するためにある程度中央主導の計画経

済的な手法が採用された。しかし自由主義国の一員ということで、大枠は市場経済の中で、供給を中心にした経済政策がなされたわけである。経済のシステムそのものに、経済成長が組み込まれており、経済成長により変則的な市場経済システムが非常にうまく機能することになった。こと金融においては、信用システムの維持において土地や株式などの右肩上がりの上昇と取得原価主義による含み経営はその証である。

　一方、アングロサクソン型市場経済は、できうる限りにおいて経済資源の分配は市場原理に委ねるといったやり方である。将来の生産や将来の消費を調整するのに価格メカニズムに任せるというのが経済学の教科書の基本的な説明である。企業が将来の生産を決めるのに不確実な需要予測と不確実な価格予測をもとに決定しなければならなく、このことが市場経済の最大の弱点でもある。企業は絶えず、将来の予想が外れる場合に被るリスクに直面しており、もし予想が外れた場合には倒産の憂き目にあうのである。これらのリスクから身を守る方法として、企業が将来の需要や価格をコントロールする方法を身につけていった。これが、独占やカルテルによる価格支配であったり、宣伝や流通市場の支配を通じたマーケッティング手法であったり、日本企業の系列取引のように企業グループ間取引を多用した集団的リスク吸収システムなどがそれである。これら以外の代表的な純粋市場によるリスク吸収法が、商品先物、金融先物、株式先物などの利用である。特に金融の場合には、経済の潤滑油として信用リスクの仲介が主な機能であるために、リスクの管理方法が大きなテーマとして発展してきた。金融におけるリスクとは、信用リスク、金利リスク、為替リスク、株価変動リスク等があり、それらをヘッジする商法としてデリバティブが大きく発展してきたといっても過言ではない。

III　デリバティブのカルチャー

　デリバティブの1つで、例えば、「ソニーの株式を、今後3ヶ月以内であれば、一株4500円で買える権利」を売買するオプションと呼ばれる取引が活発に

行なわれている。今，読者は，この権利を著者から与えられたとしよう。著者が本書の原稿を書いている2005年8月現在のソニーの株価は約3700円なので，4500円で買えると言われても「そんな権利は無価値だ」と感じるであろう。しかし，もし1ヵ月後に5000円に値上がりしたとするとどうであろう。この権利保有者である読者はきっと，「今，5000円だ。自分は4500円で買える権利をもっているのだから，時価より500円安く買えるではないか。500円得する訳だ。」と思うであろう。その通りで，この場合，読者は著者に対し「権利を行使する。4500円払うので一株渡して欲しい。」と通告することにより，4500円で一株入手出来ることになる。読者が即座に利益を確保したければ，その時の株式市場の時価である5000円で，売却出来るであろう。もちろん，ソニー株が値上がりするとは限らず，3ヶ月間4500円以下で低迷を続ける可能性もある。この場合，読者は利益を得ることは出来ないが，4500円で買う義務もない（権利であるから）ので損はしないことになる。結論として，この権利は読者に，値上がりすればするほど利益をもたらし，最悪の場合（値下がりするケース）でも，損はさせないという効果をもたらすものであり，この権利がオプションと呼ばれるものである。読者にとっては，良いことずくめの権利なので，実はこの権利を著者から入手する時，権利入手料（オプションプレミアムと呼ばれる）を著者に払わなければならないのである。ちょうど宝くじを買うようなものと考えればわかり易いであろう。株式を例にオプション取引というものを説明してきたが，現在では国債や為替やさまざまな商品（小麦，大豆，金，プラチナ，石油等々）を対象に，世界のマネーセンターでこのオプション取引が活発に行なわれている。実は，このようなオプション取引の歴史は古く，中世のオランダではチューリップの球根のオプション取引が行なわれていたそうである。当時のヨーロッパではチューリップが大変な貴重品で，価格バブルも起こっていたとの記録がある。

　そこで問題になるのが，オプションプレミアムはいくらなのか，またどのようにして決まるのかである。全ての商品みな同様であるが，価格は需給関係で決まるとしか言いようはないが，それでも合理的な価格というものは存在する

であろう。過去多くの経済学者たちがこの問題についても考えていた。経済学の教科書で有名なサミュエルソンにも「オプションプレミアムの合理的な価格はこのようにして決まる」という内容の論文がある。ただ，これら高名な学者達が出した結論は極めて抽象的な内容で，理論としては高尚ではあるが，実用には適さないものであった。しかしついに，1970年代の終わりになって，シカゴ大学やスタンフォード大学で教鞭をとっていたフィッシャー・ブラックとマイロン・ショールズと言う金融論学者2人が，「この方程式に，現在の株価，買える価格，権利の有効期間とかをインプットするだけで，合理的なオプションプレミアムが得られる」という内容の論文を発表した。この論文は画期的なもので，一躍2人は金融界の寵児となった。いわゆる「ブラック・ショールズ式」の誕生である。マーケットでオプション取引をする人たちは，電卓にこの方程式をインストールし，キーをたたきながら合理的な価格をはじき出し，市場価格と見比べながら取引する様子が至る所で見られるようになった。ブラック・ショールズ式から計算される合理的な価格が，それまで「神の手」で形成されていた市場価格に大きく影響を及ぼすことになったことは想像に難くない。余談になるが，マイロン・ショールズはこの功績を含む「オプション理論の構築」により，1997年度ノーベル経済学賞を受賞した。フィッシャー・ブラックも前々から，候補者になっていたそうであるが，残念ながら，この時すでに喉頭がんで他界していた。また余談になるが，2人がブラック・ショールズ式を導いた過程は次の通りであった。2人はまず，「オプションプレミアムは，その元になる現在の株価などと，このような関係になるのが合理的である」との方程式をまず作った。株価は変動するものであるので，この方程式は確率の概念が盛り込まれたものであり，数学では確率微分方程式と呼ばれる種類のものである。この方程式を解いた結果がブラック・ショールズ式と呼ばれているものである。しかし2人は，この微分方程式が複雑なものであったため，方程式を作ったものの，それをすぐには解けなかった。やがて彼らは，伊藤清教授という京都大学数理解析研究所長を務めた数学者が，かつて築いた「伊藤の定理」と呼ばれるものが数学の世界にあることに気付き，この定理を適用するこ

とにより，めでたく解けたのである。ブラック・ショールズ式誕生の裏に，日本人数学者の貢献があったのかと思うと感慨深いものがある。

　ブラック・ショールズ式がもたらしたものは，単にオプションプレミアムの算出方法だけではなかった。この式が導かれた背後には，当然のことながら，彼らによる金融理論に関する膨大な知識体系の構築があったのである。そして，これら知識体系は，極めて数学的厳密性をも兼ね備えた斬新なものであった。そして，これら知識体系は，数理的従って実用的であるがゆえに，徐々に金融商品開発分野とかリスク管理分野とか，数理的厳密さを要求されるさまざまな金融業務分野に浸透して行くことになった。これら分野では，この流れに添った思考方法や技術が更に深められ，実務に援用される時代となっている。現代金融は，あるいはデリバティブは数学・統計学がわからないとだめだとか，理科系出身者が適しているといった「神話」が形成されて来たのには，このような背景があるからであろう。ともあれ，ブラック・ショールズ式誕生が契機となり，金融業務は全体として数理的になり，現在に至っているのは事実である。デリバティブが金融にもたらしたカルチャーと言えよう。

Ⅳ　金融技術革新とデリバティブ

　フィシャー・ブラックは米国金融学会会長も勤めた，学会の重鎮でもあった。その彼が一時期教授の座を去り，米国投資銀行であるゴールドマンサックスに金融商品開発責任者として就職した（その後，また大学に戻ったが）。ブラック・ショールズ式が世に出て一躍ウオールストリートの寵児となった頃のことである。当時のビジネスウイーク誌に大きく彼の近況が載っていたのを思い出す。彼が机上のIBM製パソコンに向かっている写真も載っていた。何をしているのかとの記者の質問に答えて，ブラック・ショールズ式は株式のオプションには有効であるが，債券等の金利のオプションには適さない部分があるので，今改良を図っているところであるとのことであった。研究をしているのですか，と質問されると，自分の今の仕事は，新金融商品を作り出したり，ディーラー

たちが作ったポジションをより精緻にヘッジしたりする方法を編み出し，これによりゴールドマンサックスに利益をもたらすことであると答えていた。この時の彼の写真は，高名な学者の顔ではなく，ビジネスマンのそれであったことが印象的だった。

　具体的には，彼は何をやっていたのだろう。著者が想像するところでは，次のようなことを考えながらキーボードをたたいていたのであろう。

① ブラック・ショールズ式を，債券のオプション用に改良し，合理的なオプションプレミアムをはじき出せるようにしたい。

② 現実の債券オプション市場で形成されているオプションプレミアムと，自分がはじき出した理論値とを比較・検討する。

③ 両者間に差があることが確認出来れば，どちらかが間違っている可能性がある。オプションをより安く買えたり，より高く売れたり出来るかもしれない。

④ より安くオプションが買えたり，より高くオプションを売れたり出来れば，これを部品として，新金融商品を開発出来るであろうし，その技術は即座にディーリングに活用できるはずである。

⑤ ブラック・ショールズ式を債券のオプション用に改良出来れば，債券ディーラーのリスクヘッジ手法をより精緻なものに出来る。

　金融技術革新という言葉が生まれて久しいが，その現場の一風景である。この記事では，デリバティブの理論や技術が前面に出ているが，金融技術革新は，その他の理論や技術，例えば，会計学，税制，法律，企業金融理論（コーポレートファイナンス），ポートフォリオ理論，更にはIT，ネットワーク技術等さまざまな専門的知識が総動員され，付加価値を生む世界なのである。そして，このような世界では，それぞれの分野のスペシャリスト達が，集団として活躍している。

V　クレジットデリバティブの登場

　1998年8月，ロシア通貨の切り下げと債務の繰り延べ計画の発表により，ル

ーブル建てのロシア政府国債（GKO）の売買が停止された。それまで額面の90％の時価で売買されていた短期のGKOの価格が突然消えたのである。これまで短期の国債ということで比較的安全ということで海外の投資家からの人気も根強く、いろいろな形で投資がなされていた。これが8月の下旬に市場価格が形成された時には、ドル換算で5％以下まで値下がりしたのである。いわゆるロシア危機であり、これを引き金に、タイ等アジア新興国の通貨・経済危機に発展した。当然投資家は、瞬時に、投資していたものの価値がほとんど紙くず同然になり呆然としたわけである。歴史上、価格の暴落でほとんど紙くずに等しくなった例はそれ程珍しいわけではない。山一證券の株式を始め、破綻した企業の株式や住専や銀行が行なった多くのノンバンク向けの不動産関連融資など身近なところにも数多くある。しかしながら、これらと1つの点で大きな違いがあった。それは、これらの投資家や投資方法が極めて現代的であり、旧来の金融手法と大きな違いがあった点である。

　当時、ロシア国債への巨額な投資を行なっていた投資家にLTCM（ロング・ターム・キャピタル・マネジメント）という、金融界では有名な会社があった。ソロモンブラザーズで裁定取引チーム（通称アービトレージ）を立ち上げ、1980年代にソロモンブラザーズをウオールストリートの帝王と呼ばれるまでにした同社元副会長のジョン・メリウエザーが作った会社である。更には、オプション理論の基礎をフィッシャー・ブラックと共に確立したマイロン・ショールズやスワップのリスク管理理論を確立したロバート・マートン（2人はともに1997年度ノーベル経済学賞を受賞した）、元FRB副議長デイビット・マリンズなど米国の金融最先端分野のトップを集めた、まさにドリーム・チームが運営するファンドであった。

　ロシア危機当時のLTCMのポジションは、ロシア国債を中心としたエマージング債（新興国の国債等）の購入と米国国債の空売りという組み合わせ投資、モーゲージ証券（住宅ローン等の担保付証券）の購入と米国国債の空売りという組み合わせ投資、あるいは、イタリア国債の購入とドイツ国債の空売りという組み合わせ投資などで構成されていた。これらのポジションは、証券の購入と

空売りを組み合わせた投資手法であり（相対価値手法と呼ばれる），一般的にはリスクが小さい投資手法であると考えられているが，いざ売買がなくなり，かつ資金が米国国債という安全資産に回帰したことにより，売っていた米国国債が値上がりし（米国国債を買っていれば良かったのだが），いわゆるまた裂き現象が拡大した結果，巨額な損失が発生し，破綻の危機に追い込まれた。余談になるが，約1ヵ月後の9月24日に欧米の主要銀行，証券会社16社が，36億ドルの資金を出し，LTCMの所有権の90％を取得することになった。所有権の10％を元の投資家が持つものの，事実上元の投資家の資産は大幅に切り捨てられることになったのである。3年計画の再建プランによりLTCMは事実上破綻を免れることになったが，この間に徐々に資産が圧縮された。ロシア通貨危機やLTCMの経営破綻，更には長銀の経営破綻等による世界的な信用収縮の発生は，クレジットデリバティブと呼ばれる市場の誕生，急拡大の大きなきっかけとなった。

　クレジットデリバティブとは，ある債権の信用リスクを，その債権から切り離すデリバティブである。信用リスクの流動化とも言うことが出来る。

　例えば，LTCMのようにロシア国債を購入しているとしよう。ロシア国債（GKO）は，次のように分解して考えることが出来る。

　GKO＝元利払いが確実な債券＋ロシアの倒産リスク

　つまり，GKOという国債を，「元利払いが安全な債券」に，「ロシアの倒産リスク」が付加された債券と見なすのである。金融ではこのように，あるものを，その要素に分解して考える方法がよく使われる。

　このように考えると，GKOからロシアの倒産リスクを取り除き，元利払いが安全な債券のみ保有できるようにする取引がないだろうか，との発想が生じるであろう。然り，ロシアの倒産リスク（信用リスク）を売り買いする取引が登場し，これがクレジットデリバティブと呼ばれるものである。現在ではいろいろな信用リスクを対象としたクレジットデリバティブが登場している。低格付けの社債を購入した場合，発行した企業が倒産しても，あらかじめ取り決め

た条件で，損失を保証してもらえるようなクレジットデリバティブを購入しておけば安全であろう。この場合のクレジットデリバティブは，信用リスクに関するオプションなので，通常のオプション同様，オプションプレミアムを払って入手出来ることになる。

こうして，一般投資家や銀行などの多くが信用リスクのヘッジ手段として，盛んにクレジットデリバティブを使用し始めることになった。更には邦銀を中心として，BISの自己資本規制対策上，資産の圧縮の有効な手段としてクレジットデリバティブが多く使用された。自己資本比率の計算において，一般企業への貸出はリスクウエイト100％であるが，その貸出に対して，金融機関からの実質的な保証が得られた場合にはリスクウエイトを20％まで軽減することができる。クレジットデリバティブを他の金融機関から購入することにより，手軽に上記の目的を達成することができるので，かなりの取引が実際成約している。

VI　クレジット・デフォルト・スワップ（CDS）

クレジットデリバティブの原理は前節で述べたとおりであるが，具体的にはクレジット・デフォルト・スワップ（CDS）という形で取引されるのが最も一般的である。なお，クレジット・デフォルト・スワップはデフォルト・スワップとか，デフォルト・オプションと呼ばれることも多い。

例えばA社の社債を持っているとしよう。CDSは，将来A社が倒産した場合，この社債を，CDSの相手に渡す代わりに，社債額面金額を現金で受け取れる契約である。つまり，「社債」と「社債額面金額」の交換取引である。A社が倒産しても，社債額面全額が回収できることになり，元利払いが安全な社債を持っていたのと同じ効果を得られたことになる。つまり，CDSにより，A社の社債から倒産リスクを切り離せたわけである。

このような有利な契約が，タダで出来るわけはない。CDSを入手（買う）する時には，契約の相手方（売り手）にプロテクション料と呼ばれる権利入手料

を払わなければならない。プロテクション料は通常次のような形式で、市場で建値される。たとえば、A社の円建て社債についての、5年間有効なCDSのプロテクション料は、「A社の円建て5年CDS 30」という形で表示される。30という数字は、このCDSの1年当りのプロテクション料は、社債額面の30ベーシス・ポイント、すなわち0.3％であることを意味している。

プロテクション料は、当然のことながら、A社の倒産リスクが大きければ高く、小さければ安くなる。CDSの売り手は、万一、A社が倒産し、社債が紙切れになった場合、それを満額（額面金額）で買い取らなくてはならないリスクを抱え込むことになるからである。

CDSは契約期間がたとえば5年でも、プロテクション料の受払いは3ヶ月毎が一般的である。なぜならば、A社の信用状態は時間の経過とともに変化するからである。したがって、今回受払いされるプロテクション料と、3ヶ月後に受払いされるプロテクション料とは違うのが通常である。わが国では現在、日本企業を中心に、約50社の社債についてのプロテクション料が常時建値されており、その時のプロテクション料に基づき3ヶ月毎の受払いが行なわれている。なお、取引されるCDSの期間は、相対取引なので自由であるが、3年、5年、10年が多く、その中でも5年が中心である。

Ⅶ　その他のクレジットデリバティブ

CDSは企業にとって最悪の信用状態である倒産という局面で、ヘッジの効果をもたらすクレジットデリバティブである。一方、倒産に至らずとも、企業の信用状態は常時変化している、という観点から、「債務返済能力に対する市場の見方の変化」を対象とするクレジットデリバティブが、トータル・レート・オブ・リターン・スワップ（TRR）である。A社の社債の価格は、金利水準に加え、A社のクレジットリスクが織り込まれた形で変動する。TRRは一定期間毎（たとえば3ヶ月毎）に、「社債の時価変化額」と「あらかじめ決められた一定金額」とを交換する取引である。A社の債務返済能力の変化は、社

債の時価変化額に反映されるはずであり，これが TRR と呼ばれるゆえんである。TRR は，A 社の社債保有期間中，A 社の信用状態悪化にともなう社債価格の下落をヘッジする機能を持つものである。

　CDS でも TRR でもプロテクションの買い手は，ヘッジの目的でプロテクション料を払う立場の人である。一方，売り手は，プロテクション料を受け取る代わり，リスクを取ろうとする人（投資家）である。売り手はもし A 社が倒産しなかった場合，受け取ったプロテクション料は丸儲けとなる。倒産が起こった場合は損失をこうむることになる。金融機関は場合によっては買い手になったり，場合によっては売り手に回ったりしている。買い手は必ずしもヘッジが目的とは限らない。ある条件の CDS のプロテクション料が安い時に買い，後日，価格が上昇したら売り戻すことにより売買利益を得ることが可能である。逆に，価格が高い時に売り，価格が下落したら買い戻すことにより，やはり売買利益を得ることができる。このような活動により，CDS 市場が形成されている訳で，株式市場などと違いはない。

　したがって，クレジットリスクを取ろうとする投資家は，CDS や TRR の売り手に回ればよいのであるが，これがやりにくい投資家もいる。例えば，生命保険会社などのいわゆる機関投資家は，毎月，多額の生命保険料が入ってくるので，これを元本として何かに投資して運用益を回収するのが重要な業務である。ところが，運用目的で CDS を売ったとしてもプロテクション料が入ってくるだけで，集めたお金を使った（何かにお金を払い込んだ）効果を出したことにはならない。また，法律や社内規定で，債券には投資できるが，デリバティブには投資できないという投資家もいる。クレジットリスクに投資をしたいというこのような投資家向けに考案されたのがクレジットリンク債である。形式的には債券であるが，実質はクレジットデリバティブである。

　クレジットリンク債は通常，実体のない SPC（債券発行や証券化等の特別の目的のみを行なうために設立された会社，Special Purposed Company の略）が発行する形態がとられる。SPC は投資家から払い込まれた元本を国債などに投資して安全運用すると同時に，プロテクションを売ることでプロテクション料を取

得する。安全運用から得られる運用利益と入手したプロテクション料を原資に，投資家にクレジットリンク債の利息として支払われるため，高クーポンの債券に仕立て上げられているのが特徴である。しかし，プロテクションの対象となっている企業が倒産した場合，CDS の売り手である SPC は紙切れとなった社債を額面で買い取らねばならなくなる。クレジットリンク債の投資家には，元本金のかわりに紙切れとなった社債が戻ってくることになる。

Ⅷ　公的セクターの役割

　近年多くの国がデリバティブを使って国債管理を行なうようになってきた。例えばフランスでは，最近国債庁を作り，デリバティブを使った国債管理政策を実行している。国債の安定消化だけではなく，少しでも金利支払いをさげるための工夫がなされている。このようなデリバティブを利用することは，イタリア，スウェーデン，カナダ，デンマーク，ニュージーランドなど多くの先進国でもはや常識になっている。最近は，ギリシャやトルコなどの発展途上国においても珍しくなくなって来ている。ギリシャ国内においてスワップ市場はまだ新しく，外部から経験者を起用して積極的に国の債務の管理を行なっているということである。積極的なスワップの利用による資産債務管理は，もはや先進諸国の多くにおいては珍しいことではない。特に財政赤字が恒常的に大きく，国内市場での資金調達だけでその資金調達ニーズをまかないきれなかった北欧や南欧の諸国やカナダなどの場合，外貨による資金調達をヘッジするための通貨スワップ利用には，歴史がある。さらにこれらの多くの国においては，国，政府機関，地方政府，国立銀行など多くの機関が通貨スワップのみならず自国通貨の金利スワップ市場に参加しており，より効率的な資金調達と既存債務の管理がなされている。

　一方，アメリカのように自国の資本市場が充実しており，海外市場での資金調達の必要が少ない国においてもスワップが利用されている。アメリカの場合，FNMA（連邦抵当金庫）や FHLMC（連邦住宅金融抵当金庫）などの多くの政府機

関において，スワップの利用が盛んで，市場の有力な参加者の1つになっている。これらの機関の場合，スワップの利用は自らの債務の効率的な管理を目的にしているが，副次的な効果としてスワップ市場やモーゲージ市場を活性化することを通じて自分の調達コストを下げていることも見逃せない。日本における政府や政府機関のスワップの利用は，政府保証外債に関連する取引など非常に限定的である。財務省や日銀と前職の時代に幾度かスワップの活用について議論する機会があった。担当者ベースでは，スワップの利用の重要さを充分に認識しているのだが，リスクを管理し，スワップを使いこなすためには組織の改革や法律の改正が必要になるということでいつも議論が止まってしまった。特に財務省がスワップを使いこなすためには，国債管理政策そのものと密接に関連する問題である以上，国債の発行のあり方を含めて幅広い議論が必要になる。私の主張は，財政赤字が現状のペースで続く場合，近い将来国債のこれまでどおりの順調な消化は困難になる。そこで国債管理業務を財務省から独立させ，国債庁といった独立行政法人を作り一元的に管理させることである。独立行政法人にすれば，同様な政策を採用したフランスなどの先進国の例のように，海外市場での国債発行を含めて国債発行の多様化，デリバティブを使ったリスク管理や国債の支払い金利の削減など機動的に実行できることになる。これらの政策は，国債の増加に国内市場が耐えきれなくなり，国債が暴落した後では遅すぎるというのが私の意見である。

　金融ビッグバン宣言後，国債市場，金融市場，財政投融資など多くの制度の見直しや改革など議論が行なわれているが，この機会に政府，政府機関，中央銀行等による本格的なスワップ利用の是非をオープンに議論してはどうか。市場において，財務省や日銀による為替の介入が頻繁に行なわれている。これは自国通貨の価値が，経済，金融に大きな影響を与えるという意味で必要な政策である。金利政策は，為替政策同様かそれ以上に重要なマクロ政策である。現在の日銀による金融調節は短期が中心で，長期金利への影響は間接的である。具体例として，日銀による金利スワップ市場での介入により，直接的に円の長期金利体系に影響力を行使したり，また通貨スワップでの介入で邦銀の外貨の

資金繰りを支えるといったこともあり得よう。クリントン政権は，発足当初，ドルのスティープな（短期金利と長期金利の格差が大きい状態）イールドカーブを利用して，国債の発行を長期から短期にシフトすることにより国債金利の削減を図った。日本の場合，国債の金利を削減したいのであれば，10年国債を発行して金利スワップを行なえば簡単に超低金利での調達ができる。

　一方で短期国債を発行して，同時に30年のスワップの固定金利支払いポジションを作れば，30年国債を市場で発行するのとほぼ同じような経済効果を合成することができるのである。もし国債の信用力が落ちて長期の国債に対する投資家の需要が落ちた場合でも，短期国債投資のニーズは引き続き旺盛な場合が多いことから，国債の安定的な消化の方法として採用することができる。

　このように積極的なスワップの利用は，より多くの政策手法を提供することになる。金融の技術は確実に進歩しつづけており，政府や中央銀行もこれらの技術を積極的に取り入れ，市場指向の政策を行なうことがより重要である。2005年の法律改正で財務省においてデリバティブの使用が認められることになったことは一歩前進であるが，国債管理庁の設立やデリバティブの政府部門での積極的活用を政治家として後押ししていきたい。

第3編　国際通貨

第8章

金本位制期の国際通貨システム
——19世紀末から戦間期——

　この章の主題は，19世紀末から戦間期にかけての金本位制期の国際通貨システム，すなわち国際金本位制の歴史を概略することにあるが，とくにその際，国際金本位制のもとで各国の対外均衡と内部均衡がどのように調整されていたのかということを論じる。国際収支の均衡と平価の維持を図ることを対外均衡，国内の雇用と所得の安定的成長を図ることを内部均衡と呼ぶこととする。研究の深まりとともに，近年の通説的見解では，19世紀末から第1次世界大戦までの国際金本位制を，対外均衡をもっぱら重視する「ゲームのルール」のみで説明することは不適切なものとみなされるようになった（I）。しかし，その反対に，内部均衡をもっぱら重視すれば理論的には自由変動相場制になる。そうであるとすれば，国際金本位制のもとで，対外均衡と内部均衡はどのように調整されていたのか。このような問題意識をもとにして，この章では次のことが論じられる。

　19世紀末から第1次世界大戦までは，内部均衡を追求する余地が拡大したものの，結局は対外均衡が優先されたので，国際金本位制は比較的安定的に持続した（II）。対外均衡が優先された理由は，世界システムの中心部に国民国家が樹立されながらも，その国民国家ですら内部均衡を自律させる力を獲得するにはいたっていなかったことにある（III-1）。それに対して，戦後再建された国際金本位制では，中心部において内部均衡の優先が許容されたのであるが，対外均衡を維持するための協調政策を欠いたことから，国際金本位制はもろくも崩壊した（IV）。世界システムの周辺部はどうであったか。戦間期にいたっても周辺部は内部均衡を優先させることができなかった。しかし，それよりもこの章では，中心部がとりわけ銀貨圏にあった周辺部に国際金本位制を導入し，

それを周辺部の支配の道具に仕立て上げるのにかなりの時間と労苦を費やさなければならなかったこと，そして戦間期にそれが達成されるやいなや，それが今度は国際金本位制そのものを動揺させる要因に転じたことが強調される（Ⅲ-2）。

Ⅰ　国際金本位制の「ゲームのルール」

　19世紀中頃以降，しだいにロンドンを中心とする多角的決済網が世界中に張りめぐらされ，ポンド建て為替取引のロンドンにおける決済が増えていった。ロンドンの為替決済勘定残高をロンドン・バランスという。それとともに，ロンドン資本市場ではポンド建ての外国政府証券や鉄道証券の発行などの長期資本輸出も増大した。そのイギリスは金本位制をとっていた。金本位制とは，自国通貨の価値を金に対して固定する通貨制度をいう。イギリスの金本位制はなかでも金貨本位制と呼ばれるものに属する。金貨本位制とは，自国通貨と金貨との兌換を認め，銀行券とともに金貨が実際に流通することを認める制度である。金の輸出は自由であり，対外決済手段と通貨準備は金に定められる。1870年代頃に始まった銀価格の長期低落傾向のなかで，銀貨（あるいは金貨と銀貨の両方）を本位とし続けることが為替相場の混乱を招くと判断した他の国々も，しだいに金本位制を採用するようになった。こうして，20世紀初頭まで，世界のほとんどの国が銀本位制（もしくは金銀複本位制）から金本位制に切り替え，ここに国際金本位制が成立した。金本位制には，金貨本位制の他に金地金本位制と金為替本位制があるが，それは後に説明する。

　金本位制のもとでは，通常の国際的な支払い手段は外国為替である。国際収支が赤字になると，外国為替の需要が供給を上回るため，自国通貨の価値は下落する。下落が続くと，やがてその下落した相場で自国通貨を外国為替に換えて支払うよりも，平価に基づいて自国通貨を金に換えて，それで支払ったほうが有利になる。なぜ最初から金で支払わないかというと，金輸送にはコスト（金現送費）がかかるからである。金現送費を加算してでもいいから，金での支

払いが有利となる転換点を「金現送点」という。為替相場が金現送点(金輸出点)にまで下がると,金が流出するようになる。そうした状態が続くと,金平価そのものを切り下げざるを得なくなる。そこで,国際収支の悪化,自国通貨価値の下落,金の流出,金準備率の低下が起きたときには,①通貨流通量の収縮や②公定歩合の引き上げという金融政策が要請される。なぜなら,それらによって均衡が回復し,金平価を維持できるからである。通貨流通量は公開市場操作のほかにも公定歩合操作によっても変化するので,①と②はそもそも連動している。それらは,(a)物価の下落→輸出の増大→均衡の回復(物価・正貨流出入メカニズム),(b)国内金利の上昇→国内の経済活動(内需)の沈静化→輸出の増大→均衡の回復,(c)金利の上昇→金の流入→均衡の回復という効果をもたらす。この①,②が金本位制の「ゲームのルール」と呼ばれるものである。国際収支黒字,為替相場上昇,金の流入,金準備率の上昇などの事態に対しては,反対に,通貨流通量の拡大や公定歩合の引き下げがルールとなる。

　しかし,現在では,ゲームのルールがかならずしも厳密に守られてはいなかったというのが定説である。ここではブルームフィールドの研究に注目しよう。彼は,ゲームのルールが完全に順守された場合,中央銀行の対外資産(金準備量など)と国内資産(手形割引額や貸付額など)は同一方向に変化するはずだが,1880～1913年の時期,実際には反対方向への変化のほうがはるかに多かったことを明らかにした(Bloomfield 1959,邦訳57-59頁)。調査されたのが年単位の大まかな変化であるから,明確な結論を出すことには慎重でなければならないが,それがもしゲームのルールの不履行の傾向を裏付けるものであるとすれば,それは1つには,中央銀行が金の不胎化政策をとったためである。金の不胎化政策とは,たとえば,金の流入にともない増大した銀行券を公開市場操作などで吸収することをいう。その場合,国際収支は調節されず,金の流入が持続することが予想される。このとき,中央銀行は国内にインフレーションが起きることを嫌ったということが考えられる。あるいはその反対に,金準備率が低下したにもかかわらず,公開市場操作などで通貨供給量を増やすことも金の不胎化政策の1つである。国内にデフレーションが発生することを嫌ってこうした措

置がとられた場合，金の流出が持続することが予想される．

しかし，言うまでもなく，各国が長期間もっぱら内部均衡だけを心がけ，対外均衡を完全に無視すれば，平価の変動が常態化する．それでは，第1次世界大戦前に，ブルームフィールドの調査が示唆するようにすでに中央銀行が裁量政策をはたらかせるようになりながらも，国際金本位制が破綻しなかったのはなぜか．その理由は第1に，内部均衡に配慮しても，それによって対外均衡が崩れないような仕組みが一定程度つくり出されたからである．その鍵は金と各国通貨の間に金為替（国際短期資本）という「緩衝材」が挿入されたことにある．たしかに，そうした緩衝材がなくても，一時的な裁量は可能である．しかし，国際短期資本を間に挟むことによって，対外均衡と内部均衡の両立の余地がより一層広がるのである．第2に，それでも対外均衡と内部均衡の衝突が避けられなくなった場合は，対外均衡が最終的に重視されたからである．次節では，この2つの理由をもう少し詳しく説明する．

II　国際金本位制と国際短期資本移動

外国為替などの外国通貨建ての短期債権を国際短期資本という．国際短期資本のフローにはイギリスという中心があった．なぜなら，19世紀末以降，ロンドンにおける外国為替の決済が増え（ロンドン・バランスの増大），各国の銀行が保有するその他の短期資本もロンドンに集中するようになったからである．ただし，広大な帝国を擁するロンドンには規模の点で劣るものの，パリとベルリンもとりわけヨーロッパ大陸においては重要な短期資本市場として発展した．なお，この3国は長期資本の主要な輸出国でもあった．長期資本受入国はそれをおもに資本輸出国における銀行の為替勘定に預けた．このことから短期資本の動向を長期資本の動向と関連づけて分析する必要があるのだが，この章では分量の都合上，長期資本の要素を捨象しなければならない．

さて，公的外国為替保有総額（通貨当局が保有する公的な国際短期資本）が激増したのは1900年以降のことであった（Bloomfield 1963，邦訳92頁）．ここで重要

なことは，このような変化のなかで，イギリスとフランスをのぞくヨーロッパ諸国と日本が金貨本位制として出発しながら，第１次世界大戦以前に事実上の金為替本位制へと漸進的に移行していったということである。金為替本位制とは，金でも金貨でもなく，金貨本位制国の通貨建ての短期債権（金に対する請求権＝金為替）とのみ自国通貨との交換を認める制度である。金為替が対外的な決済手段となり，金の自由輸出は禁止される。公的準備には金だけではなく，金為替も組み入れられる。つまり，金為替本位制は外貨建て短期債権からなる「外壁」と金準備からなる「内壁」との「二重の防衛線」を構築し，金ではなく，この外壁のポンド建て債権を中心とする短期債権ポジションで平価を維持することを可能にしたのである（De Cecco 1974，邦訳59-60頁）。

　たとえば，国際収支が赤字に陥ると，自国通貨の価値は下落した。通常の外国為替市場では，為替相場がある水準まで下落すると，国際短期資本移動の流入が誘発され，為替相場は下げ止まった。しかし，何らかの構造的な要因でさらに国際収支が悪化し，為替相場が金現送点に下落すると，今度は通貨当局が為替相場を維持するために外国為替市場に介入した。それは自国通貨買い／外国為替売りの介入であり，そのために公的外国為替残高は減少した。そのうえ，投資家は通貨当局が為替相場を安定させるであろうと信頼していた。そのため彼らは当局の行動を先読みした。金現送点への低落は為替相場の反転を予測させ，市場は結果的に為替相場の安定化を促進する資本移動を行なったのである。そのおかげで，公的準備移動の必要性は減少さえした（Bloomfield 1963，邦訳126-27頁）。このように，外国為替市場への公的な介入と投資家の通貨当局に対する信頼の組合せが対外均衡を維持する有力な手段となった。

　他方，国内では金為替・金準備量と通貨供給量・金利との関係を緩やかにして，裁量的に内部均衡を図ることが可能となった。上述の例では，為替市場への介入の結果，自国通貨買いが行なわれたが，そのかたわらで，所得と雇用の安定を図るために，通貨買いを相殺し，通貨供給量を拡大することができた。もちろんそのような措置を講じたがために，インフレーションが発生し，国際収支の赤字と為替相場の下落が引き起こされれば，対外均衡の喪失という副作

用は免れなかった。しかし、そのときに当局が外国為替の売買によって対外均衡を回復することができるのであれば、問題はない。

しかし、金為替本位制のもとで、外部均衡と内部均衡を分離し、両立させることには限界があった。なぜなら、国際短期資本の厚みが増したことによって、対外均衡重視政策だけではなく、内部均衡重視政策を発動させる余地がしだいに拡大したことは事実であるが、それと同時に、国際短期資本の発達は内部均衡を攪乱する（あるいは各国の信用供給を国際的に同調させる）源泉ともなりえたからである。具体的に説明すると、次のようになる。

イギリス（ついでフランス、ドイツ）の金利の動向は周辺の金利の動向を強く規定した。それはその反対方向の力よりも格段に大きかった。たとえば、イギリスが金準備の低下を理由にバンク・レート（イングランド銀行の手形割引率）を急激に引き上げると、周辺の金と短期資本は激しくそこに引き寄せられた。その場合、金為替本位国にとっても、平価の維持が至上命題である以上、対外均衡の回復のために、イギリスのバンク・レートに連動して金融を引き締めなければならなかった。それは内部均衡を攪乱する可能性が高かった。あるいは見方を変えれば、ロンドンの割引率を起点として、各国の割引率と信用の拡大・伸縮はおおむね国際的に同調する傾向にあったといいうる（Hawtrey 1947, p. 43）。そうした構造のなかで、金準備の低下に対して、金利を引き上げるかどうか、引き上げる場合そのタイミングをどう計るか、金利の引き上げではなく金価格操作(2)の手段を使うかどうか——これらの選択権をもっとも自律的に行使することができたのはイングランド銀行であった（Scammell 1985 (1965), p. 113）。各国の中央銀行の力能はけっして均等だったわけではなく、中心で発生した対外不均衡を調整する負担はヒエラルキーの末端へと押し付けられた。そして、それに耐えきれなくなった周辺の一部は平価の切り下げに踏み切らざるを得なかった（Triffin 1985 (1968), p. 128）。

Ⅲ 国際金本位制と世界システム

　この節では,国際金融市場の中心／周辺ではなく,世界システムの中心／周辺という意味において,この2つの言葉を用いる。「半周辺」という中間の階層を捨象して概括するならば,19世紀の世界システムで進行したのは,中心部における国民国家の形成と中心部による周辺部の植民地化であった。

(1) 国際金本位制と世界システム中心部の国民国家

　19世紀とは,貿易・移民の増大や資本移動の活発化といった経済グローバリゼーションの高まりのなかで,しだいに中心部の諸国家が国民の経済的社会的生活を保障する「安全装置」としてはたらくようになった時代であった。19世紀末になると,中心部の多くの国が保護関税を設定し,社会福祉費を伸ばすようになった。また,ヨーロッパやアメリカだけではなく,オーストラリアやカナダなどの移民国家においてすら,政策が動揺し,一部に移民阻止の動きが強まった（James 2001,邦訳10, 22-25頁）。

　それと同時に,大不況期（1873～95年）以降,国ごとに違いはあるが,西ヨーロッパやアメリカのブルジョアジーは労働者階級の実力を考慮に入れなければならなくなっていった。労働組合の結成,ストライキの頻発,労働者政党の設立,そして選挙権の獲得とその行使——これらの動きに対して,支配勢力はかならずしも調和的な姿勢をとったのではなかった。対立の激化は随所で見られた。しかし,労働者階級は明らかに政策決定に無視できない影響を与えるようになり,その結果,社会政策・福祉政策にかかる期待は大きくなっていった。

　しかし,商品や人の移動の制限が一定の効果をあげたのに比べて,国際短期資本の移動に制限を課そうとする動きは起きなかった(3)。幸いにして短期資本移動は国際収支の均衡化を助けたのだが,それは対外均衡が維持されるであろうという投資家の読みがあったからであり,その確信がなければ,制約なしの短期資本移動は国際収支を不安定化する方向にも作用したはずである。これらの

ことをふまえて端的に言うと、人々は当時、貿易政策や移民政策ほどには金融政策に社会政策的な効果を期待してはいなかったのである。

そもそも19世紀末から20世紀初めという時代には、たとえば、金利を引き上げることによってデフレーションが生じることは了解されていても、金融政策と失業水準の間に密接な連関があるということがいまだに正確に理解されてはいなかった。そのような状況のもとでは、公定歩合が引き上げられたとしても、労働者がそれに反対する機会をもつことはほとんどなかったのであり、結果的には、政府は金兌換の維持を最優先するために、政治的な圧力をのがれ、いかなる手段も自由に利用することができたのである（Eichengreen 1994, 邦訳50-51頁; Eichengreen 1996, 邦訳37頁）。そうであったとすれば、この時代にはそもそも中心部においてさえ、内部均衡をめざす明確な動機がいまだ希薄であったと理解すべきである。「自国通貨の金価値を守るという通貨当局の決意が景気動向への目配りよりも優先させられた」のである（本山 2001, 110頁）。

遅くとも第2次世界大戦後に、福祉社会が標榜され、完全雇用が公約される頃には、経済理論が精緻化され、統計の精度も向上したこともあって、対外均衡と内部均衡の短期的なトレード・オフ関係が明瞭に意識されるようになった。しかし、第1次世界大戦後あたりから、金利の引き上げが外資を引き付けるだけではなく、産出高と雇用を抑圧するという副産物をともないつつ、対外準備を安定させることが理解されるなど（1918年のイギリス・カンリフ委員会）、対外均衡と内部均衡のトレード・オフ関係がしだいに認識されるようになったということも事実である（Eichengreen 1996, 邦訳3, 53頁; Cunliffe Committee 1985 (1918), p. 171)。

(2) 国際金本位制への世界システム周辺部の統合

19世紀のうちに中心部の植民地に編制されるか、もしくは中心部の強い政治的経済的支配のもとに置かれた周辺部には、多くの場合、本国から植民地銀行や海外銀行が進出した。それらの銀行はまず貿易関連業務の拡大をめざし、さらに進出先の地域によっては、本国の資本輸出を仲介する業務に手を広げた。

第8章　金本位制期の国際通貨システム

とくに，イギリスの植民地銀行と海外銀行は国際的な資金取引をロンドン・バランスに集中するための海外前線基地の役割を果たした（川本 1995, 72頁）。それらの銀行のなかには，本国との仲介業務だけではなく，当初からかならずしも意図していたわけではなかったにせよ，現地での銀行券の発行，預金・貸付，対政府取引を拡大したものもあった（Jones 1993, pp. 35-37）。

　しかし，このようにして現地業務を拡大した植民地銀行や海外銀行もそれを後押しした中心部の政府も当然のことながら，進出先の経済の内部均衡を図ることを考えてはいなかった。そのことは，これらの銀行による銀行券の発行が19世紀末から戦間期にかけて現地の不満の種になったときに実現したのが，金為替本位制もしくはその一種であるカレンシー・ボード制であったことからも明らかである（Jones 1993, pp. 109-19）。カレンシー・ボード制とは，自国通貨を他国通貨（その多くは植民地の宗主国および実質的な支配国の通貨）に固定相場でリンクし，両通貨の間の交換性を保証しつつ，自国通貨の発行の裏付けとして全額をその外貨（金為替）で保有する制度である。植民地における金為替本位制やカレンシー・ボード制の導入の目的は，中心部からの対外投資の受入と返済を容易にすることにあり，II節で見たヨーロッパや日本における事実上の金為替本位制とは反対に，周辺部から自律的な金融政策の芽をつみ取ることにあった。ただし，イギリス白人定住植民地のように，一部の植民地には中央銀行が設立され，独立した金貨本位制や金為替本位制が導入されたところもあった。

　もっともこの節で強調したいことはそのことだけではない。それに劣らず重要なことは，周辺部から自律的な金融政策の芽をつみ取ることが，場合によっては中心部にとって負担になったということである。本山美彦は19世紀初めから戦間期にかけてのインドやセイロンの信用構造を分析することによって，このことを意識化しようとする。ここで，銀通貨圏を視野に入れなければならない。「イギリスの信用機構の成熟による信用網の世界市場的連鎖の完成といえども，アジアのような経済の根底をとらえたものではなく，したがってまた，アジアの通貨＝銀を19世紀段階では完全には支配しえてはいなかった」（本山 1986, 158頁）。

第1に，19世紀初めから中頃にかけて，本国政府は銀貨圏の植民地における本位貨幣の確定に手こずり，また現地の実情に応じた小額貨幣の創出，その名目価値の維持と供給を円滑かつ十分に行なうことができなかった。そのために，たとえヨーロッパへの輸出が伸び，ロンドンでポンド建て債権が累積されたとしても，それを現地で実際に流通した小額銀貨に切り換えることができず，生産のさらなる増大を促進することができなかった（本山 1986, 182-83頁；本山 1987, 20-22頁）。第2に，19世紀中頃に登場した植民地銀行が，銀貨圏における銀行券の発行増（準備は銀）と信用構造の強化，ポンド建て手形の増大を可能にしたとしても，それだけで金貨圏と現地の銀貨圏の一体化が自動的に促進されるわけではなかった。金貨圏と銀貨圏のスムーズな接続に障害を発生させた一因は金銀比価の変動にあった。そのために，ロンドンで得たポンド建ての資本金と預金を信用の支えにしてアジアに進出した植民地銀行の多くは，19世紀末の銀貨下落時に破産したのである（本山 1986, 242-43, 295頁）。第3に，この障害を除去するには，銀貨圏をいよいよ解体し，金為替本位制あるいはカレンシー・ボード制を導入しなければならなかったのだが，それ自体，1890年代から戦間期という長い移行期を必要とした。さらに，それは次のような弁証法的な矛盾を新たに生み出すこととなった。金為替本位制は「宗主国資本の現地活動をきわめて容易にした反面で，宗主国通貨の世界通貨という性格そのものを危機に陥れるものであった」（本山 1987, 82頁）。すなわち，金為替本位制という通貨制度の下支えが整備されたことを受けて，ポンド為替を対価とする現地通貨が発行されるようになればなるほど，ロンドン・バランスは増大し，ポンド売りの潜在的圧力も強まっていったのである。

Ⅳ　戦間期の国際金本位制

　戦間期には，中心部の工業諸国で，労働者の発言力の増大，選挙権の拡大，労働者政党の発展という19世紀末からの動きがさらに強まった。政府・中央銀行は国民の福祉の増進のために金融・財政政策を発動することをもはや回避す

ることができなくなった。このことは内部均衡を重視する姿勢が一段と強まったことを意味する。とくに賃金の下方硬直性が強まったために，対外均衡の回復を目的として国内にデフレ圧力をかけるという手段は政治的なリスクを高めることとなった。世界大戦は対外均衡の重視という長年続いた国際通貨制度を強制的に中断させ，軍事費等の捻出のために，均衡予算を放棄させた。戦後もしばらくの間は自由な変動相場制の時期が続いた。それは，各国の政府が金と金為替からなる準備量に制約されずに，金融・財政政策を展開することを可能にした。

その一方で，各国の金本位制への復帰志向は強かった。1919年にアメリカが金貨本位制に復帰したのを最初として，1920年代中頃から，その他の国々も金本位制に復帰した。そのうちイギリス（1925年）とフランス（1928年）が金地金本位制をとり，残りは名実ともに金為替本位制を採用した。金地金本位制とは，金貨ではなく金の地金と自国通貨との兌換を認める制度である。国内での金貨流通は認められず，金は通貨準備と対外決済のみに充てられた。金為替本位制はアメリカ，イギリス，フランスの通貨建ての金為替を前提として再建された。Ⅱ節で論じたように，金為替本位制のもとであれば，内部均衡を重視する姿勢と金本位制への復帰とはかならずしも矛盾しない。外国為替市場への介入という手段で国際収支を調整することができれば，もとより限定的ではあるが，外的要因から自国経済を隔離し，内部均衡を追求することもできるからである。実際，中央銀行の準備総額（金と外国為替）に占める外国為替の比率は戦前に比べて1920年代にさらに増大し，世界的な金の不足を緩和した（Hawtrey 1947, p. 115）。

しかし，対外均衡が崩れたときに，各国がそれを修復するのではなく，自国経済が外的要因によって攪乱されることを回避しようとする「通貨アウタルキー」（金および金為替と自国通貨との結び付きを弱めること）の傾向を強めれば，対外均衡の回復は困難となる（Nurkse 1944, 邦訳13-14頁）。戦間期に強まったのはまさにそうした志向であった。そこが戦前とは異なる。もちろん内部均衡のみが追求されたのであれば，そもそも国際金本位制が再建されることはなかっ

たであろう。とくに大恐慌以降,平価を維持するために,多くの国で古典的なデフレ政策がとられたことは銘記されるべきである。しかし,投資家はもはや各国が大戦前のように対外均衡を優先させるであろうとは予測しなくなった。そのために,国際短期資本移動は国際収支を均衡化させる性質のものから,均衡を攪乱する性質のものに変質し,国際収支が赤字となった国からさらに資本が流出するようになった。大戦前の金本位制の時代にも戦間期の再建金本位制の時代にも,国際短期資本移動が制約を受けることはなかった。しかし,前者では「グローバルなマクロ経済的安定性」(対外均衡) が保証されていたのに対して,後者ではもはやそれが保証されなくなったのである (Eatwell & Taylor 2000, 邦訳39-40頁)。

　通貨アウタルキーの格好の例示を提供するのが,戦間期の国際金本位制において金為替準備の中心となったイギリス,アメリカ,フランスの中心3カ国であった。1925年,イギリスは威信をかけて戦前の平価で金本位制に復帰したが,経済力はその間相対的に低下していたので,戦前の平価では推定で1割ほどの割高となった。そのためイギリスは国際競争の不利を被り,国際収支上の圧迫を受けることとなった。イングランド銀行はポンドを防衛するために,バンク・レートを高めに維持しなければならなかったが,同時に,国内の信用供給が逼迫しないようにも配慮しなければならず,その政策は中途半端なものにとどまった (Eichengreen 1990, pp. 77-78)。

　それとは正反対に,戦後激しいインフレに見舞われ,通貨価値の低落を余儀なくされたフランスは,1926年にようやく為替安定化に着手し,1928年に戦前の5分の1の平価で金本位制に復帰した。この間,過小評価された平価をもつフランスの経常収支は黒字であった。しかも,通貨価値の下落に歯止めがかかると,それまで国外に逃避していた資本も国内に引き戻されていった。しかし,インフレの再来を恐れたフランス銀行は,このような対外準備の増大に連動して国内の信用を拡大しようとはしなかった。さらに,フランス銀行は金地金本位制を採用したことを理由に,ポンド為替を売り,金を買い入れることを政策の基本方針とした (Nurkse 1944, 邦訳51-52, 113-15頁)。フランス銀行のこのよ

うな硬直的な姿勢の前に、もともと金準備が乏しかったイギリスのポンドはより一層不安定な立場にさらされることとなった。

　アメリカにも、戦時中から1920年代中頃にかけて巨額の金が流入した。しかし、それに比例した規模での国内信用の拡大は行なわれなかった（Nurkse 1944, 邦訳108-11頁）。たしかに、アメリカ連邦準備制度がポンド価値の維持に手を貸すような局面（1927年）もあった（Kindleberger 1973, 邦訳45頁）。しかし、ここまで見てきたように、3カ国の中央銀行の間には緊密な政策協調が基本的に欠如しており、いずれも内部均衡を維持する思惑から、大なり小なり金の不胎化政策を講じたために、アメリカとフランスへの金の集中とイギリスをはじめとする他の国々からの金の流出という対外不均衡が拡大したのである。

　1929年に大恐慌が勃発すると、資金の循環が停滞し、いよいよもってデフレーションの波が世界経済を襲った。国際収支の黒字を短期・長期資本の供与というかたちで回流すべき立場にあったのはアメリカとフランスであった。しかし、借り入れ国の信用が極端に低下したために、両国の貸し付けは増勢に転じることなく、国際流動性は低下の一途をたどった。不況は長期化と深刻化の様相を色濃くし、イギリスの立場はさらに弱まり、また周辺諸国からの金の流出が拡大した。結局1931年にイギリスは国際金本位制から離脱し、その前後に同じく35カ国が金本位制を放棄した。すると、今度は通貨価値が割高となったアメリカの輸出が急減し、それに続いて金準備の喪失が深刻化した。その結果、1933年にアメリカは金本位制の停止に追い込まれた。その後、市場はフランスの金本位制離脱を予測し、フランを売り浴びせた（1936年、金本位制停止）。このように、平価切り下げ率そのものが逃避的資本移動によって決定されるというのは異常な事態であった（Nurkse 1944, 邦訳189頁）。

　金地金本位・金為替本位の国が減り、しまいには消滅したために、他の金為替本位制国もまったく立ちゆかなくなり、ここに国際金本位制は崩壊した。ここにいたって、各国は対外均衡を重視した「金流出→金融引き締め」というゲームのルールの呪縛から完全に解放され、国内の不況対策のために為替切り下げに走った。しかし、デフレーションを輸出するこのような「近隣窮乏化政

策」は他の国々が為替を切り下げるまでの一時的な効果しか生まなかった。また，一部の国は為替相場を維持しつつ，資本の流出を食い止めるために為替管理を強化した。為替管理とは，外国為替を当局のもとに独占的に集中し，対外取引に割り当てたり，外国との間に為替清算協定を結んだりすることをいう。為替切り下げや為替管理の導入は，その憶測がなされただけでも，巨額の資本逃避を引き起こした。とくに1934年から1939年にかけて，アメリカに均衡破壊的な資本が大量に逃避した（Bloomfield 1950, 邦訳19-20頁）。

　最後に，金本位制崩壊後の国際通貨システムについて，若干の説明を施しておく。為替切り下げや為替制限，均衡破壊的資本移動といった問題が発生するなかで，新たな国際通貨システムの模索が始められた。アメリカは1934年に1金オンス＝35ドルを設定し（約41％の切り下げ），金の売買価格を固定した。ただし，外国当局の保有するドル建て債権に対してのみ，この平価で金と交換することを認めたので，それはきわめて限定された金本位制にとどまった。また，その前後から，主要国に為替安定基金や為替平衡勘定などが創設され，為替相場の安定化が図られるようになった。さらに，アメリカ，イギリス，フランスは同様の目的で1937年に三国通貨協定を結んだ。アメリカの金価格が固定されていたので，各国の通貨当局が望ましい為替水準を決定する主導権を持った。こうして，ドルを基軸通貨とする国際通貨システムが模索される段階に入った。ただし，三国通貨協定は為替相場の短期的な変動を防ぐ便宜を図るものであり，3カ国による市場介入の結果生じた外国為替の買い越し分は24時間以内に金と交換された。それは管理された変動相場制の一種であった。

　ともかく，いまや各国が内部均衡を重視することを絶対の与件としたうえで，対外準備により一層の緩衝材としての役割を与え，国際収支と為替相場を安定させるこれまでよりも大がかりで，綿密な通貨制度が求められるようになった。しかし，戦間期の失敗をふまえるならば，国際流動性の提供が不十分であったことはともかくとして，ブレトンウッズ体制の前段階ともいうべきこの通貨体制に欠けていたのは，短期資本の管理である。一方で内部均衡を重視しつつ，

他方で「神聖な自由為替市場」(Bloomfield 1950, 邦訳203頁) に手を付けないでいると，それは対外不均衡をますます拡大する投機を招く。そのとき当局の介入がそれに打ち勝つ保証はないのである。

(1) なお，アジアのいくつかの国ないし植民地は19世紀末から公式に金為替本位制度を採用した。しかし，世界システムの周辺における金為替本位制の含意は以上の文脈とは切り離したところで理解されなければならない。それについてはⅢ(2)で触れることとする。

(2) たとえば，経常収支の悪化にともなって自国通貨と金の交換要求が高まったときに，実際に金が流出することによって国内経済にデフレーションの影響が及ぶことを食い止めるために，中央銀行が金の買い取り価格を引き上げることによって，自国通貨の金平価を事実上引き下げる措置をとることがあった。これを「金価格操作」(gold devices) という。

(3) ジェイムズは，貿易や移民に対する規制と同様に，19世紀末の中央銀行が金融的手段を使って短期資金の移動を規制し，変動を防止するという目的をもっていたと述べているが (James 2001, 邦訳26-28頁)，貿易や移民の規制と短期資本の規制とのアナロジーが度を過ぎている。中央銀行は短期資本の移動を前提に，むしろその活用を図ったと言ったほうが的確である。

参考文献

川本明人 (1995)『多国籍銀行論—銀行のグローバル・ネットワーク—』ミネルヴァ書房。

本山美彦 (1986)『貨幣と世界システム—周辺部の貨幣史—』三嶺書房。

——— (1987)『国際金融と第三世界』三嶺書房。

——— (2001)『ドル化—米国金融覇権の道—』シュプリンガー・フェアラーク東京。

Bloomfield, Arthur I. (1950) *Capital Imports and the American Balance of Payment, 1934-1939*, Chicago. (中西市郎／岩野茂道訳『国際短期資本移動論』新評論，1986年。)

——— (1959) *Monetary Policy Under the International Gold Standard, 1880-1914*, New York. (小野一一郎／小林龍馬訳『金本位制と国際金融』日本評論社，1975年。)

——— (1963) *Short-Term Capital Movements Under the Pre-1914 Gold Standard*, Princeton. (小野一一郎／小林龍馬訳『金本位制と国際金融』日本評論社，1975年。)

Cunliffe Committee (1985) *Cunliffe Committee on Currency and Foreign Exchanges after the War*, 1918, in: Barry Eichengreen ed., *The Gold Standard in The-*

ory and History, New York, pp. 169-83.
De Cecco, Marcello (1974) *Money and Empire: The International Gold Standard, 1890-1914*, Oxford.（山本有三訳『国際金本位制と大英帝国』三嶺書房，2000年。）
Eatwell, John and Lance Taylor (2000) *Global Finance at Risk: The Case for International Regulation*, New York.（岩本武和／伊豆久訳『金融グローバル化の危機』岩波書店，2001年。）
Eichengreen, Barry (1990) *Elusive Stability: Essays in the History of International Finance, 1919-1939*, Cambridge.
―――― (1994) *International Monetary Arrangements for the 21th Century*, Washington.（藤井良弘訳『21世紀の国際通貨制度―二つの選択―』岩波書店，1997年。）
―――― (1996) *Globalizing Capital: A History of the International Monetary System*, Princeton.（高屋定美訳『グローバル資本と国際通貨システム』ミネルヴァ書房，1999年。）
Hawtrey, Ralph G. (1947) *The Gold Standard in Theory and Practice*, the 5th edition, New York.
James, Harold (2001) *The End of Globalization: Lessons from the Great Depression*, Cambridge.（高遠裕子訳『グローバリゼーションの終焉―大恐慌からの教訓―』日本経済新聞社，2002年。）
Jones, Geoffrey (1993) *British Multinational Banking: 1830-1990*, Oxford.
Kindleberger, Charles P. (1973) *The World in Depression, 1929-1939*, London.（石崎昭彦／木村一朗訳『大不況下の世界 1919-1939年』東京大学出版会，1982年。）
Nurkse, Ragner (1944) *International Currency Experience: Lessons of the Inter-War Period*, League of Nations.（小島清／村野孝訳『国際通貨―20世紀の理論と現実―』東洋経済新報社，1953年。）
Scammell, W. M. (1985) 'The Working of the Gold Standard,' in: Barry Eichengreen ed., *The Gold Standard in Theory and History*, New York, pp. 103-19. (org. in *Yorkshire Bulletin of Economic and Social Research*, May 1965, pp. 32-45.)
Triffin, Robert (1985) 'The Myth and Realities of the So-called Gold Standard,' in: Barry Eichengreen ed., *The Gold Standard in Theory and History*, New York, pp. 121-40. (org.: Robert Triffin, *The Evolution of the International Monetary System: Historical Reappraisal and Future Perspectives*, Princeton, 1964, pp. 2-20.)

第9章

ブレトンウッズ体制
――アメリカの通貨発行特権の確立――

I 問題の所在

　1990年代以降,アジア危機などの国際金融危機が頻発しているにもかかわらず,国際通貨・金融のあり方について抜本的な見直しが行なわれる気配はない。「新ブレトンウッズ体制」や新たな「国際金融アーキテクチャー」が提唱されても,具体的な政治日程には上らない。その最大の理由は,アメリカ政府が本格的な国際通貨制度改革を望んでいないことにある。ストレンジが「構造的権力」という概念を用いて論じたように,アメリカには大きな制度改革を封じ込める権力がある（Strange 1986, 邦訳93頁）。

　アメリカが本気で改革に取り組まないのは,ドル体制の維持に自国の利益を見いだしているからであろう。アメリカは,基軸通貨国ならではの通貨発行特権（シニョリッジ）をもっている。このことの重要性は,いくら強調してもしすぎることはない。

　アメリカが本格的に基軸通貨国の特権を握ったのは,第2次大戦後のブレトンウッズ体制においてであった。ブレトンウッズ体制は,アメリカの強いイニシアティブによって創設されたが,四半世紀後にアメリカ自らの政治的決定（1971年の金・ドル交換停止）によって崩壊した。現行のドル体制は,ブレトンウッズ体制の基本的枠組みから,アメリカを縛っていた金（gold）のタガを取り払ったものである。ブレトンウッズ体制の創設と崩壊の論理を知ることは,ドル体制を理解するうえで役立つだろう。[1]

II　ブレトンウッズ体制の成立

(1)　戦後世界の設計

　第2次大戦後の国際通貨システムの基本ルールは，1944年にアメリカのブレトンウッズ（Bretton Woods）で締結された，国際通貨基金協定によって定められた。アメリカは第2次大戦での勝利を見通し，早くから戦後世界のグランド・デザインを描いていた。戦時中に開催されたブレトンウッズ会議は，アメリカが連合国を糾合して戦後の世界経済のルールを確定するための舞台だったのである。

　アメリカの計画立案者たちは，両大戦間期の教訓から，アメリカが孤立主義から脱してリーダーシップをとるべきだと考えていた。両大戦間期の世界恐慌は，為替切下競争や高率関税などの近隣窮乏化政策を横行させ，全体主義と世界大戦をもたらした。もともと単独主義と保護主義の傾向が強いアメリカが，多角主義（multilateralism）をブレトンウッズ体制の旗印としたのは，またもアメリカが経済的ナショナリズムと孤立主義に陥れば，世界経済に破壊的な影響をおよぼすという懸念からであった。

　戦後世界の設計図としては，「基金原理」のホワイト案と「銀行原理」のケインズ案がよく知られている。ブレトンウッズ条約の原型となったのは，アメリカが提案した前者であった。後者は，人工的な貨幣単位の「バンコール」と世界中央銀行にあたる「国際清算同盟」の創設を提案したもので，採用されなかったものの，今日にいたるまで国際通貨制度改革のモデルとなっている。

　ただし，ブレトンウッズ条約だけを見ていたのでは，戦後世界の編成の具体像はつかめない。ブレトンウッズ会議では，経済的なルールやメカニズムに議論が偏り，さしせまった政治的課題がなおざりにされたのである。米英にとって最重要課題の1つであった，ポンド地域（sterling area）の問題も未解決のまま先送りされた（Gardner 1969，邦訳 8，51頁）。

　アメリカの対外経済政策の有力なプランナーの一人であった，ハーバード大

学の J. H. ウィリアムズは，ホワイト案とケインズ案が，「ゲームのルール」のような単純な国際収支調整メカニズムを想定していると批判した。債権国（アメリカ）に重い負担が課せられるのを警戒したこともあるが，対等な経済力をもつ国家を想定したルールを，多様で階層的な世界経済に一律に適用することに懸念をいだいたのである（Williams 1943）。

ウィリアムズの問題提起は，ブレトンウッズ体制のルールと現実とのズレを突いていた。ウィリアムズは，「基軸通貨（key currencies）」・「基軸通貨国（key countries）」という概念によって，ドルとポンドという複数の基軸通貨が存在し，イギリスにポンド地域を維持させざるをえない状況では，中心国である米英の協調によって国際金融を漸進的に安定させるよりほかに，現実的な選択肢はないと論じた。実際に，その後の事態は，ウィリアムズの予想通りに展開する。

(2) ブレトンウッズ体制のルール

ブレトンウッズ体制のルールについて，簡単に見ておこう。

国際通貨基金協定は，各国が高水準の雇用・所得を追求することを目標として掲げている。いわゆる自律的なマクロ政策を奨励しているのである。その実現を，無差別原則に基づく多角的交渉による貿易自由化によってはかり，あわせて為替相場を固定する（ただし調整可能）。経常勘定を徹底して自由化する一方で，資本勘定の規制は許容する。国際収支の基礎的不均衡の調整を義務化する。これらが，条約に明記されたルールである。

ブレトンウッズ条約においては，かならずしもドルの優越性は明確でないが，これは交渉過程における米英の角逐の結果であり，戦後世界でドルが支配的な基軸通貨となるのは自明のことであった。アメリカが，国内法（1934年の金準備法）にもとづき，金1オンス＝35ドルでの金兌換を外国政府に約束したことは，ドルの信認の支柱となった。

ドルと金の交換性に着目すると，ブレトンウッズ体制は，金・ドル本位制あるいは金為替本位制と規定される。金との交換性こそが国際通貨の流通根拠だ

とする，単純な金属主義（メタリズム）的な解釈は誤りだが，私的・公的な経済主体が金に執着してきたのは事実である。よく言われるのは，世界的な物価水準のアンカーとしての金の必要性だが，あわせて基軸通貨からの逃げ道（退避通貨）として金が求められていたことにも注目すべきだ。

ちなみに，ブレトンウッズ体制のルールについて，ドルの「受動性」を強調する見解が流布している。すなわち，いわゆる「過剰決定問題」（「N-1問題」）を解決するために，「N番目」の国は為替レートや国際収支を政策目標とすることを放棄しなければならない。アメリカこそが，「非対称的」な役割を負わされるN番目の国である，という主張である（McKinnon 1993, 邦訳82-85頁）。

ミルトン・ギルバートのいうように，これはきわめて奇妙な考え方で，1960年代にアメリカの国際収支赤字が拡大していくなかで，アメリカの調整責任を諸外国に転嫁する論理として考案されたものであるといえよう（Gilbert 1980, 邦訳268頁）。実際には，後で見るように，ブレトンウッズ体制の調整コストは，「非対称的」にアメリカ以外の国に押しつけられたのである。

III　ブレトンウッズ体制のディレンマ

(1)　トリフィンのディレンマ論

ブレトンウッズ体制には，肯定的な評価が与えられることが多い。為替相場の安定，低いインフレ率，低金利，一人あたり国民所得の増加，国際貿易の拡大，これらの同時達成はたしかに高く評価してよい。しかし，1960年代後半になると，為替相場が急速に不安定化して通貨危機が発生し，1971年に突如として金兌換が停止される。

ブレトンウッズ体制の崩壊は，リーダー国であるアメリカの能力低下によるものではなく，むしろ発足時点から内在していた基軸通貨制の歪み，すなわちアメリカの通貨発行特権の行使が，金為替本位制の殻を突き破ったことによるものと考えられる。では，その歪みとはどのようなものであったか。

ロバート・トリフィンは，ブレトンウッズ体制の欠陥を早くから指摘してい

た。有名な「トリフィンのディレンマ」論は，特定国の通貨が国際通貨となる基軸通貨制の不条理を問題にしたものであった (Triffin 1960, 邦訳9頁)。そのねらいは，基軸通貨国アメリカの通貨発行特権を批判し，新たな国際通貨制度を創設することにあった。

　基軸通貨制にかんするきわめて重要な論点を含んでいるので，トリフィンの主張について少しくわしく見ていこう。

　トリフィンのディレンマ論とは，単純化すると，ブレトンウッズ体制において，国際流動性の適正供給と基軸通貨国の国際収支均衡との間にディレンマがある，というものである。ただしこれは，基軸通貨制に対するトリフィンの批判の一部分を構成するにすぎない。

　強調しておきたいのは，第1次世界大戦を境として，経済的・政治的環境が大きく変化したことが，トリフィンのディレンマ論の前提となっていることである (Triffin 1960, 邦訳20-41頁)。第1次大戦以降，政治環境が雇用重視へと変わって，為替相場安定と対外均衡の優先順位が低下し，金利政策の自律性が増大した。基軸通貨の潜在的な為替リスクが高まったことで，19世紀型の金利政策による民間資本移動の制御は困難となり，逆に攪乱的な「ホット・マネー」に悩まされるようになる。金融政策による国際収支調整は，以前ほどの有効性をもちえなくなったのである。

　このような環境で，基軸通貨制を金為替本位制として再建すれば，両大戦間期の再建金本位制がそうであったように，システムに対する不安が，弱い通貨から強い通貨への退避行動を引き起こす可能性が高い。ポンドからドルへ，さらにドルから金への退避である。こうしたトリフィンの診断は，ブレトンウッズ体制崩壊の論理と過程を，正確に見抜いていた。

　それでもなお，基軸通貨国が健全で節度ある金融政策をとりさえすれば，国際通貨制度は安定するはずだという反論もあるだろう。しかし，かりにそれが可能であったとしても，問題は国際通貨制度の維持と安定にかぎられるのではない。トリフィンが国際流動性の適正な供給にこだわったのは，周辺諸国をふくむ世界全体の経済成長を重視したからである。

ブレトンウッズ体制には，国際準備・流動性を世界に適正かつ安定的に供給するメカニズムが欠如していた。「適正」の基準は，量だけでなく，分配にもかかわる。ブレトンウッズ体制において（それ以降も），世界の準備増加額のうち，途上国に回ったのはごく一部にすぎなかったのである（1958年からの約20年間で，わずか3％弱）（Triffin 1978, 邦訳20頁）。

結局のところ，アメリカの総合収支赤字は，国際流動性の適正な供給に結びつかなかっただけでなく，外国の通貨当局にドルが蓄積されたことで，アメリカの金準備への圧力を増大させる結果を招いた。

(2) 信用貨幣の国際管理という難問

国際通貨制度にかんして，信用創造の問題は核心的な重要性をもっているが，これに正面から向き合う国際経済学者は少ない[4]。しかしトリフィンは，つねに信用創造に焦点をあてていた（Strange 1986, 邦訳103頁）。

基軸通貨が信用貨幣であることの意味を，トリフィンにならって確認しておこう（Triffin 1968, 邦訳220–26頁）。近現代における貨幣の大部分は，銀行システムの内部で創造される信用貨幣である。先進資本主義国においては，商品貨幣（金・銀）から信用貨幣（銀行預金）への移行にともない，信用の膨張・収縮による銀行システムの破綻がたびたび繰り返されてきた。当初は，信用貨幣の流通は国内にかぎられていたが，金為替本位制が採用されると，ポンドとドルが基軸通貨として国際的な準備のなかに入り込んでいく。ここにおいて，信用貨幣の国際管理という困難な問題が生ずるのである。

ブレトンウッズ体制は，トリフィンによれば，特定国の信用貨幣と金とが「不安定な結婚」をしたものであった（Triffin 1968, 邦訳225頁）。この状況は，国内における信用貨幣の初期段階に似ており，したがって同様の危機が発生する可能性が高い。だからこそトリフィンは，国内の中央銀行制度のように，金準備を単一の供託機関に集中し，各国の中央銀行間の決済のために単一の国際準備手段を設けるという処方箋を書いたのであった。具体的には，外貨準備をIMFの預託金残高へと転換することを提案したのである。

第9章　ブレトンウッズ体制

　信用創造は金融機関と市場に権力を与えると，ストレンジは論じている（Strange 1986, 邦訳107-08頁）。ストレンジは，1950年代にロンドンの国際金融市場（シティ）が再開されたことに注目する。ユーロ・ダラー市場の発達は，オフショア市場において米銀から国際流動性を調達することを可能にした。また，1960年代にアメリカ国内でCD（譲渡性預金証書）などの金融革新が始まり，銀行以外の金融チャンネルを利用するディスインターミディエーションが進行した。アメリカで起こった信用膨張や金融資産の多様化は，容易に国際金融に波及する。こうして，国際金融においても私的貨幣の比重が強まり，アメリカの金融機関がある種の権力を握るようになる。

　この間，アメリカの公的権力はどうだったかといえば，自国の金融政策が国外に与える衝撃への配慮を欠いていただけでなく，国内においても金融革新を制御して貨幣管理の有効性を維持しようとする意志が希薄であった。むしろ，管理を放棄するという選択を行なったと考えればよいのかもしれない。ストレンジは，こうしたアメリカ政府の行動様式を，「非決定」という概念で批判している（Strange 1986, 邦訳37頁）。

Ⅳ　アメリカの通貨発行特権

(1) 国際通貨制度の非対称性

　戦後の国際通貨体制における非対称性を，経済的なメカニズムから見ておこう。

　ドルを準備通貨として保有するコストは，各国の通貨当局が，自国の外国為替市場において自国通貨でドルを買い取ることによって発生する。ドルと交換で民間銀行が得た自国通貨は，そのまま中央銀行に開設されている当座預金口座に入れられて，ハイパワード・マネーとなる。ドル準備の増加は，ハイパワード・マネーを拡大させ，理論的にはインフレ圧力が高まる。事実，日本における急激なインフレは，外為市場でのドル買い介入によってもたらされるケースが少なくなかった。

注意しなければならないのは，このコストが，アメリカと他国との間で非対称的であることだ。外国の通貨当局がドルを買い支えた場合，そのドルの大部分はニューヨークで保有されるが，アメリカのハイパワード・マネーの増加にはつながらない。逆もまたしかりで，外国政府がドル準備を取り崩したとしても，やはりアメリカのハイパワード・マネーに変化はない。アメリカの側では，ハイパワード・マネーにも民間銀行のドル預金量にも大きな変化は生じないのである（岩野 1984, 271頁）。

　後にトリフィンは，各国の中央銀行が，インフレ圧力にさらされるという犠牲を払いつつも，長期にわたってドル準備を増やし続けたことについて，その可能性を過小評価したのは誤りであったと述べた（Triffin 1978, 邦訳10-11頁）。いったいなぜ，そのような事態が生じたのであろうか。

(2) アメリカの特権濫用

　その疑問に対する答えを，国際政治学の領域に見いだすことができる。アメリカの著名な国際政治学者であるギルピンは，トリフィンとほぼ同じ事実認識をしながら，逆にアメリカの通貨発行特権を全面肯定している。

　ギルピンによれば，ブレトンウッズ体制は冷戦の産物であって，歴史上初めて資本主義大国が同盟として結束したことで生み出された（Gilpin 2000, 邦訳47頁）。ブレトンウッズ体制が機能しえたのは，米日独の間に「暗黙の取引」があり，日独両国の政府が外貨準備として米国債を買い続けたからだという（Gilpin 1987, 邦訳142頁）。

　アメリカが基軸通貨国としての特権を利用して，対外債務によって外交政策を実現したことを，ギルピンは驚くほど率直に認めている。イギリスが植民地や保護領にポンド残高を保有させたのと似ていると，ギルピンは言い切る[5]。アメリカが社会主義圏の周辺部に米軍を駐留させ，海外援助を行ない，ベトナム戦争を遂行することを可能にしたのは，西ヨーロッパと日本による米国債の購入にほかならなかった（Gilpin 1987, 邦訳142頁）。

　ただしギルピンは，西ヨーロッパも日本も恩恵をうけており，アメリカとの

間に利害の一致があったとつけ加えるのを忘れない。アメリカの同盟国が，ドル資産を「喜んで」保有したおかげで，アメリカは収入を上回るよい生活ができ，世界最大の債務国になりえたというのである（Gilpin 2000, 邦訳113頁）。

ギルピンの目を通して見ると，基軸通貨制にはきわめて政治的な性格があることが分かる。米国債の購入によって国際通貨ドルの地位を守ることは，「国際公共財」を共同負担で支えるというようなものではなく，むしろ積極的にアメリカの対外政策・軍事行動を支援するという意味をもってしまう[6]。他国においてそれが意識されるかどうかはともかく，少なくともアメリカの側に，そうした冷徹な認識があることを忘れてはならないだろう。

トリフィンは，アメリカの通貨発行特権の濫用によって，世界経済の安定が掘り崩されるだけでなく，ベトナム戦争などの軍事行動が他国によってファイナンスされる事態を憂えた（Triffin 1978, 邦訳19頁）。そして，この構図は現在にいたるまで変わっていない。

V　国際通貨の維持コスト

ブレトンウッズ体制崩壊の引き金となったのは，ポンド危機であった。ドル・ポンドの複数基軸通貨制であるブレトンウッズ体制において，弱い通貨とはポンドであり，ポンドが危うくなるとドルの信認も揺らいだ。1967年における戦後2度目のポンド切り下げの後，ついにドルが投機に見舞われるようになる。

戦後のポンドは，主に英連邦諸国や植民地が構成する「ポンド地域」において，国際通貨として使用されていた。すでに見たように，ポンド問題は戦後世界の設計において要の位置を占めていた。もともとアメリカは，戦後速やかにポンド地域を解体してドル化するつもりだったのだが，イギリスの抵抗とコスト負担への躊躇からポンド地域の存続を容認した（Strange 1971, 邦訳84-86頁）。

ポンドの弱さは，イギリスの国際収支赤字に起因していたが，通説的に言われてきたように，イギリスの高賃金と低生産性による貿易収支赤字のためとい

うよりは，むしろ巨額の対外政府支出によるものだった（Strange 1971，邦訳233-37頁）。第2次大戦後のイギリスは，ポンド地域諸国がポンド残高をドルに転換しないように，さまざまな利益供与を行なった。オーストラリアなどの英連邦諸国には，マレーシアなどの旧植民地が輸出で稼いだドルを優先的に回した。旧植民地には，ポンド残高を蓄積させる見返りとして，巨額の経済的・軍事的支援を行なわざるをえなかった。こういった対外支出が，イギリスの国際収支赤字のかなりの部分を占めていた。要するに，ポンドを国際通貨として維持するための政策が，意図に反してポンドを弱体化するという反作用を招いたのである[7]。

国際通貨は，経済的次元にのみ存立根拠をもつのではない。基軸通貨国は，経済援助や軍事的援助といったコストを払わなければならない。アメリカがポンド地域を解体せず，ポンドを国際通貨の座にとどめたのは，コストの増大をおそれたためであった。ポンドは国際政治の力学に強制されて，ドル防衛の最前線に位置づけられていたのである（本山 1989, 157頁）。

また，イギリスがシティを再開したことも，ブレトンウッズ体制崩壊の1つの原因となった。ユーロ・ダラー市場についてはすでに見たとおりだが，ロンドン金市場の再開（1954年）は，金の公定価格を脅かした。1960年代後半におけるロンドン市場での金価格上昇は，アメリカの金公定価格の維持を不可能にして，金・ドル兌換停止の直接の原因となった。イギリス政府がシティを再開したのは，かつてのポンドとシティの栄光へのこだわりからであり，アメリカ政府もこれを阻止しようとはしなかったのである（Strange 1971, ch. 7）。

VI 「純粋ドル本位制」への道

このように見てくると，アメリカにとっての制約・リスク要因が，1971年以降にすっかり取り払われたことがわかる。ブレトンウッズ体制における国際通貨は，2つの基軸通貨（ドルとポンド）と1つの商品貨幣（金）から構成されていたが，ポンドは1960年代末から70年代初めにかけて基軸通貨から転落し，金

の制約はニクソン声明によって除去された。新たな準備資産として，1970年にIMFのSDR（特別引出権）が創設されたものの，ほぼ有名無実化してしまう。ドルからの退路は断たれたのである。

　ブレトンウッズ体制の崩壊は，コヘインがいうようなアメリカの「ヘゲモニー（hegemony）」の喪失を意味するものではなかった。本山美彦がいうように，金廃貨に対する外国政府や市場の抵抗を押し切って，世界に金兌換の停止を強制するという，歴史上に例を見ない巨大な権力を有していたのが，アメリカだったのである（本山 1989, 21頁）。

　「純粋ドル本位制」が，国際金融危機を繰り返しながらも，全面崩壊を免れているのは，ドルからの逃げ場がなかったことによるのだろう。ギルピンは，受け入れられる代替案がなく，ドル保有者がドルへの信認を維持しているかぎり，アメリカは通貨発行特権を享受しつづけるだろうと述べている（Gilpin 2000, 邦訳113頁）。

　しかし，ドルに対する積極的な信認はとうに失われているのではないか。今や国際通貨ドルを支えているのは，アメリカが巨大な国内市場を開放し続けることへの期待と，アメリカに代わって基軸通貨国のコストを担う主体が存在しないという現状認識と，そしてアメリカの圧倒的な軍事力への恐怖あるいは依存心である。

　ユーロが，「純粋ドル本位制」に変化をもたらすかもしれない。EUはユーロを基軸通貨とする政治的意志を固めていないようだが，ドルからの退避をはかる経済主体は少なくあるまい。緩やかにだが，外貨準備の分散化が進行している。石油などの主要商品の取引通貨を，ユーロにシフトする動きもある。ふたたび複数基軸通貨（key currencies）の時代が来るとすれば，ドルとユーロをめぐる通貨外交がきわめて重要な意味をもつようになるだろう。

　ユーロという潜在的なライバルが誕生し，国内で保護主義圧力が高まるなか，アメリカに残された選択肢は限られている。イラクが2000年に石油代金をユーロ建てに切り替えたことが，アメリカによるイラク攻撃の一因だとの見方もある（本山 2004, 151頁）。没落するしかない国際通貨ポンドを支えるために，イ

ギリスが旧植民地での軍事行動を厭わなかったという不条理は，ドルの特権を防衛するために，アメリカがいかなる行動をとるかを考える材料となるだろう。ブレトンウッズ体制の研究は，そのような視角を私たちに与えてくれるのである。

(1) 本章の内容は，貨幣と権力を軸に世界経済を分析する，本山美彦の一連の研究に依拠している。中心部による世界経済の組織化（とその反作用），周辺部の貨幣史という基本視角は，本山（1976）と本山（1986）に負っている。トリフィン解釈については本山（2002）に，ストレンジ解釈については本山（1989）に依拠している。
(2) トリフィンはベルギー生まれで，ハーバード大学卒業後，FRBのラテンアメリカ調査研究部門を経て，IMFの為替管理部門の長となり，EPU（欧州支払同盟）の生みの親となった。後に，アメリカの対外政策に失望して，ヨーロッパに戻り，欧州通貨統合に尽力した。
(3) トリフィンのディレンマ論に対する反論としては，キンドルバーガーらの「少数意見」がよく知られている（Kindleberger *et al.* 1966）。ドルは市場によって選好されており，アメリカは世界の銀行として金融仲介機能を果たしているとして，「ドル本位制」の優越性を主張する見解である。「少数意見」と称しながら，実際にはドル本位制を擁護する主流派的見解となった。これは，アメリカの政府・金融機関・多国籍企業の強力なイニシアティブにも，ドル準備を蓄積する外国当局の過重な負担にも，不当に目をつぶっている。
(4) 国際的な信用管理については，世界レベルでマネタリー・ベースを管理するべきだとのマッキノンの主張があるが，調整コストの「非対称性」を軽視しており，政治的にナイーブであるとの批判が，ストレンジからよせられている（Strange 1986, 邦訳115-17頁）。
(5) イギリスによって組織された多角的決済機構において，植民地がポンド残高の蓄積をイギリスに強制されたことにより，いかに大きな犠牲を払わされたかについては，本山（1976）を参照されたい。ギルピンは，日本をふくめたドル準備保有国を，アメリカの植民地と見なしているに等しい。
(6) フランスのリュエフは，ドル残高の保有によるアメリカへの従属が，経済面だけでなく政治面にもおよぶことを問題視した（Rueff 1971, 邦訳237頁）。
(7) イギリスの植民地であったマレーシアの場合，1960年代における国内外の政治環境は，インドネシア（スカルノ政権）との断交，ベトナム戦争の激化などで緊迫していた。天然ゴムなどの輸出で得たドルをポンド残高に転換する見返りが，イギリス軍の派兵による国内の共産主義勢力の鎮圧であった。しかしイギリスにとって，このような海外派兵は重い財政負担となり，国際収支を悪化させる大きな要因とな

ったのである（Strange 1971, ch. 7）。

参考文献

岩野茂道（1984）『金・ドル・ユーロダラー―世界ドル本位制の構造―』文眞堂。
本山美彦（1976）『世界経済論―複合性理解の試み―』同文舘。
―――（1986）『貨幣と世界システム―周辺部の貨幣史―』三嶺書房。
―――（1989）『国際通貨体制と構造的権力―スーザン・ストレンジに学ぶ非決定の力学―』三嶺書房。
―――（2002）「R.トリフィンの再評価に向けて―松井均氏に問う―」『世界経済評論』11月号。
―――（2004）『民営化される戦争―21世紀の民族紛争と企業―』ナカニシヤ出版。
Gardner, Richard N. (1969) *Sterling-Dollar Diplomacy: the Origins and Prospects of our international Order*. New expanded ed., McGraw-Hill.（村野孝／加瀬正一訳『国際通貨体制成立史：英米の抗争と協力』上・下，東洋経済新報社，1973年。）
Gilbert, Milton (1980) *Quest for World Monetary Order: The Gold Dollar System and its Aftermath*, A Twentieth Century Fund Study.（緒方四十郎／溝江義郎訳『国際通貨体制の軌跡』東洋経済新報社，1982年。）
Gilpin, Robert (1987) *The Political Economy of International Relations*, Princeton University Press.（佐藤正三郎／竹内透監修　大蔵省世界システム研究会訳『世界システムの政治経済学―国際関係の新段階―』東洋経済新報社，1990年。）
―――（2000）*The Challenge of Global Capitalism: The World Economy in the 21st Century*, Princeton University Press.（古城佳子訳『グローバル資本主義―危機か繁栄か―』東洋経済新報社，2001年。）
Kindleberger, C. P., E. Depres and W. S. Salant (1966) "The dollar and world liquidity — a minority view", *The Economist*, 5th Feb.（益戸欽也訳『インターナショナル・マネー』産業能率大学出版部，1983年，所収。）
McKinnon, Ronald (1993) "The rules of the game; International money in historical perspective", *Journal of Economic Literature*, Vol. 31.（日本銀行「国際通貨問題」研究会訳『ゲームのルール―国際通貨制度　安定への条件―』ダイヤモンド社，1994年。）
Rueff, Jacques (1971) *Le Péché Monétaire de l'Occident*, Plon.（長谷川公昭／村瀬満男訳『ドル体制の崩壊』サイマル出版会，1973年。）
Strange, Susan (1971) *Sterling and British Policy—a political study of an international currency in decline*, Oxford University Press.（本山美彦／矢野修一／高英求／伊豆久／横山史生訳『国際通貨没落過程の政治学―ポンドとイギリスの政策

―』三嶺書房, 1989年。)
―――― (1986) *Casino Capitalism*, Basil Blackwell. (小林襄治訳『カジノ資本主義―国際金融恐慌の政治経済学―』岩波書店, 1988年。)

Triffin, Robert (1960) *Gold and the Dollar Crises: The Future of Convertibility*, Yale University Press. (村野孝／小島清監訳『金とドルの危機―新国際通貨制度の提案―』勁草書房, 1961年。)

―――― (1968) *Our International Monetary System: Yesterday, Today, and Future*, Random House, Inc. (柴田裕／松永嘉夫訳『国際通貨制度入門―歴史・現状・展望―』ダイヤモンド社, 1968年。)

―――― (1978) *Gold and the Dollar Crisis: Yesterday and Tomorrow. Essays in International Finance*, No. 132, Dec., Princeton University. (中西一郎監訳・現代国際金融研究会訳『ドル危機と国際通貨制度改革―プリンストン大学国際金融論集1―』関西書店, 1982年, 所収。)

Williams, J. H. (1943) "Currency stabilization: the Keynes and White plans", *Foreign Affairs*, July., reproduced in Williams, J. H., *Postwar Monetary Plans*, Alfred A. Knopf, 1947 (Arno Press, 1979).

第10章

現代の国際通貨システム
──変動レート制の政治・社会的要因──

I 国際通貨システムと変動レート

　国際通貨システムとして変動レート制を評価するには3つの論点が重要になる。まず，為替レートを政府が互いに合意して調整できなくなった結果として変動レート制が受け入れられたこと。次に，国際収支不均衡に対して，政府や国際機関ではなく，資本市場が民間投資を促す形で融資するようになったこと。それゆえ最後に，それらが国際通貨システムとして機能するためには，その過程で各国経済が極端な不況や変動にさらされることがないよう，市場の動きを監視し，互いの政策を理解し協力すること，である。

　国際通貨システムのさまざまな要素は，各国が独自の通貨と通貨秩序（制度や政策）を維持しながら，しかも自由な国際取引による利益も享受したい，という要求を満たすための，歴史的な模索を示している。

　しかし為替レートの変動に影響する要因，民間主体の国際決済や国際投資に影響する要因は複雑である。それに比べて通貨をめぐる政策手段は少ない。多くの異なった要因を評価する支配的なアクター（市場参加者は政治主体でもある）が，互いに異なった優先順位や評価基準を持っている。それゆえ，市場が開放され，民主的な政治システムが尊重される世界では，国内の通貨秩序も国際通貨システムも市場変動と政治勢力のバランスで常に変化している。

　通貨秩序をめぐって，異なる利益集団，その政治同盟が覇権を争っている。その1つは，金融ビジネスを中心とした集団である。彼らは通貨価値の安定と信用秩序の維持，特に資産価値の増大と貸借関係の完全な履行を望んでいる。

また，政府は市場取引に介入すべきではなく，市場のシグナルに応じて個別主体が適応することで社会的にも最善の状態に向かうと考える。為替レートに介入することは好まず，取引の自由と契約の履行を何より優先する。

他方，生産活動を中心とした，企業家や労働者，地域の生活圏を代表する政治集団の同盟もある。彼らは生産・雇用水準の維持と生活圏の安定性，その水準の引き上げを目指している。彼らから見て市場の変動が大きすぎると思えば，政府に安定化のための積極的な介入を求め，取引を支援し，市場の変動から生活圏を保護するよう，政府が関与することを求める。

II　変動レート制の政治経済学

変動レート制を支持する議論を最初に要約し，本節の後半では，資本移動の増大する世界で「トリレンマ」により示される変動レート制支持論を検討する。そして，現在の国際通貨システムを「構造的権力」の行使によって理解する。

(1)　変動レート制の擁護論

「アジャスタブル・ペッグ」と比べた変動レート制の利点を，ミルトン・フリードマン（Friedman 1953）とハリー・G. ジョンソン（Johnson 1969）の論文から要約する。変動レート制では，公開市場における民間取引によって為替レートが自由に決定され，イチゴの価格と同様，それは需要と供給により日々変動する。それには以下のような利点がある。

- ・対外均衡は，外国為替市場の需給による為替レートの変化によって，自動的に達成される。それゆえ，直接統制に頼る「アジャスタブル・ペッグ」に比べて，自由な多角的貿易を実現する。その他の政策（軍備拡張，直接統制，金融・財政政策など）を対外制約から自由にする。
- ・国際貿易やその国の経済状態に影響する変化は常に起きている。それゆえ，為替レートが変化して貿易財への需要を増減させ，調整を促すことが望ましい。現代の硬直的な諸価格による，失業などの調整コストを抑制でき

る。
- 「アジャスタブル・ペッグ」では，為替レートの変更を政府が「政治的敗北」と見なすため，調整が遅れ，その結果，調整の前には一方的な投機の対象となり，公的資金を失わせた。「アジャスタブル・ペッグ」では，投機に損失の上限を設けて，破壊的な投機を促す。政府は，民間よりも優れた投機を行なえない。
- 変動レート制は，外国のインフレーションが自国に波及するのを遮断する。成長を重視する国と，インフレ抑制を重視する国とが，互いに自律した目標を追求できる。

同時に，彼らは変動レート制に対する批判について，次のような反駁を加えた。ヨーロッパの戦間期の経験は間違って解釈されている。自由な市場で決まる為替レートは，きわめて安定したものである。それが不安定であるとしたら，その原因は基礎的な条件や政策が不安定であるからだ。貿易取引における不確実性は，外国為替市場のさまざまなヘッジ手段が発達して解決されるだろう。変動レート制はインフレを助長せず，むしろインフレをもたらす金融政策が，為替レートの減価（そして資本逃避）をもたらすことで，早期にチェックされるだろう。

(2) トリレンマと構造的権力

主要国が変動レート制を選択する理由として，しばしば「トリレンマ」論が言及される。このトリレンマとは，資本移動の自由，マクロ政策の自律性，為替レートの安定性，これら3つは同時に成立しないという意味である。どれか1つを諦めねばならない。アメリカやイギリス，その後はドイツ，日本も，資本取引を規制することや，マクロ政策を国内の経済状態ではなく為替レートの安定化のために変更することを受け入れなくなった。だから，為替レートを変動させるしかない，と主張される（同じ主張はフリードマンやジョンソンの議論にも既に見られる）。

この命題は，資本移動の増大する世界経済で主要国が直面したトリレンマを

描く，単純化された理解の基となった。しかし，具体的な条件を無視してトリレンマを議論することはできない。すべての国が常にこの選択に従って変動レートを受け入れているのではない。資本移動が（それゆえ為替レートも）激しく変化する時期と，安定している時期とでは，トリレンマの答えも変わってくる。その国の経済規模や貿易パターン，資本市場の状態などによって，選択は異なるだろう。

　むしろ変動レート制が主要国によって最終的に支持され続けた背景とは，1970年代の石油危機と激しいインフレに対して，従来のケインズ主義的な経済運営が失敗したからであり，サッチャー＝レーガンによる政治革命が起きたからであった（Solomon 1999, p. 13）。

　変動レート制が今も支配的である理由を，スーザン・ストレンジが主張した「構造的権力」と，主要国による対抗的な資本自由化競争によって理解できるだろう（Strange 1990; Helleiner 1994）。「構造的権力」とは，他者の選択肢を拡大したり制限したりするパワーであり，国際金融においてはアメリカだけが握っている。他方，「関係的権力」とは，債権者が債務者に対して持つパワーのように，選択の構造はそのままで，その位置によって行使できる。世界最大の債権国となった日本は，関係的権力を持つが，構造的権力は持たない。

　経常収支赤字に苦しんでいたアメリカは，「構造的権力」を使って，為替レートの調整と資本移動の自由化を他国に求める政策を取った。まずアメリカとともにイギリスが1980年代の金融自由化を指導した。それに遅れて，ドイツや日本も規制を緩和しなければ企業や銀行，投資家たちを奪われることを理解し，自国通貨の国際化を促してアメリカ・ドルに対抗する競争を開始した。また「構造的権力」は，ユーロ・ダラー市場の拡大を認めた重要な「非決定」や，為替レートの安定化に向けた協調介入を拒むことによっても示された。

　一方では，経常収支について新旧の見方が対比された。分散された意思決定による開放型の経済では，政府や民間のさまざまな主体が貯蓄や投資を行なっている。新しい見方では，経常収支はその結果に過ぎない。「分散したシステムにおいては，交通標識や信号が正しく表示されねばならない。それは適当な

課税と補助金、外部性を処理するインセンティブを含む。そうすれば最適な交通の流れがもたらされる。同じことが貯蓄と投資の意思決定についても当てはまる。」(Corden 1994, p. 91)

他方、自由な為替市場、資本市場が、その権力の性格を強く示すのは通貨危機のときであった。アメリカもその例外ではない。アメリカ以外の諸国、まして発展途上諸国の貧しい民衆は、変動レート制の強いる秩序に、しばしばポピュリスト的な反感を抱いた。

Ⅲ 変動レート制の歴史的変遷

国際通貨システムのあり方を決めたのは、歴史的に発生した具体的な政治課題と、それに対する主要国の反応であった。それらは各国の政治目標と優先順位、理念、制度などに影響された。以下では、1973年から現在までの変動レート制の歴史から例を挙げる。

(1) 為替レートの調整失敗：ニクソン・ショックとスミソニアン体制　1971-73年の前後

ハロルド・ジェイムズは、ブレトンウッズ体制が崩壊した理由を3つのレベルで指摘した（James 1996, p. 205）。第1に、一般的なレベルで、システムに弾力性が十分ではなかった。為替レートの調整は円滑に行えなかった。第2に、ベトナム戦争と結びついた1960年代後半のアメリカの金融緩和政策が、崩壊におよぶ直接のかく乱であった。1971年に、アメリカはドル危機に対して金融引き締めで応えなかった。第3に、崩壊の引き金となったのは、国によって異なる政策スタンスであった。巨額の資本移動が生じる中で、各国は矛盾した政策を取り続けた。

国際通貨システムは、この時期、システムとしてトリレンマに直面していた。各国は国内政策への介入を拒んだ。各国の資本規制は国際的な市場統合と矛盾した。結局、為替レートをどのように調整しようとも、国際通貨システムは機

能しなかった (James 1996, p. 207)。

　1969年に大統領に就任したリチャード・ニクソンは，国家権力の強化と自国の利益を何よりも優先するタフな政治スタイルを好んだ。ニクソンは1972年の大統領選挙で再選されることを目指し，ベトナム戦争や対外赤字による制約を除いて，1971年から国内景気浮揚策への転換を図った。アメリカ連邦準備制度理事会のアーサー・バーンズ議長は金融緩和でこれに応えた。IMFのシュヴァイツァー専務理事がアメリカにも金による決済や為替レートの調整を求めたことに対して，コナリー財務長官はまったく相手にしなかった。

　1971年8月15日の「新経済政策」で，アメリカ政府はこれ以上，ドルを金に交換しない，と宣言し，一方的にIMF協定の一部を破棄した。国内経済に秩序を回復するため，インフレ心理をくじく90日間の賃金・物価凍結と，企業に対しては10%の投資税控除が示された。ニクソンにとってドル危機とは，アメリカの貿易赤字を減らすことであり，ドルの価値を変えずに黒字国に調整を強いることであった。そこで，資本逃避と金流出を防ぎながら，主要黒字国（ドイツと日本）に為替レートを調整させるため，輸入に対する課徴金を取った。ニクソンはこれが，国際金融業に逆らって労働者の暮らしを守り，世界に公正な競争を求めるものだ，と宣言した (Solomon 1982, pp. 185-87, 邦訳256-59頁)。

　バーンズ議長は金交換停止に強く反対した。しかし，懸念されたような，外貨準備や国際取引におけるドルの利用は減らず，金の裏づけを欠いた「ドル本位制」が成立した。IMF専務理事の1人は，ニクソン・ショック後のドル買いで，世界はアメリカに対して「マーシャル・プランとアメリカの対外援助額を合わせたよりも多く」の支援を行なった，と指摘した (James 1996, p. 226)。

　1971年12月のスミソニアン合意は，アメリカがドルの金価値を引き下げることに同意して，漸く開かれた。最初にドイツがドルに対して13.6%，次に日本は16.9%の切上げを認めた。他の主要国に対して，アメリカ・ドルは約10%切下げられ，ニクソンはこれを「歴史上もっとも重要な通貨協定」と呼んだ。しかし，その成功は誇張されたものだった。貿易収支が改善されるまでには時間がかかり（Jカーブ効果），黒字国の成長を抑える効果もあった。新しい為替レ

ートの不確実さは投機的な資本が還流することを妨げ，何よりも，アメリカは景気回復によって貿易赤字を膨らませた。

1973年，アメリカの賃金・物価凍結が緩和され，イタリアの資本流出防止措置が予想外にスイスへの資本流入をもたらした。スイスは為替レートを変動させた。余りに巨額の資本流入に対して，介入を続けていたドイツ政府も，国内のインフレに波及することを嫌い，最初は多角的な解決策を模索した。すなわち，EECにより共通の短資規制を試み，IMFにはアメリカ・ドルに代えてSDRを国際準備とするように求めた。一方的にマルクを切上げることも考えたが，適切な切上げ幅は誰にも分からなかった。すべての選択肢が尽きたとき，ドイツ政府はマルクのレートを変動させると宣言した。

アメリカはシュルツ財務長官が10％の切下げを一方的に宣言したが，ヨーロッパ諸国は資本規制と共同フロートを模索した。変動レート制は，新しい国際通貨システムではなく，切上げを拒む黒字国へのアメリカの脅しであり，投機的な資本移動へのドイツの対抗手段であった。それは，権力政治の一部として進む為替レート交渉をある程度まで非政治化する偽装手段となった。

(2) 国際政策協調体制の模索：ボン・サミット1978年とプラザ＝ルーブル体制1985-87年

ポール・ボルカーは「加速するインフレと1973年後半の石油ショックとの組合せが，稼動する国際金融システムとしての変動相場制の確立に大きく貢献することとなった」と書いた。しかしその後も，変動レート制はその擁護論が描いたほど安定的ではなく，必ずしも，実体経済のショックを吸収し，望ましい調整を促す正しいシグナル（交通信号）にならなかった（Volcker and Gyohten 1992, pp. 136-37, 邦訳200-01頁）。

1973年以後の国際通貨システムを「ノン・システム」と呼ぶことがある。変動レート制では，確かに，為替レートの決定や国内政策に関する国際合意が失われたままであった。しかし，主要国が貿易や投資を遮断することはなかったし，むしろ緊密に協力して，特に，国際通貨システムや金融市場の危機が国際

的に波及することを防止してきた。そのための情報交換や対話、政策協調を促す定期的会合や国際制度が工夫された。

ボン・サミットは国際政策協調の教科書的な例であった。1977年、多角主義的な国際ケインズ主義を唱える学者たちがカーター政権に加わった。「機関車論」とは、世界経済を回復させるためにアメリカ、西ドイツ、日本が協力して景気刺激策を取れば、弱い諸国も輸出の増加によって成長できる、という考えである。彼らにとってサミットは、相互依存と国家主権とを融和させる仕組みであった (Putnam and Bayne 1987, p. 73, 邦訳114頁)。

アメリカ政府が「機関車論」に熱心であった理由は、それが自国の景気刺激策について国際収支の制約を緩和することを意味したからだ。カーター政権の支持層、すなわち、圧倒的に貧困層、黒人、失業者であったが、彼らは成長加速を求めていた。しかし、西ドイツや日本は容易に支持しなかった。特にシュミット首相は、アメリカから政策を押し付けられることを嫌った。アメリカ政府は石油価格高騰によるデフレを心配し、金融を緩和した。他方、西ドイツや日本はインフレと貿易赤字を心配し、金融を引き締めていたからだ。

アメリカ政府はドル安を煽って、円高や保護主義に怯える日本政府に、まず財政刺激策を同意させ、日本との協調を交渉カードとした。ボン・サミットで、漸く、アメリカ政府が石油輸入とインフレを抑えると誓約して、西ドイツも世界的リフレ政策に参加した。日本政府や西ドイツ政府がアメリカ政府の要求を受け入れたのは、貿易黒字に対する国際的な非難を受けて、それを与党政治家たちが国内政治過程で「外圧」として利用したからだ。

ボン・サミットの評価は一般に高くない。カーター政権は国際協調の遅さに閉口し、むしろドル安を放置することで国際収支を調整できると考えた。西ドイツはアメリカからの呼びかけや「国際協調」を嫌うようになった。日本政府はその後も支出を削れず、財政赤字が膨張した。ボルカーは、国際協調の概念には妥当性があるけれど、それが実施されるまでに経済や金融は変化してしまい、インフレ圧力が強まっている時期に財政刺激策を追加する羽目になる、と批判した (Volcker and Gyohten 1992, p. 148, 邦訳217頁)。

第10章　現代の国際通貨システム

　カーター政権は，単に国際ケインズ主義による協調の実験が失敗しただけでなく，マネタリズムや新自由主義の経済政策が広まり，サッチャー＝レーガンの革命をもたらす転機ともなった。

　1981年，大統領に就任したレーガンの政策は，為替レートの大幅な不整合（ミスアラインメント）を生み出した。レーガンは強いアメリカの再生を標榜し，減税，小さな政府，規制撤廃，インフレ抑制，などを掲げた。レーガンが採用したサプライ・サイド経済学は，減税と規制撤廃がむしろ成長を加速し，税収を増やすと主張した。さらにレーガンは国防予算を大きく増やした。一方，ボルカーFRB議長はインフレ抑制のために貨幣供給を抑制し続けたから，アメリカの高金利を目指して資本が流入し，ドル高が進んだ。1980年から見て，1985年のドルの実効レートは平均で81％も強くなっていた。

　変動レート制が極端な不整合を生じると，貿易や投資の流れに大きな摩擦，そして損害をもたらす。1982年末から，既に輸出市場に依存しているアメリカ企業が為替レートを問題にしていた。高金利による不況から，次第に，ドル高の影響が重視され，それを引き起こしている高金利と財政赤字を減らすように，多くの民間団体が訴えた。しかし，その声を吸収する仕組みはなかった。

　レーガン大統領自身は，それでも，自国の財政赤字や高金利を無視し，資本流入とドル高をアメリカ経済の好調さを示すものと，むしろ自慢していた。またリーガン財務長官やスプリンケル金融問題担当財務次官は為替市場に介入することを完全に拒否した。この間のドル高に関して，市場参加者たちにファンダメンタルズを無視させる，いくつもの要因や仮説がある。

　投機的なドル高と暴落への懸念，アメリカ議会で高まる保護主義，そして国内生産者や多国籍企業，ヨーロッパや日本からも同様の圧力を受けて，プラザ合意の条件はそろった。リーガン財務長官がポストをハワード・ベーカー首席補佐官と交換する，という政権内の人事も重要であった。ベーカーは行動的で，問題があれば市場に任せるより自ら立ち向かっていくタイプであった。しかし財政赤字は議会が，金利はFRBが主導権を握っている。そこで，財務省が権限を振るえる手段として，為替市場への介入政策に注目した（Destler and

Henning 1989, 邦訳74-75頁)。

　デスラーとヘニングは，ドル安誘導と安定化を単独で行なわず，国際協調・多角主義に訴えた理由も考察している。第1に，議会の保護主義を抑えるには，他国も貿易摩擦解消のために努力している，という経済同盟国の役割を示す必要があった。第2に，為替レートや貿易収支に影響を与えるには，外国の中央銀行や政府と協調するほうが効果的で，市場に与える影響も大きかった。第3に，G5という効果的な政策フォーラムが既に制度化されていた。ベーカーはG5の交渉を財務省の専管事項として，他省庁との協議を最小限にできた (*Ibid.*, pp. 44-45, 邦訳77-78頁)。

　その後，ドルは緩やかに下落したが，望ましい為替水準に関する各国の意見は一致しなかった。アメリカは資金流入を維持するため，次第に金利の引き下げも要求するようになった。これに対して西ドイツの態度は曖昧で，わずかしか利下げせず，あるいは利下げを遅らせた。他方，日本は一層の円高を受け入れ，金融緩和にも協力的であった。ボルカー FRB 議長は，ドル安が急激に進み，インフレ再燃と金利引き上げに終わることを心配していた。

　1986年，アメリカの成長が失速し，日本もドイツも経済はまだ停滞していた。アメリカは両国の貿易赤字を責め，景気拡大を求めていたが，各国とも財政政策では動けず，アメリカ政府はもっぱら協調的な金融緩和を模索した。財務省のベーカーとダーマンは，これを求めるために数値目標を唱え，同時に口先介入でドル安を煽った。特に，宮沢喜一蔵相や前川日銀総裁がアメリカとともにドルの安定化と拡大策へのG2協調を演じたことは，ヨーロッパをあわてさせた。こうしてドイツからも刺激策を得た形で，ソフトなターゲット・ゾーン（目標相場圏）の考え方が1987年2月のルーブル合意と同時に共有された（船橋1988, 275頁)。

　キー・カレンシー制度に近いと理解され，三極通貨圏構想をもたらしたプラザ＝ルーブル体制であるが，その後，一般的な評価は高くない。金融緩和をめぐってアメリカとドイツの反目が目立ち，ついにはブラック・マンデーの引き金になったと批判された。あるいは，その後も国際協調の名目で金融緩和を続

けた日本はバブルを生じ，破綻後のデフレと不況で長く苦しんだ。

　ターゲット・ゾーン制度も，アメリカ市場に依存した日本が，高度に政治化された合意を受け入れたに過ぎない。しかし安定した政治的信頼関係は続かず，経済予測も正確ではない。国際政策協調は，自国のマクロ政策を失敗した言い訳となり，あるいは，バランスを欠いた政策を強行した大国が他国に調整コストの分担を迫る枠組みにもなる。

(3)　不均衡の融資から資本市場へ：石油危機，債務危機，通貨危機

　IMF協定の第2次改正は，新しい世界の通貨秩序に至る革新的概念として「サーベイランス」を導入した，とジェイムズは評価する（James 1996, pp. 309-11）。それは主要国の通貨交渉でも一定の役割を果たしたが，発展途上国の債務処理や通貨危機の予防において最初に重視された。

　1970年代の石油危機の背景には，金交換停止と変動レートによって自由になったアメリカがインフレ的な拡大策を続けていたことがある。それはすでに一次産品の価格上昇に示されるインフレの輸出となっていた。産油諸国は1960年にOPEC（石油輸出国機構）を創設していたが，1973年10月，第4次中東戦争が起きた際に，イスラエルを支援するアメリカなどの西側工業諸国を牽制するため石油の禁輸を宣言した。このとき初めて有効な石油カルテルとして機能し，石油価格は4倍に高騰した。

　このことは石油輸入国に大幅な貿易赤字をもたらし，外貨準備の移動が必要になった。オイルダラーのリサイクリングが問題となり，IMFのヴィッテヴェン専務理事は産油国から資金を得てオイル・ファシリティーを作った。しかし，結果的には，ユーロ・ダラー市場の商業銀行によるリサイクリングが不均衡を融資する上で中心の役割を果たした。

　1982年，メキシコで始まった債務危機の主な原因は，ここでもアメリカの高金利とドル高であった。債務諸国はオイル・ダラーを競争して融資する銀行に頼り，アメリカのインフレと金利水準も変わらないと思っていた。工業諸国が陥った不況は，債務国の伝統的輸出や，特に債務によって工業化を進めた諸国

の製品に対する市場を失わせ,ドル返済の負担を重くした。

　産油国メキシコの危機は例外だと思われた。しかし,石油価格の上昇で使い切れないほどの豊かさを手にしたポルティーヨ大統領が政府支出を大幅に拡大し,メキシコ・ペソは過大評価されてオランダ病となっていた。財政赤字,経常収支赤字も増大し,インフレが加速した。石油価格が下落すると,同時に金利も上昇し,アメリカの不況,資本逃避が重なった。外貨準備を回復するためにペソを切下げても,公務員の賃金は補償されており,財政赤字を増やした。また,ペソの一層の切下げを予想して人々は資本逃避を加速させた。

　1982年,8月12日,メキシコのヘルツォフ蔵相がワシントンに向かう途上で,リーガン財務次官,ボルカー FRB 議長,ド・ラロジエール IMF 専務理事に電話し,外貨準備が尽き,債務は支払えないことを伝えた。アメリカ財務省は,メキシコ政府が IMF の調整融資を要請し,サーベイランスを受けるよう求めると同時に,外貨準備が枯渇するのを回避する緊急融資を数日で整えた。

　ところが,政権移行作業の過程で,9月1日,ポルティーヨ大統領が最後の演説において今までの合意を無視し,ポピュリスト的な改革を唱えた。資本逃避を起こしている銀行をすべて国有化し,為替管理を実施する,と。このとき,メキシコの国内政治においては,銀行家たちを中心とした正統派的,自由放任の政治集団と,労働者,農民を中心に,ラテン・アメリカの構造主義による介入主義的・ケインズ主義的政策を目指す「カルデナス連合」とが対抗していた。

　ポルティーヨは銀行を国有化したものの,改革は断念する。そのような改革のコストは非常に高くついたからだ。軍隊の移動や暗殺についての噂が飛び交った。2000マイルに及ぶアメリカとの国境で為替管理など効果が無い。メキシコ人の常食であるトルティーヤを作るトーモロコシさえ輸入できない,と批判された。資本逃避が強まり,その引き出しに応じたボルカーやアメリカ財務省,BIS（国際決済銀行）が,事実上,最後の貸し手となった。しかし他面で,ヘライナーが言うように,これは改革を促す「非決定」でもあった。アメリカなど,主要国の金融監督は,資本逃避の監視や還流に協力せず,通貨危機を放置していた（Helleiner 1994, pp. 177-79, p. 182）。

第10章　現代の国際通貨システム

　変動レートと資本移動という現行の国際通貨システムは，次第に，周辺地域の通貨秩序や経済活動にも及んだ。周辺地域の為替レート制度は，主要貿易相手国，特にアメリカ・ドルに対して固定される場合が多かった。1990年代に資本取引が各地で自由化されたが，資本市場の規模は小さく，金融規制や監督も不十分で，調整政策を正しく実施する国際ルールや政府部内の合意に欠け，資本市場の信頼は得られなかった。

　しかし1994年，メキシコ・ペソの二度目の危機や，1997年，アジア通貨危機の発端となったタイの通貨危機は，こうした諸国に資本自由化を急がせ，変動レート制に参加せよ，と主張してきたアメリカ政府やIMFの方針を撤回させた。

Ⅳ　国際通貨システムの将来

　メキシコの救済融資を認めたクリントン政権は，議会から厳しい批判を受けた。その結果，タイやインドネシアで通貨危機が深刻化したとき，アメリカ政府もIMFもすぐに動けなかった。

　アメリカのロバート・ルービン財務長官が「国際金融システムのアーキテクチャーを強化する必要」を認めたのは，1998年4月，ワシントンDCのブルッキングズ研究所における講演であった。それは，現状の国際通貨システムにおける危機にアメリカが対応できなくなる事態を回避するための要請であった。そして，新興市場の金融システムを強化する，大規模な公的融資は行なわない，金融危機の解決費用を民間部門の債権者にも分担させる，ことを指摘した。

　新しいアーキテクチャーがどうなろうと，国際資本規制と最後の貸し手，国際政策協調とIMFのサーベイランス機能強化，が重要な内容として含まれる。資本移動の自由と各国の政策に一定の監督基準やルールを認め合うことで，変動レート制は安定化に向かうと期待されるからだ。

　将来においても変動レート制が続く，と多くの専門家は考えている。しかし，各国内や国際政治のダイナミズムと切り離された形で判断することはできない。構造的権力を握るアメリカ政府が変われば，国際通貨システムも大きく変わ

る。アメリカが，貿易や投資において競争力を失い，開かれた世界体制の維持よりも自国の利益を優先するかもしれない。その場合，通貨的な地域主義が懸念される。ヨーロッパは1973年に変動レート制が始まって以来，並行して自分たちの変動幅を制限する試みを続けてきた。中国や，その他のアジア諸国も，アジア通貨危機の後，ドル本位制に依存したものの，再び離脱する動きを示している。

　変動レート制の下で，既述のように貿易や投資が自由化されて増加したことこそ，ユーロ誕生の基礎であった。相互に密接な貿易や投資によって景気変動が一致し，規制や経済政策の効果を維持するためには，異なる通貨間で為替レートが不安定な状態を終わらせるべきだ，と加盟諸国の政府が選択した。

　民主主義的な工業諸国は十分な経済の多様性と発達した金融システムを持ち，景気変動の同時化とマクロ経済運営の基本的な方針で同じ考え方に向かっている。市場統合を進める過程で，戦争による威嚇や経済取引への政治的介入，ナショナリズムによる政治的煽動が好ましくないという合意が確立されるだろう。その上で，十分な制度的保障と人々の信頼があれば，政治家たちもいつかコモン・カレンシーを議論し始める。

参考文献

黒田東彦（2005）『通貨の興亡―円，ドル，ユーロ，人民元の行方―』中央公論新社。
船橋洋一（1988）『通貨烈烈』朝日新聞社。
本山美彦（2000）『売られるアジア―国際金融複合体の戦略―』新書館。
─── （2001）『ドル化―米国金融覇権の道―』シュプリンガー・フェアラーク東京。
Cooper, Richard N., (1999) "Exchange Rate Choices," http://post.economics.harvard.edu/faculty/cooper/paper/frbb_hull.pdf
Corden, W. Max (1994) *Economic Policy, Exchange Rates, and the International System,* Oxford University Press, Oxford.
Destler, I. M. and C. Randall Henning (1989) *Dollar Politics: Exchange Rate Policymaking in the United States,* Institute for International Economics, Washington DC. （信田智人／岸守一訳『ダラー・ポリティクス―ドルをめぐるワシントンの政治構造―』TBSブリタニカ，1990年。）
Friedman, Milton (1953) "The Case for Flexible Exchange Rates," in do., *Essays*

in Positive Economics, Chicago University Press, Chicago.（佐藤隆三／長谷川啓之訳「変動為替相場擁護論」,『実証的経済学の方法と展開』富士書房, 1979年, 所収。）

Helleiner, Eric（1994）*States and the Reemergence of Global Finance: From Bretton Woods to the 1990s,* University Press, Ithaca and London.

James, Harold（1996）*International Monetary Cooperation since Bretton Woods,* International Monetary Fund, Washington DC.

Johnson, Harry G.（1969）"The Case for Flexible Exchange Rates, 1969," in do.（1973）*Further Essays in Monetary Economics,* Harvard University Press, Cambridge, Massachusetts.

Putnam, Robert D. and Nicholas Bayne（1987）*Hanging Together: The Seven-Power Summits,* rev. and enl. ed. Harvard University Press, Cambridge, Massachusetts.（山田進一訳『サミット―先進国首脳会議―』TBSブリタニカ, 1986年。初版（1984）の翻訳）

Solomon, Robert（1999）*The Transformation of the World Economy,* 2nd edition, Macmillan Press, New York and London.

―――（1999）*Money on the Move: The Revolution in International Finance Since 1980.*（佐久間潮訳『マネーは地球を駆け巡る』東洋経済新報社, 1999年。）

―――（1982）*The International Monetary System, 1945-81.* New York: Harper and Row.（山中豊国監訳『ソロモン　国際通貨制度研究　1945-1987』千倉書房, 1990年。）（原著に一部追加）

Strange, Susan（1986）*Casino Capitalism,* Basil Blackwell, Oxford.（小林襄治訳『カジノ資本主義』岩波書店, 1988年。）

―――（1990）"Finance, information and power," *Review of International Studies,* 16, pp. 259-74.

Volcker, Paul and Toyoo Gyohten（1992）*Changing Fortunes,* Times Books, New York.（江澤雄一監訳『富の興亡―円とドルの歴史―』東洋経済新報社, 1992年。）

第4編　開発経済

第11章

開発経済学の基本理念
――その「来し方」と「行く末」に関する考察――

I 「約束の地」へ

「資本主義は世界市場を形成し,そこに一定の法則性を付与することによって,初期の不均等を増幅し,さらには新たな不均等をも産出してきたという事実が近代史の基底には厳然と横たわっている。ところが,われわれは,資本主義の媒介によって具体化された人類史のこの不均等に対する解答を,いらだたしいことに,いまだに持ってはいないのである。従って,つくり出された現代の矛盾の累積の中に,回帰すべき認識の始元とは何かということを,全人類史の不均等という現実をふまえてあらためて探りだすこと,これが現代の経済学に課されている緊要の課題であろう。」(本山 1976, 3-4頁)

この一文が書かれてから,はや30年の歳月が流れた。だが30年前に「緊要」とされた課題は,残念なことに,今なお私たちの前に大きく立ちはだかっている。一部途上地域の急成長に目を奪われがちであるが,南北間の格差は縮小するどころか,この間,さらに拡大した。経済学はどんどん「精緻化」されてきたにもかかわらず,数多くの人々が「周辺化」され,「約束の地」はますます遠ざかっている。

本章では,限られた紙幅のなか,南北問題の解決に向け大きな責任を有する国際機関の開発理念,それを支えてきた開発経済学を振り返り,「人類史の不均等」に対する確たる解答とはいかないまでも,「約束の地」への険路を照らす松明の所在を探ってみたい。

II 構造学派からワシントン・コンセンサスへ

(1) 構造学派の開発経済学

多くの論者が指摘しているとおり，開発経済学が1950年代，60年代に隆盛をきわめたことには，様々な具体的・歴史的要因が関連しているが（矢野 2004, 139–42頁），一般に「構造学派」と称される，この時期の開発経済学は，どのような特長を持っていたのだろうか。

かつて A. O. ハーシュマンは，「先進国・途上国の別なく普遍的に適用可能な単一の経済学，すなわちモノ・エコノミクス（mono–economics）を認めるか否か」，「先進国と途上国の経済関係における相互利益を認めるか否か」という2つの評価基準でもって「発展」に関する理論を分類したことがある。その分類に従えば，両方とも肯定する新古典派経済学，両方とも否定する従属理論に対し，構造学派は「モノ・エコノミクスを否定し，相互利益を肯定する」ものとして独自の分野を確立したということになる（Hirschman 1981, p. 3）[1]。

構造学派は単なる反市場主義ではなかったが，外部性や収穫逓増など，教科書的な「市場の失敗」にのみ注目したわけではない（Bruton 1998, p. 905）。先進国と経済・社会構造の異なる途上国は，公的介入を排した価格メカニズムだけで発展するのは難しい。工業製品と一次産品とでは需要の所得弾力性に差がある。さらに，基幹産業部門が寡占的で労働組合の力も強い先進国では，技術進歩が企業利潤と賃金の上昇に結びつくのに対し，途上国の場合は製品価格の低下となり，先進国の消費者が恩恵を受けるだけである。以上のようなことから，途上国の交易条件は長期的に低落する傾向を持つ（プレビッシュ報告 1964, 45–48頁）。したがって，途上国は自立的な国民経済の形成を目指し，政府が主導して資本形成を急ぐとともに，保護主義的措置をとりつつ輸入代替工業化を進めるべきだ。モノ・エコノミクスを構造学派が否認したというのは，こうした意味においてである[2]。

一方で構造学派は，既存の南北関係を途上国に不利なものとしながらも，や

りかたしだいで互いに利益を得られる関係にできるとする点において，従属論とは一線を画していた。生(なま)の経済原則に任せ，協力の道を閉ざして途上国を閉鎖的発展に追いやれば，抑圧的体制を生み出すし南北間の格差は拡大する。しかし，新たな国際秩序の形成に向け，北側が譲歩しつつ制度化を進めれば，すなわち，先進諸国が国内で行なっている一次産業の所得安定化・所得補償の考え方を途上国の一次産業にも適用するとともに，特恵関税制度などで途上国産品に市場を開放し，経済援助・技術援助を拡大すれば，相互利益をもたらす関係を構築できるはずである（プレビッシュ報告 1964）。このような，一次産品問題の解決，市場アクセスの保証，援助の拡大という UNCTAD（国連貿易開発会議）の3大要求を支えたのが構造学派の考え方であり，これが NIEO（新国際経済秩序）の形成も促した。

　こうして構造学派が「開発」という事業の「操作可能性」，南北双方にとっての「相互利益性」を確信させなければ，開発が世界の政策決定者の主要テーマにはならなかったし，若き知性を国際経済関係の改革に向けて動員することもなかったであろう（Hirschman 1981, pp. 12–14; 1995, pp. 152–53, 邦訳186–87頁）。構造学派は1950年代から60年代にかけて，理論的にも，国際政治の舞台でも，たしかに影響力を持っていたのである。

(2) **開発経済学における「反革命」とワシントン・コンセンサス**

　ところが，想定されたような成果があがらず「開発の失敗」が目立つようになると，構造学派への批判が高まってきた。1960年代の後半には，上で述べたような途上国交易条件の長期低落化（いわゆるシンガー＝プレビッシュ命題）や輸入代替工業化を実証的に批判し，比較優位の原則に則った輸出指向工業化を推奨する新古典派開発経済学が力を増してきた（構造学派による開発経済学「革命」に対し，「反革命」といわれる）。新古典派による構造学派批判は多方面に及ぶが，もっとも重要なのは，途上国の発展を妨げているのは「市場の失敗」ではなく「政府の失敗」であり，経済の自由化，規制緩和こそが発展につながると主張している点である。まさに「新古典派開発経済学者こそは，途上国にお

いて市場が現実に効率的に機能しており，市場の不完全性など，実際上あるいは政策上ほとんど考慮するに値しないと，みな暗黙のうちに考える傾向にあった」(Lall 1994, p. 647)⁽³⁾。

　新古典派経済学は，IMF・世界銀行の市場自由化・対外経済開放・経済安定化を内容とする構造調整プログラムの理論的支柱をなしていたので，債務危機が勃発した1980年代以降，新古典派による開発経済学の吸収・統合は，抗いがたい流れとなった。累積債務に陥った途上国は，融資の条件（コンディショナリティ）として構造調整プログラムを受け入れざるをえず，IMF・世界銀行の新自由主義的な開発哲学が幅を利かせるようになった。こうした開発哲学が，両機関の本部所在地から一般に「ワシントン・コンセンサス」と呼ばれている。設立当初，役割分担が図られたはずのIMFと世銀は，累積債務問題を機に，政策スタンスにおいて共同歩調をとるようになったのである（Fine 2001, p. 13)⁽⁴⁾。

　ワシントン・コンセンサスの名付け親とされるJ.ウィリアムソンによれば，その政策内容は以下のとおりである。すなわち，①財政規律の確立，②公共支出の優先順位の変更，③税制改革，④金融自由化，⑤輸出競争力を維持するレヴェルでの単一為替レートの設定，⑥貿易自由化，⑦直接投資の受入，⑧国営企業の民営化，⑨規制緩和，⑩私的所有権の確立，以上10項目である（Williamson 1996, pp. 13-15）。これらは，1980年代後半のブレイディ・プラン当時，債務危機にあったラテンアメリカ諸国が採るべき政策目標としてワシントン中枢が考えていたことの「最小公分母」にすぎないのであって，「新自由主義マニフェスト」などではないと当のウィリアムソンはいう（Williamson 1996, p. 21）。しかしながら一般にワシントン・コンセンサスとは，国家の役割を著しく限定し市場メカニズムの優越性・普遍性を説く新自由主義そのものと認識され，各方面から批判にさらされている。

第11章　開発経済学の基本理念

Ⅲ　ワシントン・コンセンサス批判とポスト・ワシントン・コンセンサス

(1)　ワシントン・コンセンサス批判

　一般にIMFと世銀は，各国固有の事情をほとんど勘案することなく，融資と引き換えに普遍的な処方箋の即時実行を迫るとされる。IMF・世銀の関係者は，同じ構造調整プログラムが「各国一律」に適用されるわけではないと主張するが，個々の政策手段の「強弱」が異なるだけで，緊縮財政，補助金削減，金融引締めなどの政策手段，メニューそのものは何ら変わらない（Ohno et al. 1998, p. 9）。構造調整プログラムは，中南米諸国を皮切りに実行されたが，その極端なデフレ政策は各国の長期的な生産能力，社会の安定をかえって損ねてしまったと批判されている。

　S. ジョージは，債務途上国の政治的・社会的状況への視点を欠落させた構造調整政策が，先進国にも跳ね返ってくる様々な問題，すなわち「債務ブーメラン」の契機になっているとし，過酷な構造調整政策に内包される財政支出の削減こそが，債務国における政策選択の幅，妥協の余地を狭め，紛争の遠因を形成すると指摘した（George 1992）。自由貿易論者として名高いJ. バグワッティはメリットが実証されていない金融・資本取引の自由化に疑問を呈し，自らの利益のため，そうした自由化を推し進めるインナーサークルに「ウォール街＝財務省複合体」という批判的名称を与えた（Bhagwati 1998）。R. ウェイドらは，これを敷衍し国際機関をも加え「ウォール街＝財務省＝IMF複合体」と名づけた。ワシントン・コンセンサスの文脈では「クローニー・キャピタリズム」の温床と批判されるが，直接金融市場が未発達な状況で産業を育成しようとする場合，政府・銀行・企業が長期的・互酬的関係を保ち，高貯蓄率を背景とした間接金融方式を実践することには，一定の合理性がある（Wade et al. 1998）。こうしたウェイドらの議論は，「開発主義」，「市場の育成」を旨とする，いわゆる「日本的アプローチ」とも重なりつつ，ワシントン・コンセンサス批判の重要な論点を提供している（大野 1996; Ohno et al. 1998）。

もともと構造学派の主張した政府介入，輸入代替工業化は，個々の産業に保護を与える非効率を甘受しても，全産業を包含する外部経済・産業連関の深化を図ろうというものだった。しかし客観的な介入基準は不明確で，理論的根拠に乏しい介入を許すことになり，期待された国内経済統合は果たされなかった（本山 1986, 190頁）。その結果，新古典派開発経済学からは，歪んだ価格体系，レント・シーキング，輸出に不利な為替制度を生み出したとして批判された。一方，市場メカニズムに全幅の信頼を置き，自由化・安定化を図ろうとする新古典派も，必ずしも見るべき成果をあげられなかった。新古典派は UNCTAD, NIEO が訴える第三世界の現実を見ようとせず，構造学派の提起する問題がそもそも生じない世界について語っている（小野塚 1987, 185頁）。今や，新古典派と開発経済学の融合は方法論上のミスマッチだという批判も出されている（大野 1996, 51頁）。

　こうしたなか，基本的に新古典派の方法論を受け継ぎつつ，構造学派の注目した，途上国固有の制度的枠組み，市場の不完全性を分析に取り込もうとする「新制度学派」が開発経済学において注目され，ワシントン・コンセンサスに代わるポスト・ワシントン・コンセンサスを理論的に支えるようになったといわれている。J. スティグリッツが世界銀行のチーフ・エコノミスト兼上級副総裁になって以降，特にこうした評価が一般的になったわけだが，それは開発経済学にどれだけ有効な視点を提供できたのであろうか。

(2) 新制度学派とポスト・ワシントン・コンセンサス

　冷戦体制が終結し，ブレトンウッズ50周年を迎えるなか，ワシントン・コンセンサスの総本山であるIMF・世銀という組織自体に対しても，保守派を含め，各方面から批判が絶えなかった。こうした状況下，世銀は組織保全のためにも「改革」に着手せざるをえず，80年代は一枚岩とされたIMFとの関係でも独自路線の動きを強めるようになった。そして，世銀が従来の路線から離れ，模索した開発哲学が，一般に「ポスト・ワシントン・コンセンサス」と称される。1995年，総裁に就任したJ. ウォルフェンソンは「包括的な開発フレーム

ワーク」を提唱し，持続可能性，参加型開発，オーナーシップ，パートナーシップ，グッド・ガバナンスを掲げて，限られた開発予算を貧困削減に有効なセクター，プロジェクトに振り向けようとした。構造調整プログラムを外部から押しつけることによって，かえって援助は非効率になったという認識からである。ウォルフェンソンが世銀チーフ・エコノミストに任命したのがスティグリッツであり，彼の経済理論がポスト・ワシントン・コンセンサスの形成に大きく寄与したといわれている。[7]

スティグリッツによれば，ワシントン・コンセンサスの大きな失敗とは，私的所有権と自由化だけでは市場経済は機能しないということを理解できなかったことにある（Stiglitz 1998）。民営化そのものは何ら難しい仕事ではない。だが，きちんと機能する競争的市場を作り上げるのは至難の業である。市場経済を築き上げるべく一国経済全体を再構築することと，諸制度が整い市場経済がきちんと機能しているなかで一企業の再構築を図ることとはまったく異なる。先進国のアドヴァイザーは，不適切な教科書経済学に基づき民営化を急いで，問題を深刻化させてしまった（Stiglitz 1999）。

ここでその内容について詳述する余裕はないが，もちろん上述の議論には，現実の市場経済を分析するには情報の非対称性，取引費用を考慮せねばならないというスティグリッツの基本姿勢が反映されている。開発経済学における新制度学派は，こうした非対称情報，不完全情報といった概念でもって途上国経済に固有の制度，市場の不完全性に切り込み，新古典派とは違った政策的インプリケーションを引き出そうとしたのである。

新制度学派的な枠組みのもと，世銀では，開発援助は単に資本を提供するものではなく，良い制度と政策を支援すべきものであり，資金拠出そのものよりも知識・アイディアのほうが重要であるという議論が盛んになされた（World Bank 1998）。制度と知識を重視する世銀の姿勢は『世界開発報告1998/1999』にも端的に示されている。ここでは「情報の経済学」の考え方に基づき，開発が成功するかどうかは，豊かな国と貧しい国の間に，そして貧困国内部に存在する「知識ギャップ」を埋められるかどうかにかかっており，貧しい国は知識

の効果的普及に役立つ政策を採用するとともに、そのような制度を構築する必要があると論じられた（World Bank 1999）。スティグリッツの議論を背景に、世銀では、知識ギャップを埋めるのを支援する「ナレッジ・バンク」となることが目指されたのである。

「援助受入国に自らの分析能力を伸ばすよう促すのではなく、コンディショナリティを押しつけるプロセスは、そうした能力を獲得しようというインセンティヴも、そうした能力を使うことができるのだという受入国の自信も、両方とも台無しにしてしまう」と指摘し、参加やオーナーシップを重視するスティグリッツの姿勢は、たしかに、ただ自由化と安定化を外部から押しつけるだけの政策とは異なっている（Stiglitz 1998）。また、途上国の実情に目を配り、単純なグローバリズム礼賛に釘を刺す彼は、世銀在任中からIMFやアメリカ財務省の政策を批判し続けた良心的な経済学者である[8]。

しかしながら、ワシントン・コンセンサスのみならず、ポスト・ワシントン・コンセンサスにも批判的な人々は、途上国の直面する困難は、新制度学派的な枠組みのなお外にあり、「情報の経済学」をむやみに適用することは、問題を解決するどころか、いっそう深刻なものにしかねないと反発している。次節では、こうした主張に目を向けていこう。

Ⅳ　知の解放——ポスト・ワシントン・コンセンサスを越えて

(1)　ポスト・ワシントン・コンセンサスへの批判

知識と制度を重視しナレッジ・バンク化を進める世銀の動きに対して批判的な論者は、「どんな知識か」、「誰が何を知識ギャップと決めるのか」が問われていないことを問題としている。「情報の経済学」が要請する技術的理由、また世銀協定に絡む政治的理由から、世銀は、「知識」を「価値中立的で数量化できる財」とみなし、経済還元主義に固執する。ガヴァナンスや地方分権など、政治問題に踏み込んでいるように見えても、あくまでも滅菌消毒された厚生経済学の言語に忠実であろうとし、公然と政治を語ることは避けている。価値中

第11章　開発経済学の基本理念

立的な知識の普及に貢献し,知識ギャップを埋める機関であろうとする。だが,こうした「知識の非政治化」という試みそのものが,実はきわめて政治的である。知識が価値中立的な公共財であるという考え方は,何が正当な知識なのかに関し,自分たちの考え方を強要できるだけの力を持っている機関・個人の利益にかなうものだからである (Fine 2001, pp. 8–9; Pincus 2002, pp. 80–84; Standing 2000, pp. 750–51)。J. ピンカスが指摘したように,ポスト・ワシントン・コンセンサスを模索するなかでも,世銀はテクノクラートの立場に徹し,知識や制度構築の政治的含意を明示的に扱おうとせず,分権化,参加型開発,市民社会など,掲げられた理念に反し,結果的に相手国の中央集権化,社会工学的単純さを暗黙のうちに支持するという「政治性」を発揮してきた (Pincus 2002, p. 100)。

国際労働機関 (ILO) で社会的・経済的安全保障の仕事に携わってきたG. スタンディングの批判も手厳しい。世銀やIMFにおける「知識」はきわめて特殊なもので,ごく限られた範囲の人間によって支配されている。経済学者の狭い知的サークルのなかでの知識が幅をきかせ,「現実」がどのように認識され計測されるべきかの基準となり,「知識のヘゲモニー」を形成している。世銀・IMFの研究は他のどんなところで行なわれる研究よりも重視され,仕事の質ではなく,「ワシントン―ケンブリッジ―シカゴ」サーキットにどれだけ近いかで研究の重要性が決まってくる。構造をそのままに世銀をナレッジ・バンク化するなど,現在のこうした傾向を強めるだけである (Standing 2000, p. 752)。

現況がこうである以上,ポスト・ワシントン・コンセンサスにおいて提起される政策はワシントン・コンセンサスと代わり映えがなくなる。たとえばスティグリッツは,制度的枠組みなしの急激な民営化,民営化のための民営化を批判するものの,競争の効果自体は否定せず,完全競争の非現実性を指摘する一方で,競争は多ければ多いほどよいという議論 (quantity theory of competition) を展開している (Bayliss *et al.* 2001, pp. 57–59)。[9]

さらにB. ファインによれば,新たなコンセンサスは,旧コンセンサスに対

する反対勢力の様々な理論を,すべて「情報の経済学」という枠組みのなかに都合良く取り込み,その狭い枠組みのまま介入主義を強めている。ワシントン・コンセンサスは経済の領域におけるレッセ・フェール政策を押しつけてきたが,ポスト・ワシントン・コンセンサスにおいては,市場の不完全性を理由に介入が正当化されるだけではなく,介入政策の成否が非経済的要因に関連づけられ,したがって援助機関による介入が経済的領域を越え,非経済的領域にまで拡大していくことになる(Fine 2001, pp. 14-16)。

以上のように批判的論者からすれば,ポスト・ワシントン・コンセンサスとは,スティグリッツの思いと裏腹に,ワシントン・コンセンサスとさほど変わらない狭い原理に基づいたものにすぎない。そしてまた,異なる意見をも自らの経済還元主義的形式に取り込みながら介入を強める一方,階級,権力,対立といった概念は留保したまま開発過程をとらえる問題含みのアプローチということになるのである(Fine 2001, p. 16)[10]。

(2) 開発経済学における多様なアプローチの必要性

発展とは何か。何が発展をもたらすのか。発展に向けた変化のプロセスとはどのようなものか。開発経済学とは,もちろん,こうした重要な問いに何らかの答えを与えようとするものである。したがって,その知的体系内で,発展という「結果」(あるいは目的・アウトプット・便益・産出),およびそれに対する「前提条件」(あるいは手段・インプット・費用・投入)を確定しようとする。「前提条件―結果」の因果関係が体系内ですっきりと説明できているほど,「理論」としてはより優れたものと認定される。そしてさらに,前提条件が満たされさえすれば,現実世界でも良き結果がもたらされると説かれる。だがしかし,ここに落とし穴はないだろうか。

本章で簡単に振り返ってきたのは,開発の分野において「(新古典派)経済学帝国主義」ともいえる状況が広まってきたこと,そして現在,それに対する批判がいろいろな形で噴出していることである。新古典派経済学の狭く限られた体系内で結果(目的)と前提条件(手段)が確定され,前提条件から結果への

第11章　開発経済学の基本理念

因果関係が導かれていること，その限られた知的体系が国際開発機関の意思決定において独占的な力を振るっていること，にもかかわらず，望ましい結果が現実にはもたらされていないことに批判が集まっているのである。

　開発経済学もひとつの学問体系である以上，その体系内で因果関連を説明すること，つまり理論化が必要であることはいうまでもない。しかしながら，開発経済学が社会の発展，変化を理解し，またそれらを誘発する理論であるためには，A. O. ハーシュマンが指摘したとおり，法則性の研究にも，固有性の研究にも等しく「市民権」が与えられるべきであろう（Hirschman 1971, pp. 27-28, pp. 359-60）。ハーシュマンは人知の限界と「意図せざる結果」の重要性に鑑み，このように述べたわけだが，彼と同じように，E. H. カーは決定論に対して自由意思を，J. A. シュンペーターは適応的反応に対して創造的反応を，P. フレイレは絶望に対して希望を，それぞれ対置し，現状の認識と変革においてはその両方が重要であることを指摘した（矢野 2004）。基本的に新古典派は，合理的経済人と完全な知識を前提に，狭く限定された枠内での法則性の理解に傾斜しすぎ，固有性を認識できていない。当該社会に発展をもたらそうとすれば，新古典派的な「前提条件―結果」，「手段―目的」といった区分はいったん取り払い，相対視する必要があるのではないか。手持ちの理論にすべてあてはめて法則的因果関連の説明に終始するよりも，新たな現実に「驚く能力」が必要ではないか。だとすれば，アプローチの仕方はもっと多様でよいのではないか。ハーシュマンは自らのこうしたスタンスを「ポシビリズム」（possibilism）と称したわけだが，これを詳しく展開する紙幅はもはや残されていない。[11]

　いずれにせよ，ポスト・ワシントン・コンセンサスに批判的な論者が世界銀行の「つくり直し」を提唱するなかで主張したことも，上述したことに関連しているはずである。いろいろな「知識」を生みだし，透明性を高め，アカウンタビリティを向上させるべく，世銀の重要な機能を外部組織に委譲する。そして研究部門，プロジェクト評価部門は，競合する数多くの組織に委ねられるべきである。「知識」はたったひとつの有力機関の専売特許とされるべきではない（Pincus *et al.* 2002, pp. 23-24; Standing 2000, p. 751）。ここには，開発経済学

が特定のアプローチによる知的植民地とされるのを拒否する姿勢がみてとれる。

V 「現実的な開発経済学の開発」をめざして

　本山美彦は，その古典的名著のなかで，次のように述べている。経済学では「潜在的国際分業を結果的国際分業に転換させた真の力は，価格競争の次元からは説明できないということが無視されてしまった。……価格メカニズムの貫徹していない社会を原料供給地に転化することは，転化を促す側には資本の論理の反映であっても，転化を強制される側には経済外強制以外の何ものでもない」（本山 1976, 59-60頁）。出発点としてこうした認識を共有できるかどうかで，提唱される開発経済学の中身はずいぶんと異なってくるであろう。

　従属理論による世界経済の現状告発は重要だが，従属学派の理論構成だと，開発戦略として導き出される政策は，つまるところ，世界市場からの離脱，自力更生しかなくなってしまう。新古典派は，合理的な価格形成を歪める国家介入，保護主義を排したうえでの世界市場への統合をよしとするが，この学派は，結局のところ，第三世界運動の訴えてきた問題など生まれようがない世界しか語っていない。本山は，その限界について認めつつなお，国際政治の舞台において一大運動を組織した構造学派に一定の評価を与えたうえ，国民がみな飢えずにすむ国内統合をどのように実現すればよいか，具体的状況・条件に応じて練り上げていく「現実的な開発経済学の開発」を訴えている（本山 1986, 208頁）。もちろん，こうした訴えの背景には，「客観的科学の道具立てと方法とがあまりにも強大になり過ぎて，常識と普通の人間の理解を絶望的なまでに背後に置き去りにし，結果的に人が行為の動機を失うという状況」に対する危機感があるだろう（本山 1993, 142頁）。

　「知的ヘゲモニー」は，他のどんなヘゲモニーにもまして，強力で，長く続き，特権を擁護する最後の砦となるものである（Helleiner 1990, p. 57）。しかしながら，開発経済学における新古典派の知的ヘゲモニーも，この先，万全ではなかろう。本章で概観したような新古典派批判はけっして例外的なものではな

い。フランスではエリート大学の経済学教育の現場において，学生の間で反新古典派の動きが活発化している（McIntyre 2003）。「現実的な開発経済学の開発」のためには，新古典派パラダイムに固執するのではなく，たとえば地域研究における「総合格闘技」的方法論（井上 1999），環境学の分野で模索されている「『T字型モデル』から『らせん型モデル』への転換」（山下 2000）といった学際的・問題解決的アプローチにも真剣に注目する必要があるように思われる。

(1) もちろんすべての論者がこの分類に賛同しているわけではない。この点については，矢野（2004, 140-41頁）参照。
(2) L. テイラーは次のように述べている。「第二次世界大戦後の開発経済学者たちは，単純に国家の役割を賛美したり，極端な反市場の立場をとったりしなかった。そうではなくて，彼らはただ公的介入の余地を見いだしただけなのだ。恐慌と戦争を経験した後，そしてケインズの理論的影響力があるなかで，彼らは他にどのように考えられたというのか。」(Taylor 1994, p. 61)（強調引用者）
(3) これに関連しG. K. ヘライナーは，かつて次のように述べたことがある。新古典派理論を拠り所としつつ，北側のアカデミズム，メディア，政府スポークスマンは，南を代弁しようとする理論をことごとく「間違った経済学」だと決めつけてきた。今では，南を擁護する議論が出されるや，その「不合理性」を誰が最初に証明するかが北側のお遊び（sport）になっている（Helleiner 1990, pp. 56-57）。
(4) H. W. シンガーによれば，1980年代の累積債務問題を機にブレトンウッズ機関は大きく変質し，開発問題の主導権は世銀からIMFにシフトした。そして，債務返済，安定化，調整，構造変革，自由化などに関心が集中する一方で，成長，雇用，所得分配，ベーシック・ニーズ，貧困削減といった重要な開発課題が軽んじられるようになった（Singer 2001, p. 65）。
(5) ラテン・アメリカにおける，債務危機後の「失われた10年」，新自由主義的政策に対する，その後のオルターナティヴの模索については，内橋・佐野（2005）所収の各論文が各国の状況を詳しく伝えている。
(6) 本山（2000）においても関連する議論が展開されている。また，ワシントン・コンセンサス批判としての日本的アプローチをどう評価するかについては，矢野（2004, 19-48頁）を参照せよ。
(7) この間の事情に関して，詳しくは，矢野（2004, 235-42頁）を参照せよ。
(8) スティグリッツの経済理論や人物像を読みやすく簡潔にまとめたものに藪下（2002）がある。また世銀内部におけるスティグリッツ的な問題意識の重要性につ

いては，矢野（2004, 242-57頁）を参照せよ。
(9) 効率性の維持・回復という点に関し，競争は重要だが唯一のメカニズムではない。完全競争の空想的世界を一歩でも離れてしまえば，そこでは，完全競争に近ければ近いほど，つまり，競争の度が強ければ強いほど効率的であるとはいえない。これが開発経済学のパイオニアの1人，A. O. ハーシュマンの古典的業績の重要な含意である（Hirschman 1970, p. 25, 邦訳27頁）。
(10) ポスト・ワシントン・コンセンサスに関して批判的見解を述べる論者は日本にも多い（原田 2002；大野 2000, 212-22頁）。
(11) 「ポシビリズム」については矢野（2004）で詳しく検討したので，そちらを参照していただきたい。

参考文献

井上真（1999）「地域研究の方法序説―メタファーとしての総合格闘技―」『エコソフィア』第3号，62-70頁。
内橋克人／佐野誠編（2005）『ラテン・アメリカは警告する―「構造改革」日本の未来―』新評論。
大野泉（2000）『世界銀行―開発援助戦略の変革―』NTT出版。
大野健一（1996）『市場移行戦略―新経済体制の創造と日本の知的支援―』有斐閣。
小野塚佳光（1987）「新国際経済秩序と貿易理論」本山編著［1987］所収。
原田太津男（2002）「アジア危機と社会保障―新制度学派的開発論の批判的検討―」原田他『東アジア開発モデルの再考―国家・経済・社会をめぐって―』中部大学産業経済研究所マネジメント・ビュー 7，所収。
プレビッシュ報告（1964）外務省訳『新しい貿易政策をもとめて』国際日本協会。
本山美彦（1976）『世界経済論』同文舘。
―――（1986）「NICs現象をどうみるか」本山他編著『南北問題の今日』同文舘，所収。
―――（1993）「了解・形態・場―マルクス的世界経済論の視点から―」『経済評論』第42巻第5号，141-51頁。
―――（2000）『売られるアジア―国際金融複合体の戦略―』新書館。
―――編著（1987）『貿易論のパラダイム』同文舘。
矢野修一（2004）『可能性の政治経済学―ハーシュマン研究序説―』法政大学出版局。
藪下史郎（2002）『非対称情報の経済学―スティグリッツと新しい経済学―』光文社新書。
山下英俊（2000）「環境学者の作り方―T字型モデルからの脱却をめざして―」『環境と公害』第29巻第4号，63-66頁。
Bayliss, K., *et al.* (2001) 'Privatisation and the post-Washington Consensus: Be-

tween the Lab and the Real World ?', in Fine *et al.*, eds. (2001)

Bhagwati, J. (1998) 'The Capital Myth', *Foreign Affairs*, Vol. 77, No. 3, pp. 7-12. (沢崎冬日訳「資本の神話」『週刊ダイヤモンド』1998年5月23日号, 104-09頁)

Bruton, H. J. (1998) 'A Reconsideration of Import Substitution', *Journal of Economic Literature*, Vol. 36, No. 2.

Fine, B. (2001) 'Neither the Washington nor the post-Washington Consensus: An Introduction', in Fine *et al.*, eds. (2001)

Fine, B., Lapavitsas, C., and Pincus, J., eds. (2001) *Development Policy in the Twenty-First Century: Beyond the post-Washington Consensus*, London: Routledge.

George, S. (1992) *The Debt Boomerang: How Third World Debt Harms Us All*, Boulder: Westview Press. (佐々木建/毛利良一訳『債務ブーメラン―第三世界債務は地球を脅かす―』朝日新聞社, 1995年。)

Helleiner, G. K. (1990) *The New Global Economy and the Developing Countries: Essays in International Economics and Development*, Aldershot: Edward Elgar.

Hirschman, A. O. (1970) *Exit, Voice, and Loyalty: Responses to Decline in Firms, Organizations, and States*, Cambridge, Mass.: Harvard University Press. (矢野修一訳『離脱・発言・忠誠―企業・組織・国家における衰退への反応―』ミネルヴァ書房, 2005年。)

――― (1971) *A Bias for Hope: Essays on Development and Latin America*, New Haven: Yale University Press.

――― (1981) *Essays in Trespassing: Economics to Politics and Beyond*, Cambridge: Cambridge University Press.

――― (1995) *A Propensity to Self-Subversion*, Cambridge: Mass.: Harvard University Press. (田中秀夫訳『方法としての自己破壊―〈現実的可能性〉を求めて―』法政大学出版局, 2004年。)

Lall, S. (1994) 'The East Asian Miracle: Does the Bell Toll for Industrial Strategy?', *World Development*, Vol. 22, No. 4, pp. 645-54.

McIntyre, R. (2003) 'Revolutionizing French Economics: Interview with Gilles Raveaud, a French Rebel', *Challenge*, Vol. 46, No. 6, pp. 110-30.

Ohno, K., *et al.*, eds. (1998) *Japanese Views on Economic Development: Diverse Paths to the Market*, London: Routledge.

Pincus, J. (2002) 'State Simplification and Institution Building in a World Bank-Financed Development Project', in Pincus *et al.*, eds. (2002)

Pincus, J., and Winters, J. A. (2002) 'Reinventing the World Bank', in Pincus *et al.*, eds. (2002)

―――, eds. (2002) *Reinventing the World Bank,* Ithaca: Cornell University Press.

Singer, H. W. (2001) *International Development Co-operation: Selected Essays by H. W. Singer on Aid and the United Nations System,* Basingstoke: Palgrave (edited by D. J. Shaw).

Standing, G. (2000) 'Brave New Words? A Critique of Stiglitz's World Bank Rethink', *Development and Change,* Vol. 31, pp. 737–60.

Stiglitz, J. (1998) 'Towards a New Paradigm for Development: Strategies, Policies, and Processes', 1998 Prebisch Lecture at UNCTAD, October 19, Geneva.

――― (1999) 'Whither Reform?: Ten Years of the Transition', World Bank, Annual Bank Conference on Development Economics, Washington, D. C., April.

Taylor, L. (1994) 'Hirschman's Strategy at Thirty-Five', in Rodwin, L., *et al.,* eds. *Rethinking the Development Experience: Essays Provoked by the Work of Albert O. Hirschman,* Washington, D. C.: Brookings Institution and Cambridge: Lincoln Institute of Land Policy.

Williamson, J. (1996) 'Lowest Common Denominator or Neoliberal Manifesto? The Polemics of the Washington Concensus', in Auty R., *et al.,* eds., *Challenging the Orthodoxies,* London: Macmillan Press.

World Bank (1998) *Assessing Aid: What Works, What Doesn't, and Why,* New York: Oxford University Press.（小浜裕久／富田陽子訳『有効な援助―ファンジビリティと援助政策―』東洋経済新報社，2000年。）

――― (1999) *World Development Report 1998 / 1999,* New York: Oxford University Press.（海外経済協力基金開発問題研究会訳『世界開発報告 1998 / 1999』東洋経済新報社，1999年。）

第12章

開発経済学の誕生
—— W. アーサー・ルイスと農業問題 ——

I　ルイス思想の再発見

　W. アーサー・ルイス（1915～91年）は，経済学のサブディシプリンとしての開発経済学の創始者と評される人物である。1979年にルイスはノーベル経済学賞を受賞したが，それは，彼の記念碑的論文「労働の無制限供給下の経済発展」（Lewis 1954）にもとづく「ルイス・モデル」の衝撃的な波及力をふまえてのことであった。純粋に新古典派的なものを除いて，開発経済学のスタンダードな教科書には，ほぼ例外なくルイス・モデルの入門的な説明が記載されている。それらを参照したうえで，本章を読んでいただければ幸いである。

　すべからくモデルというものは，その考案者の意図を離れて，独自の可能性のフロンティアが探求されていくものであろう。しかし，政策科学における種々のモデルは，そのときどきの時代の主流の思潮に流されて，モデルの考案者の真意が誤解されたままで流通してしまうことがある。ルイス自身，次のように書いている。「解決策を必要とする読者は，テキストの中に解決策を読み込み，実際にはそうでないものを筆者の立場だと誤解する傾向がある」（Lewis 1978, p. 76）

　ルイス・モデルの場合，こうした誤解は，少なくとも以下の3点において当てはまるように思われる。第1に，ルイスの1954年論文は「閉鎖モデル」から末尾の「開放モデル」に向かって体系的に発展していく構成になっているのだが，前者の「閉鎖モデル」だけが注目され，一国経済の枠組みで議論されることが多かった。第2に，ルイスのモデルは，国内市場向けの農業と工業，そし

て輸出部門のバランスのとれた発展を唱道するものであったにもかかわらず，低賃金労働を利用した工業化礼賛論として解釈されることが多かった。第3に，ルイスのモデルは古典派経済学とりわけリカードの体系を前提とするものであり，新古典派のアプローチとも潜在的には大きく対立するものであるが，その非マルクス主義的な側面だけが強調されることが多かった。

　本邦の経済学の世界において，これらの問題点を踏まえた「ルイス再発見」の作業は本山（1981, 1982, 1987a, 1987b）によって完遂されたが，1980年代には，まだ学界の常識にはなっていなかった。ルイス・モデルの発表から半世紀を経た現在，このような方向性でルイスのモデルを再解釈するアプローチは，ようやく世界的に影響力を広げ始めている（たとえば，Figueroa 2004）。本章は，80年代のルイス再発見の試みを補完する作業として，バイオグラフィカルな叙述を織り込みつつ，「南の経済学者」としてのルイスの実像に接近しようとするものである。開発経済学の礎石としてのルイス・モデルは十分に有名だが，ルイスが書いたことに即してモデルの内容を検証する作業には，まだやるべきことが残っていると考えたからである。[1]

II　ルイス思想の揺籃としてのカリブ海

(1)　黒人解放運動とフェビアン社会主義

　ルイスは1915年，カリブ海のイギリス植民地セントルシアで生まれた。世代としては，ルイスはガーナの初代大統領ンクルマより6歳若く，同じカリブ海のフランス領マルチニックで生まれた革命思想家フランツ・ファノンより10歳年上である。[2]

　自伝によると，ルイスは幼い頃，父親に連れられて地元のガーヴィー主義者の集会に行ったことを覚えているという。マーカス・ガーヴィーはジャマイカ出身の黒人解放運動指導者であり，当時は，ニューヨークのハーレムを拠点に「アフリカへの帰還」運動を展開していた。ルイスによれば，工業経済学や世界経済史といったテーマは自分で選んだものではないが，開発経済学の研究は

彼自身の「反帝国主義から派生したもの」だという（Breit and Spencer eds. 1986）。1965年の『西アフリカにおける政治』の序文でも，ルイスは自らを明確にパンアフリカニストと位置づけている（Lewis 1965, p. 11）[3]。ルイスの反帝国主義の背景に，カリブ海植民地での彼の少年時代の経験があることは間違いない。

　1933年，ルイスはセントルシアを離れて渡英し，ロンドン・スクール・オブ・エコノミクス（LSE: London School of Economics）に入学した。あまり知られていないことだが，もともとLSEは，1895年にフェビアン協会のウェッブ夫妻らによって，社会改良家の養成機関として設立された学校である。フェビアン協会は，バーナード・ショー，シドニー・オリヴィエ，G. D. H. コール，レナード・ウルフといった個性的な知識人たちが主導した社会主義者集団であり，国有化志向の労働運動からは相対的に独立しつつ，イギリス労働党のブレーン集団として影響力を行使していく。第2次世界大戦前夜，ルイスが学んだ時代のLSEは，政治の季節を迎えていた。マルクス主義政治学者ハロルド・ラスキは，左翼教師として大学から追放されかけていたが，若い政治学徒の人気者だった。若い経済学徒の間では，主流の新古典派に対抗して，ケインズ理論が注目を集めていた時代である。

　当時のイギリス外交では，カリブ海とアフリカの熱帯植民地における政治的動乱にどう対応するかが，大きな課題のひとつになっていた（Macmillan 1936）。1929年の大恐慌に始まる長期不況の時代を通じて，植民地からイギリス本国への輸出も，植民地における公共投資も停滞し，カリブ海やアフリカのイギリス植民地では民衆の暮らしが打撃を受け，ストライキの波が広がった。植民地をもたないアメリカ合衆国との同盟関係を強めながら，ナチ第三帝国の拡大に抵抗しようとしたイギリスにとって，奴隷解放から百年後の植民地の騒乱は，きわめて困った事態であった。イギリス植民地相マルコム・マクドナルドは，38年にイギリス領西インド諸島に関する王立調査委員会を設置し，事態の収拾に乗り出す。

(2) 若きルイスの政策提言

カリブ海とアフリカにおいて烈火のごとく広がる政治的動乱を背景に，1935年，まだLSEの学生だったルイスは，LSE学生自治会のレターヘッド付きの便箋を使って，コールが設立した「新フェビアン調査局」(New Fabian Research Bureau) の書記長ジョン・パーカーに書簡を送る。「西インド諸島についてお手伝いが必要であれば，謹んでお役に立たせていただきたく存じます。私自身，西インド諸島の学生ですし，最近は西インド諸島の歴史，行政，未来について少なからぬ量の研究を行なっております。(…) 小生はLSEの社会党の指導者たちによく知られているということも，申し添えておきます」。このルイスの手紙に注目し，ルイスが提案するパンフレットこそ「まさに党にとって必要とされているものだ」と述べたのは，レナード・ウルフであった。

かくして同じ1935年，ルイスの手で，「次期労働党政権のための」パンフレット『イギリス領西インド諸島』が書かれた (Lewis 1935)。ルイスの経歴における印刷された業績は，おそらくこれが最初のものである。パンフレットはカリブ海の歴史，貧困，政治，経済を包括的に整理しており，弱冠20歳の学生の手になるものとは思えないが，それよりも興味深いのは，パンフレットの発行の直前にルイスがパーカーに送った書簡のなかに，カリブ海農業の展望をめぐる次のような一文が記されていることである。「覚えておられるかもしれませんが，問題になっているのは，協同組合的な小農型の農業（道理がわかる西インド諸島人の大部分がこれを支持しています）と，大規模農業との間にあります。私はマーティン・リーク博士と同じく，後者の方が望ましいと思っていますが，私は農場の社会化に賛成なので，彼の提案には反対するものです」[4]。

早熟の経済学者ルイスは，1938年にLSEの専任講師に着任した。植民地出身の黒い肌の青年がイギリスの名門大学の教員になったことが，当時は大きな話題になったという。翌39年，ルイスはフェビアン協会から，より完成度の高いパンフレット『西インド諸島における労働者』を出版する (Lewis 1939)。序文を執筆したのは，カリブ海におけるイギリス植民地支配の不手際を追及していた労働党議員アーサー・クリーチ・ジョーンズであった。このパンフレット

では，規模の経済への着目，土地再分配による小農生産の振興，中産階級の政治教育など，ルイスが後に展開していくことになる開発論の諸要素が，見事に先取りされている。

翌1940年には，イギリスの植民地政策に重大な転換点が訪れた。マクドナルド植民地相のイニシアチブにより，財務省の抵抗を押し切って，イギリス議会が「植民地開発福祉法」を可決したのである。それまで，植民地の開発 (development) という言葉は，帝国の所領の資源の経済的な有効利用という意味で使われていたが，この1940年の法律において初めて，開発の概念は福祉 (welfare) と結びつき，今日における社会開発や貧困削減といったニュアンスを帯びて語られることになった。もっとも，帝国中枢が突如として人道的になったわけではない。第2次世界大戦を総力戦として遂行するには植民地臣民の忠誠心を確保しなければならず，そのためイギリス本国は，独立採算に固執せず，植民地の住民の健康，教育，水，栄養，住宅，労働条件などの改善に直接的に資源を投下する決意を固めたということである (Constantine 1984, pp. 238-57; Cooper 1996, p. 67)。

III　イギリス帝国の植民地政策とルイス

(1)　「フェビアン植民地局」の設立

植民地開発福祉法の制定と同じ1940年4月，労働党は保守党と協力し，チャーチルの戦時挙国一致内閣に参入することを決断した。だが，政権の一翼を担うことになった労働党には，植民地問題の政策研究にかかわる専門的部局が存在しなかった。そこで設立されたのが，「フェビアン植民地局 (Fabian Colonial Bureau: FCB)」である。議長はクリーチ・ジョーンズ，書記は，政治学者ラスキの指導を受けてLSEで博士号を取得したばかりのリータ・ヒンデンであった (Goethals 2002)。FCBはフェビアン協会の有力者を集めた諮問委員会を組織し，ルイスは1941年にそのメンバーに加わった (Goldsworthy 1971, pp. 123-27; Pugh 1984, pp. 188-95)。

第4編　開発経済

　大戦中の1942年から45年までの植民地相は，開明的な保守党政治家オリヴァー・スタンリーであった。植民地における将来の経済計画の原則を定めるために，43年10月，スタンリーは植民地経済諮問委員会を設置し，28歳のLSE講師ルイスを書記に任命した。おそらく，委員会の「労働党枠」を埋める人事だったと推察される。全員が白人で構成されるイギリス植民地省の委員会において，ただ一人，自分だけが植民地出身の有色人種であったという事実は，ルイスには大きな圧力だったに違いない。だが，ルイスは従順な羊ではなかった。やがてルイスは，財務省と結びつく植民地省経済局長シドニー・ケインと衝突し，この委員会を事実上の活動停止に追い込むことになる。

(2) 「自由放任」との闘い

　植民地経済諮問委員会の議論については，かなり正確な記録が残っている[5]。1943年12月の第2回委員会において，植民地相スタンリーは，鉱工業から土地保有，統計調査に至る広範な領域において植民地行政の今後の大方針を策定すべく，委員会内部に「アジェンダ小委員会」を設置した。だが，ルイスによると，ケインが妨害したために，この小委員会の活動はほとんど進展しなかった。

　1944年9月，ルイスはケインに対して，様々な小委員会の討議項目を提案する文書を送った。なかでも重要だったのは，一次産品小委員会にかかわる提案であった。ルイスによれば，「河川管理や水供給を含む『農業革命』が議論されるべきである」。「農村の人口過剰と人口不足は，ひんぱんに言及されるけれども，まったく研究されたことがない課題である」。したがって委員会は，「それが起こっているとされる場所の地図のようなものを作成してもよいであろう」。この提案に対するケインの回答は，河川管理や水供給は経済的ではなく「技術的」な問題であり，人口過剰や人口不足の分類に関する情報は得られていない，という素っ気ないものであった。

　同じ1944年9月，ルイスは，『植民地の経済開発』と名づけられたアジェンダ小委員会メモランダムを提出する。ルイスによれば，植民地の開発のためのすべてのプログラムにおいて，「農業がもっとも重視されなければならない」。

第12章　開発経済学の誕生

そして,「食糧生産高の増加が経済政策の重大目標のひとつにならなければならない」。この目的を達成するために,ルイスは,生産単位の規模の拡大と,農業普及の充実を提案する。工業についても規模の経済のメリットを強調し,有望な工業センターを選択的に育成していくよう提案する。ルイスによると,「農業の発展と工業の発展は,通常は手を取りあって進んでいく。『農業革命』は土地から労働者を解放することになる。というのも,より少ない人間によって,より大きな単位あたり収量を産出することが可能になるからである。続いて,この労働が工業に役立てられることになる。今度は『産業革命』が,農民に利益をもたらす市場を提供し,さらにそれが十分に大規模なものになれば,安価な商品を提供する。したがって,工業センターを支えるのにふさわしいとして選ばれた地域において農業革命を実現させることに,最初の段階で努力を集中することが望ましい」。

　すでに1944年の時点で,古典派経済学の枠組みをふまえた農工セクター分析の視点をルイスが提示していたことは,54年のルイス・モデルとの関連で興味深い。しかし,この議論もまた,ケインによって拒絶された。44年11月のルイスの覚え書きによると,ケインは,「行政的な行動は経済開発に必要である,それは経済開発に大きな違いをもたらすことができる,という根本的な理論を攻撃」し,「こうした経済政策を受け入れることは委員会の権限を超えた政治問題を提起することになるという理由で,メモランダムをもみ消そうと」した。ルイスは同じく『植民地の経済開発』と題されたFCBの内部文書のなかで,さらに正直な批判を展開している。ケインは「LSEのカナンの教え子,ロビンズやプラントの同期生であり,自由放任に宗教的に帰依している。この状況において彼が経済局を率いているのは,致命的である」。「彼が推薦する植民地の重要な役職の人事も致命的である。彼はほとんど常に,自分と同じくらい自由放任を信奉する人々を選ぶのである」。ここには,ルイスのロンドン学派への対抗心が正直に表明されている。こうした衝突の結果,同じ11月,ルイスは諮問委員会の委員の職を辞した。

　植民地省からのルイスの退出は,おそらく,フェビアン協会の幹部との議論

を踏まえた決断だったのであろう。大戦中のイギリス植民地をめぐる経済政策の立案にあたり，自由放任派と計画経済派の対立はきわめて深刻であった。植民地省における自由放任派というのは，新古典派経済学の教科書が教える通りに政府介入を非効率的と見なすというだけではなく，戦時債務が累積していくなかで植民地に対する公的資金の投入を徹底的に出し渋るイギリス財務省の立場を反映していたと考えてよい。だが，ここで同時に私たちの関心を引くのは，工業化の前提条件としての農業革命の意義，規模の経済と農業普及にもとづく農業生産性向上の重要性など，後年のルイスの途上国開発論におけるいくつかの重要な要素が，大戦期の植民地省でのルイスの議論において，すでに確固たる形をとるようになっていたことである。

IV 「南」の経済自立に向かって

(1) 労働党政府の輸出ドライブ政策

戦後の1945年7月，イギリス総選挙において労働党が地滑り的な勝利を収めた。クレメント・アトリー首相はアーネスト・ベヴィンを外務大臣に任命し，インドからの「名誉ある撤退」を指揮した。アフリカとカリブ海の熱帯植民地を担当したのは，46年10月に植民地相に任命されたクリーチ・ジョーンズであった。大臣就任とともにクリーチ・ジョーンズはFCB議長の職を辞したが，シンクタンクとしてのFCBはイギリス労働党政府の植民地政策に圧力をかけられる位置にあった。

だが，熱帯植民地との関係で，労働党政府は困難な板挟みの状態にあった。FCBは植民地の民族主義者たちと信頼関係を結んでおり，即時無条件独立を求める活動家の期待を背負っていた。一方で，大戦後の労働党政府は「ドル危機」に直面していた。イギリスは戦時債務をドル建てで返済しなければならなかったが，戦争で疲弊したイギリス経済の輸出能力は限定されていたのである。そこで，対外債務の重荷を減らすとともに，福祉国家への国内的な動きに備えるために，政府は熱帯植民地から非スターリング圏に向かう大規模な「輸出ド

ライブ」を組織していく。インドを筆頭とするアジアの植民地が独立に向かうにつれて，カリブ海とアフリカの熱帯植民地が，傷ついたイギリス経済の救世主の位置に躍り出ることになった。本山（1976，第6章）が描き出したのが，この局面である。かくして，たとえば東アフリカのタンガニイカでは，大規模な機械化を伴う落花生栽培プロジェクトに巨額の公的資金が投入されたが，1940年代末までに惨憺たる失敗に終わる。労働党政府は自覚していなかったが，こうした「植民地開発攻勢」は，19世紀末のジョゼフ・チェンバレン植民地相時代の積極的な植民地介入政策の戯画的な再現に他ならなかった（Louis and Robinson 1994; Cowen and Shenton 1991; Cowen 1984）。

(2) 小農重視の農業開発戦略

　この労働党政権下の輸出ドライブ政策は，労働党そのものの政策というより，政権党の区別なく連続する帝国の利害から派生したものであった。ここで興味深いのは，植民地経済諮問委員会においてルイスが1944年に主張したことが，大戦直後に省内で再評価されるに至ったことである。46年4月，労働党政権下でも省内の地位を維持したシドニー・ケインは，これから自分たちはルイスが提案した仕事に本格的に取り組むことになると宣言した。44年当時は「『革命的』な経済変化についての議論を進めることにほとんど利益はなかったが」，「今やすべての問題が再検討されなければならない」。主要な挑戦は，アフリカの伝統的土地保有制度のような，変化への慣習的ブレーキに対処することであるとして，ケインは，「この国（イギリス）において身近なタイプである個別的な土地保有」を導入する可能性を検討するよう呼びかけている。植民地の伝統的社会関係を尊重してきたイギリス植民地主義の中枢において，土地制度の改革が本気で語られ始めたことは，「先進資本主義が自己の存命をかける最後の言葉として，はじめて，おざなりではなく本格的に後進的地域を開発しなければならなくなった」（本山1979，67頁）ことの証左だともいえる。

　もともと，ルイスの関心事は，1930年代のカリブ海農業の問題をふまえて，植民地農業における規模の経済を実現するところにあった。植民地省の諸文書

において，ルイスは「2，3エーカーの農地は効率的になりえない」という表現を繰り返し使っている。しかし，労働党政府の「植民地開発攻勢」の失敗を目撃したルイスは，規模の経済にこだわるよりもむしろ，農業開発の多様な道を承認する方向へと立場を変えたように見える。戦後の労働党政権時代のルイスは，与党陣営に属するフェビアン社会主義者として植民地政策への関与を続けつつ，48年にはロンドンを離れ，マンチェスター大学のスタンリー・ジェヴォンズ記念教授に就任した。この時期の講演において，ルイスは，インド人や中国人の移民労働がもはや利用できない以上，タンガニイカの落花生プロジェクトのような大規模農業プロジェクトが成功する余地はなくなったと指摘するとともに，「もう少しだけ多くの資本があれば——農民によりよい農具，職人に近代的な道具——，小規模生産者はずっとうまくやることができる」と語っている。

ルイスが家族単位の自作農を重視するようになったことは，「労働の無制限供給下の経済発展」の翌1955年に発表された『経済成長の理論』において，より鮮明に表明されている。一般論として大規模農業には固有の優位性があるが，小規模自作農は大規模農家よりもいっそう集約的に耕地を利用する傾向があるし，農業労働者よりも自発的に長時間労働しようとする傾向がある。したがって，家族農場と，マーケティングなどの領域での大規模組織とを組み合わせることが望ましいが，そのプロセスは強制ではなく説得でなければならない。ルイスにとって重要なのは，農業普及サービスによって近代技術を広め，小農が資本にアクセスできるように農業金融機関を整備し，自作農重視の農業革命によって「リカードの罠」から脱出することであった。まさに2，3エーカーの平均耕地面積のもとで農業生産性を飛躍的に向上させた戦前の日本農業の経験を，ルイスは念頭に置いていた（Lewis 1955a, pp. 120-36, 187-91）。

ルイスが小規模な自作農と大規模なインフラ支援の組み合わせを指向していたことは，彼の社会主義観とも合致する。1963年に急逝した労働党首ヒュー・ゲイツケルの路線を支持していたルイスにとって，社会主義とは，当時の時流であった民間資産の国有化ではなく，大規模な公共資産形成と分権的な経営形

態との組み合わせによって，実現するものだったからである (Lewis 1969, pp. 55-64; 1971)。

(3) ルイス・モデルと農業

ここまでの議論を踏まえて，1954年の「労働の無制限供給下の経済発展」モデルの内容を再検討することにしたい。本論では，主として前半の「閉鎖モデル」の含意を吟味する。ルイスの「立場」は，経済成長は望ましいというものである (Lewis 1955a, pp. 420-21; Sen 1999, 邦訳334頁)。そしてルイスの「発見」は，自給部門からの無制限の労働供給によって資本主義部門の賃金水準が押し下げられ，急速な資本蓄積が可能になるということである。

しかし，1954年論文のテキストを注意深く読んでみると，ルイスは自給部門からの大量の労働供給を「是」とする価値判断は下していないし，そもそも，低賃金の供給源である自給部門を維持すべきだとは主張していない。それどころか彼は，「自給部門の労働者の生産性を低く抑えることに直接的な利益をもつ」植民地資本家の態度を，はっきりと批判している。農園主は農業の技術的改善に無関心であり，土地改革に抵抗するどころか，小農たちを追い払おうとする。また，アフリカの帝国権力は，「人々から土地を奪ったり，資本主義セクターでの強制労働を要求したり，課税を強制して人々を追い立て，資本主義的雇用主のもとで働かせたりすることによって」，自給セクターを貧窮化させようと試みてきた。さらにルイスは，白人であれ有色人種であれ，レントに依存する寄生的な地主の放蕩な浪費癖を痛烈に批判している (Lewis 1954, pp. 149-50, 159-60)。こうやって「帝国主義の最悪の特徴」を非難するルイスの立論が，初期のフェビアン協会パンフレットの延長線上にあることは，明らかであろう。

ルイスは帝国主義者の反農業的態度を批判するだけでなく，より積極的に，自給部門の生産性を向上させるための公共介入の必要性を訴える。ルイス論文によれば，自給部門の過剰労働が枯渇し，労働の無制限供給が利用不可能になる前であっても，賃金水準が上昇し始めることで，資本蓄積のプロセスは終わ

ってしまうかもしれない。さしあたり，自給部門が食糧生産部門であり，資本主義部門は食糧以外のすべてを生産すると仮定する。第1に，資本主義部門における食糧需要の増大にもかかわらず，自給部門の農業生産性が並行して向上しない場合には，交易条件が自給部門に有利に変化し，賃金財の希少性が高まることになるだろう。第2に，それとは逆に，自給部門における1人あたり食糧生産性が急激に上昇すると，自給部門の賃金水準の上昇を通じて，資本主義部門の賃金水準を押し上げることになるかもしれない。第3に，都市化による生活習慣の変化や労働組合の圧力その他の要因によって，資本主義部門の労働者がより多くを要求し，そのことで賃金水準が独立して上昇していくかもしれない。

　これらの3つのケースのなかで，ルイスが「もっとも興味深い」と考えていたのは，第1のケースである。すなわち，食糧生産の停滞によって交易条件が資本主義部門が不利になるように変化し，食糧の相対価格が上昇し，資本主義賃金が上昇し，資本家余剰が減少するというケースである。「工業化が農業の改善に依存するというのには，このような意味もある。農業生産が同時に成長しない限り，製造業産品が増大しても利益にならない。それは，産業革命と農業革命が常に一緒に起こるのはなぜか，農業の停滞をともなう経済が工業の発展を示さないのはなぜか，ということでもある」(Lewis 1954, pp. 171-76)。ルイスが1944年に植民地省内で唱道した植民地経済の改革構想が，54年の論文の根幹部分で繰り返されていることがわかる。農村の貧しさを前提として，ルイス・モデルは動き出す。だが，農村経済の停滞をそのまま放置すると，低賃金労働の無制限供給というプロセス自体が停止してしまうのである。

　他方，第2のケースは，農業革命が過度に成功してしまうケースであるが，これは理論的にも実践的にも可能ではあるものの，例外的だと見なされている。自給部門の生産性が急速に上昇し，小農が「余剰生産の果実」を享受できる状態は，「幸福で富裕かもしれないが，急速な資本蓄積を示すことはできないだろう」としつつ，ルイスは中国の農村社会主義の実験に注目するにとどめ，それ以上のことは詳しく論じていない (Lewis 1954, pp. 174-75)。

第12章　開発経済学の誕生

　後年，ルイスは独立ガーナのンクルマ政権など，いくつかの新興独立国の都市偏重政策を厳しく批判していくことになるが，これは第3のケースと密接に関連している。「ヨーロッパにおいて社会主義政党は，労働組合と中産階級知識人の連合によって構築されている。アフリカにおいて，これらのグループは間違った側についている。農民は敗残者であり，労働組合と教育を受けた階級の両者が，農民たちの血を吸って生きているのだ。真に社会主義的もしくは平等主義的な運動は，おそらくは農村から始まらなければならない。だが，アフリカの社会主義的とされる論者のなかで，このことを非常にはっきりと理解している指導者は，タンザニアのニエレレ氏だけである」(Lewis 1969, p. 69, pp. 76-77)。都市の組織労働者の排他的特権に対する辛辣な批判は，プリンストン時代のルイスによる労働市場の階層化をめぐる議論に接続していくことになる (Lewis 1979, 1985)。

　ルイスの「開放モデル」は，こうした議論の総仕上げである。国際価値論に新次元をもたらすものとして本山 (1987a, 1987b) によって十全にその意義が論じられている「開放モデル」においても，ルイスは，食糧生産部門における生産性向上の努力を等閑視する開発政策の負の帰結に警鐘を鳴らす。穀物をニュメレールとして2国3財の交易条件の変化を簡明に定式化した「開放モデル」の含意は，食糧生産部門における生産性向上が伴わない限り，輸出部門における生産性向上の成果は自動的に輸入国の消費者の利益として移転されてしまう，というものであった。「閉鎖モデル」と「開放モデル」をあわせて，ルイスの1954年モデルの政策論的な要点は，工業と農業，輸出と国内消費の「バランス」の重要性に集約することができるだろう。「真実は，すべての部門が同時に拡大しなければならないということである」(Lewis 1955a, p. 283)[6]。熱帯植民地の経済政策は食糧生産を阻害する形で進行しており，そうである限りにおいて，ルイスの処方箋は徹底的な「農業優先」，そして「小農優先」の原則に貫かれていた。このルイスの立場は，1954年論文の発表直前に書かれたゴールドコースト植民地の工業化にかかわる政策提言においても，はっきりと表明されている (Lewis 1953, pp. 22-23. Lewis 1955b も見よ)。

第4編　開発経済

V　甦るルイス

　ルイスは熱帯アフリカ植民地の開発の進路について，いくつかの大きな懸念を抱いていた。そのひとつは，農村において自給農業の改善が行なわれず，若者たちは農村から都市へと雇用キャパシティを超えて移動し，都市における若年層の失業問題が深刻化していくという事態である。教育が普及するにつれて，農村の若者は無益な期待を抱いて都市へと向かい結果的に貧困が永続化してしまう。限られた資源の配分という観点からすると，初等教育の全国的充実よりも，むしろ農村の成人に実利的な農業技術教育を施すことを重視した方がよいかもしれない。いわば，「若者よ，農村にとどまれ」という議論である（Lewis 1961; 1969, pp. 19-33）。ルイス自身のこうした主張は，農村からの低賃金労働の潤沢な供給を通じて工業化を実現させるべきだとする，一般に流布しているルイス・モデルの政策的含意とは正反対であるが，ルイスのオリジナルな1954年論文の世界とはまったく矛盾しない（本山 1987b, 114-20頁；1991, 15-17頁）。

　経済学のサブディシプリンとしての開発経済学は，19世紀的な帝国政治秩序の最終的解体という時代の流れのなかで，植民地政策論を引き継ぐ学問として産声を上げた。開発経済学は，まずもって新興独立国の〈工業化〉のための政策論だと考えられた。そして，その学問分野の創始者のひとりであるルイスの思考のなかに，〈農業優先〉の処方箋が明確に埋め込まれていたことは，ほとんど忘れられてしまった。独立後のアフリカ諸国は，アジアの農業国の急速な工業化という模範もあり，都市重視・工業重視の経済計画化を試みたが，その結果は完全な経済破綻であった。21世紀初頭の今日，アフリカに集中する最貧諸国がゼロから再出発するにあたり，その貧困削減とMDGs（ミレニアム開発目標）達成に向けた主導権を握っているのは，皮肉なことに，かつての帝国権力イギリスである。20世紀の半ばにルイスとルイスの同時代人たちが直面した問題のうち，何が解決していて，何が解決していないのだろうか。現代の問題をよりよく理解するためにも，私たちは過去から目を背けてはならない。

ルイスの「1954年モデル」はシンプルである。だが，このシンプルなモデルを説明するのに，ルイスが総計50ページを超える長大な論文を執筆したことを忘れてはならない。時代背景を踏まえ，ルイス自身のテキストに即して「労働の無制限供給下の経済発展」を読み直してみると，この論文は，政策処方箋に満ちた豊かな作品として，私たちの前に新たな姿を現してくる。

(1) フェビアン社会主義者ルイスの活動のより詳しい歴史的背景については，本章の姉妹編である峯（2006）を参照。本章はその議論の上に立ち，ルイスの開発思想を彼自身のテキストにもとづいて再現し，それをもとに「1954年モデル」を再評価することを主眼としている。
(2) やがてファノンは，ポスト・モダン批判理論の偶像的存在となったが，非マルクス主義の立場をとるルイスは，従属論的立場の左翼知識人から反動扱いされてきた（たとえば，Craig 1977）。しかし，本山（1982, 134頁）は，「ルイスが第三世界論を展開しつつあるネオ・マルキストたちの，密教のような存在になっている」と喝破する。独立後のアフリカ国家の寄生的かつ反農民的な性格を厳しく批判する点において，ファノンとルイスの立論がきわめて近いことにも驚かされる。Fanon（1961）におけるアフリカ小農革命論，およびロバート・ベイツの農村収奪論（Bates 1983, pp. 107-08, 132）を参照。
(3) 『西アフリカにおける政治』のなかでルイスが唱道した西アフリカ統治モデルは，政治学者アーレント・レイプハルトによってコンソーシエーション型民主主義モデルとして定式化され，現代政治学の世界で大きな影響力をもつようになる。峯（2000）を参照。世界経済史とりわけ長期波動論におけるルイスの仕事については，小野塚（1995）を見よ。
(4) この時期のルイスの書簡は，オックスフォード大学ローズハウスのアーサー・クリーチ・ジョーンズ資料集（Arthur Creech Jones Papers）に残っている。詳しい書誌情報は峯（2006）に記載。
(5) 植民地省やFCBにおけるルイスらの議論は，イギリス公文書館（Public Record Office, British National Archives）およびオックスフォード大学ローズハウスのフェビアン植民地局資料集（Fabian Colonial Bureau Papers）に保存されている文書からの引用である。詳しい書誌情報は峯（2006）に記載。ケインを良心的官僚として擁護する議論については，Lee and Petter（1982, pp. 208-15）を参照。Cooper（1996, pp. 69, 119）は，政治的領域の重要性を正面から論じることで新古典派と闘ったルイスの姿勢を好意的に描いている。この時期のルイスの主張は，彼自身の文章としてはLewis（1949）にまとめられている。
(6) このルイスの立場はラグナー・ヌルクセの「バランス成長」の考え方に似ている

が,ヌルクセが主に想定していたのは近代的な大量消費産業のあいだの相互補完性である。ヌルクセは,とりわけ労働過剰経済においては,農業における生産性向上は必ずしも工業化の必要条件ではないとも論じている(Nurkse 1953, pp. 11, 55)。ヌルクセの途上国工業化論の時代的制約については,高(1995, 97-98, 109頁)を見よ。

参考文献

小野塚佳光(1995)「W. A. ルイスと輸出指向型工業化戦略」(本山美彦編『開発論のフロンティア』同文舘,所収)。

高英求(1995)「国際資本移動と開発論―R. ヌルクセからの出発―」(同上,所収)。

峯陽一(2000)「紛争処理における多極共存型統治モデルの可能性」(峯陽一/畑中幸子編『憎悪から和解へ―地域紛争を考える―』京都大学学術出版会,所収)。

――― (2006)「英領アフリカの脱植民地化とフェビアン植民地局―黒人経済学者アーサー・ルイスの役割をめぐって―」(北川勝彦編『脱植民地化とイギリス帝国』ミネルヴァ書房,所収[近刊])。

本山美彦(1976)『世界経済論―複合性理解の試み―』同文舘。

――― (1979)「農業と南北問題」(小野一一郎/吉信粛編『南北問題入門』有斐閣,所収)。

――― (1981)「古典派理論への回帰―W. ルイス―」(小野一一郎編『南北問題の経済学』同文舘,所収)。

――― (1982)『貿易論序説』有斐閣。

――― (1987a)「不等価交換論と国際価値論」(本山美彦編『貿易論のパラダイム』同文舘,所収)。

――― (1987b)「リカードゥ・リンボーについて―不平等交易論の再発見―」(同上)。

――― (1991)『豊かな国,貧しい国―荒廃する大地―』岩波書店。

Bates, Robert H. (1983) *Essays on the Political Economy of Rural Africa.* Cambridge: Cambridge University Press.

Breit, William, and Roger W. Spencer eds. (1986) *Lives of the Laureates: Seven Nobel Economists.* Cambridge, Mass.: MIT Press.(佐藤隆三他訳『経済学を変えた七人―栄光のノーベル経済学賞受賞者―』勁草書房。)

Constantine, Stephen (1984) *The Making of British Colonial Development Policy 1914–1940.* London: Frank Cass.

Cooper, Frederick (1996) *Decolonization and African Society: The Labor Question in British and French Africa.* Cambridge: Cambridge University Press.

Cowen, Michael (1984) "Early Years of the Colonial Development Corporation: British State Enterprise Overseas during Late Colonialism." *African Affairs* 83,

pp. 63-75.
Cowen, Michael, and Robert Shenton (1991) "The Origin and Course of Fabian Colonialism in Africa." *Journal of Historical Sociology* 4(2), pp. 143-74.
Craig, Susan (1977) "The Germs of an Idea." An afterword to: W. Arthur Lewis, *Labour in the West Indies*. reprint. London: New Beacon Books, 1977.
Fanon, Franz (1961) *Les damnés de la terre*. Paris: François Maspero.（鈴木道彦／浦野衣子訳『地に呪われたる者』みすず書房, 1969年。）
Figueroa, Mark (2004) "W. Arthur Lewis Versus the Lewis Model: Agricultural or Industrial Development?" *The Manchester School* 72(6), pp. 736-50.
Goethals, Helen (2002) "Rita Hinden: Travaillisme et décolonisation". In *Le Socialisme à la Britannique: Penseurs du XXe siècle*, dir. Maurice Chrétien. Paris: Economica.
Goldsworthy, David (1971) *Colonial Issues in British Politics 1945-1961*. Oxford: Clarendon Press.
Lee, J. M., and Martin Petter (1982) *The Colonial Office, War, and Development Policy: Organisation and the Planning of A Metropolitan Initiative, 1939-1945*. London: Maurice Temple Smith.
Lewis, W. Arthur (1935) *The British West Indies*. London: New Fabian Research Bureau.
―――― (1939) *Labour in the West Indies: The Birth of a Workers' Movement*. London: Fabian Society.
―――― (1949) "On Planning in Backward Countries." An appendix to: *The Principles of Economic Planning: A Study Prepared for the Fabian Society*. London: Dennis Dobson, and Allen & Unwin.
―――― (1953) *Report on Industrialisation and the Gold Coast*. Accra: Gold Coast Government.
―――― (1954) "Economic Development with Unlimited Supplies of Labour." *The Manchester School of Economic and Social Sciences* 22(2), pp. 139-91.
―――― (1955a) *The Theory of Economic Growth*. London: George Allen & Unwin.
―――― (1955b) "The Economic Development of Africa." In *Africa in the Modern World*, ed. Calvin W. Stillman. Chicago: University of Chicago Press.
―――― (1961) "Education and Economic Development." *Social and Economic Studies* 10(2), pp. 113-27.
―――― (1965) *Politics in West Africa*. Toronto and New York: Oxford University Press.

第4編　開発経済

―――（1969）*Some Aspects of Economic Development*. London: George Allen & Unwin.
―――（1971）*Socialism and Economic Growth*. The Annual Oration, London: LSE.
―――（1978）*The Evolution of the International Economic Order*. Princeton: Princeton University Press.（水上健造訳『国際経済秩序の発展』文化書房博文社，2001年。）
―――（1979）"The Dual Economy Revisited." *The Manchester School of Economic and Social Studies* 47(3), pp. 211-29.
―――（1985）*Racial Conflict and Economic Development*. Cambridge, Mass.: Harvard University Press.（益戸欽也／勝俣誠訳『人種問題のなかの経済』産業能率大学出版部，1988年。）
Louis, William Roger, and Ronald Robinson（1994）"The Imperialism of Decolonization". *Journal of Imperial and Commonwealth History* 22, pp. 462-511.
Macmillan, W. M.（1936）*Warning from the West Indies: A Tract for Africa and the Empire*. London: Faber and Faber,（paperback edition, Harmondsworth: Penguin, 1938）.
Nurkse, Ragnar（1953）*Problems of Capital Formation in Underdeveloped Countries*. Oxford: Basil Blackwell.（土屋六郎訳『後進諸国の資本形成』巌松堂，1955年。）
Pugh, Patricia（1984）*Educate, Agitate, Organize: 100 Years of Fabian Socialism*. London: Methuen.
Sen, Amartya（1999）*Development As Freedom*. New York: Alfred A. Knopf.（石塚雅彦訳『自由と経済開発』日本経済新聞社，2000年。）

第13章

開発と金融
──金融自由化と内生的貨幣供給論──

I 新古典派とポスト・ケインジアン

　経済開発と金融はどのような関係にあるのか。正統派経済学の理論体系はこの問いへの答えをより難しくしているように思われる。新古典派マクロ経済学体系は，雇用，生産量，投資を決定する実物部門と，一般物価水準を決定する金融部門を区別する2分法を採用する。この理論によると，貨幣の役割は経済的な営みの外に置かれ，結局金融部門は実質的な生活水準になんら影響を与えない。つまり貨幣は中立的であり，貨幣はヴェールにすぎないのである。

　この世界において，貨幣が登場するのは物々交換を円滑に行なうためであり，経済開発に関連して金融の重要な役割は仲介機能（例えば貯蓄家と投資家の仲介）に限定される。このような理論体系からは金融自由化の必要性が自然的に導かれる。そしてこの論理は97年のアジア危機，98年のロシア危機など毎年のように深刻な経済危機を経験しながらも依然として経済学界の多数意見である。

　金融自由化論が開発途上国の経済開発政策として紹介されたのは1970年代である。1970年代に入り新古典派経済学者によってまず開発途上国の金融抑圧が議論され，その代替理論としてマッキノン＝ショー・モデルが紹介されたが，のちにこのモデルが金融自由化論の基礎をなすものとなった。90年代に入ってからはポスト・ケインジアン（Post Keynsian，以下PKと称す）によっても金融自由化に対する厳しい批判が行なわれた。この議論は主にストゥダルト（R. Studart），グラベル（I. Grabel）によって展開されてきた。PKは，マッキノン＝ショー・モデルが貸付資金説に基づいて利子論を議論していることに対し，

ケインズの流動性選好説をもって金融自由化論に対する批判を展開するものである。この金融自由化論争を通じ新古典派とPKの理論対立がより鮮明に描かれた形となった。

以下本章では，金融自由化理論を概観したのち，続いてPKの金融自由化論に対する批判を整理する。最後に内生的貨幣供給論の世界経済論的アプローチを試みる。

II 経済開発と金融自由化

1960年代を通じ経済研究の最も有望な領域の1つは，ケンブリッジ論争としても知られているように，経済成長の理論であった。しかし世界経済の慢性的なインフレ，高失業率，石油危機によって特徴付けられる1970年代の不安定な状況下では，定常的成長の持続性を説明しようとする理論の追及はそれ以上の意味を持つことはできなかった。このような経済学研究の流れは開発経済学にも現れた。金融自由化論の場合も当時各国の経済政策に大きな影響力を行使していた成長理論を否定することから始まる。マッキノンとショー（McKinnon, Shaw）は偶然にも同じ時期に，主にこの政策を否定する議論を展開し，第三世界の開発が失敗しているのは政府が市場へ介入するためであると結論付けた。彼らのこの議論が，のちにマッキノン＝ショー・モデルと呼ばれ金融自由化の理論的根拠を提供するようになったのである[1]。

高インフレと貿易赤字の累積に特徴付けられる開発途上国の問題はどこにあるのか，という疑問に対して彼らが見出したのが金融抑圧の問題であった。例えばショーは為替レートと金融価格の歪みにより開発途上国の実質経済成長が著しく妨げられる（Shaw 1973, p. 3）と論じた。それではなぜ金融抑圧は実質経済成長を阻害することになるのか。金融論において金融の役割のうち，より重要視されるのが資源の効率的配分であるが，これを担っているのが金融機関の金融仲介（financial intermediation）機能である。ところが金融抑圧によって金融機関が円滑にこの機能を遂行することができないと分析する[2]。特にマッキ

ノンは，開発途上国においては政府による選別的な融資が行なわれるために金利が規制されこのために金融市場全体が歪められたと主張する（McKinnon 1991, pp. 11-15）。

マッキノン理論の特徴は実物資産と貨幣が代替的関係（substitution）ではなく補完的関係（complementarity）であるという認識である。つまり貨幣需要が大きくなれば実物資産の需要は減少するというのが代替効果であるが，この両者が補完関係であるために逆の効果をもたらすと理解する（McKinnon 1973, p. 44, pp. 59-61）。要するに開発途上国の場合は所得が低いことから租税収入が期待できないために拡大的金融政策を展開しインフレを通じた資源の配分を図るが，これが実質預金金利を低く押さえて結局投資に必要な貸付資金供給を縮小させる。彼はこの過程を説明するために開発途上国の不動産投機問題を引き出す。つまり実質預金金利が実物資産の平均利回りより低い場合は不動産に投資するということである。

経済開発のためにはこの流れを食い止める必要があり，そのためには高金利政策を通じ人々が銀行に預金するようにしなければならない。ここで金融自由化の必要性が台頭する。つまり預金金利の上限を設けるなどの金融抑圧によって預金金利が低く押さえられ，投資に必要な資金が銀行に入ってこないのが開発途上国の実情であると分析する。彼にとって貯蓄率は貨幣保有による実質収益率に依存するために，実物資産の平均利回りより実質金利が高くない限り貯蓄率は上昇しないことになる。

またマッキノンは60年代の韓国経済の検討を通じ，当時韓国経済は金融抑圧の状態ではあったが，金融機関の金融仲介機能の充実を図った改革を行なった結果，預金金利が上昇しこのことが経済成長率の上昇に大きく貢献したと分析する（*Ibid.*, pp. 105-11）。つまりマッキノン理論を要約すると，開発途上国の経済成長を加速化するためには貯蓄率の上昇が必要であり，そのためには高い実質預金金利が要求されるが，これが金融抑圧によって低く押さえられているので，金融自由化を展開する必要がある，ということである。

開発途上国における金融自由化の果たす役割についてショーは次のように主

張する。金融自由化は民間部門の貯蓄率を高めるとともに貯蓄率の上昇により外国援助及び財政赤字問題そしてインフレなどといった開発途上国一般の問題を緩和することができる。さらに金融自由化は金融市場を拡大化および多様化し，より完全な形で貯蓄と投資を仲介することができ，また金融自由化はより公正な所得分配を可能にすると同時に雇用の安定と安定的経済成長に貢献する (Shaw 1973, pp. 9-12)。

　1970年代初めにマッキノンとショーによって主張されたこのような金融自由化理論は，その後IMFと世界銀行の公式見解となり現在まで続いている。しかしIMFと世界銀行によって採用された金融自由化政策は，70年代と80年代に南米において大きな失敗を経験した。このような南米の経験は金融自由化政策が目指した2つの政策目標がすべて失敗したことを意味する。金融自由化政策が掲げた目標というのは，まず高貯蓄率を導き投資を促進することであり，もう1つは金融機関の金融仲介機能を効率化し投資活動の円滑化を図ることである。しかし南米の状況は逆の結果をもたらした。まず金融自由化によって実質預金金利が上昇したにもかかわらず，この期間の民間貯蓄と投資は実質的に減少したが，他方外国による預金は大幅に増加した。この外国資金流入によって一時的な経済成長はもたらされたものの，外国の金利変動により外国投資資金の流出入が左右されてしまい，グラベルの言葉を借りると外国による預金はトロイの木馬（Trojan horse）となり，ついに対外負債危機を招いた（Grabel 1998, p. 207)。1997年の韓国を始めとした東アジア経済危機は，金融自由化政策がもたらした象徴的な出来事であったといえよう。

Ⅲ　ポスト・ケインジアンのアプローチ

　新古典派の想定する資本市場のイメージは，完全競争の世界つまりワルラス的世界である。この世界においては貯蓄先行（the prior-saving）を前提とする。つまり貯蓄と投資は資本市場で独立に決定され，このときに実質金利は調節変数となる。したがって均衡利子率以下での実質金利は投資に必要な資金不足を

引き起こし，この問題を解決するためには強制貯蓄を誘導するしかないと分析する（Studart 1995-96, pp. 270-71）。貸付資金説から出発するこのような金融自由化論の考え方に対してPK理論は次のような4つの点で対立する。

まず新古典派においては個人貯蓄が投資ファイナンスの主な要素であるが，PKにおいてはファイナンスと貯蓄を区別する。次に金融自由化論は預金利子率の上昇は貸出利子率に影響を与えず，また貸出利子率の上昇も生産量に影響を与えないと仮定しているが，PK論は預金利子率の上昇は貸出利子率の上昇を伴うと把握する。第3に金融自由化論は利子率上昇と企業の金融費用との関係を否定するが，PKはそうした変化がミンスキー（Minsky）のいう金融不安定性を生み出すと主張する。最後に金融自由化論は銀行を通じた1つの投資ファイナンス経路を一般化しているが，PKは開発途上国においてこの経路は働かないと分析する（Studart 1993, pp. 283-84）。これら金融自由化論とPKの論点は，投資ファイナンスの経路，開発途上国金融の特殊性，利子率決定論[3]とに要約することができる。

周知のようにケインズは，資本主義経済は消費者と貯蓄家ではなく銀行と企業家が有効需要，雇用および産出の決定における基軸的エージェントであると分析した。つまり企業家経済では個人は所得乗数決定の第二線に置かれるのである。これを受け継いだPK論者も当然ながらファイナンスは貯蓄から独立しており，さらに企業家経済では貯蓄がすべての投資をファイナンスするのではなくファイナンスが投資に先行すると分析する（Studart 1995-96, p. 275）。

投資から貯蓄を切り離したPKは投資ファイナンス—借換（funding）—金融市場の関係に注目する。ケインズは，「投資のために利用可能な資金は，（中略）様々な活動をファイナンスするために銀行システムが創造する資金のごく一部分にすぎない」（Keynes 1973, p. 283）と述べ，投資資金が銀行の貨幣創造に依存すると分析した。しかし投資が銀行の貨幣創造によって行なわれるとしても，投資は企業家の意思決定に左右される。ケインズは企業家が次の2つの条件を満足するとき投資を実行すると分析する。「第一に，投資を行う間に十分な短期ファイナンスを獲得できること，第二に，最終的にはこの短期負債を

満足できる条件で長期社債発行によって借り換えできることである」と説明している (*Ibid.*, p. 217)。つまり企業家は短期債務の長期債務への借換の見込みがあるときに投資を決定し，この投資は最初に短期負債を負うことによって実行されるということである。ここには，当然ながら，短期債務の長期債務への借換を可能にする金融市場を必要とするのである。ケインズのこのような理解はデヴィッドソンによって投資ファイナンスと借換の循環理論として整理された (Davidson 1986, pp. 102-06)。

多くの資本主義経済において借換の行なわれる金融市場は経済成長の重要な役割を担う。つまり金融市場が企業と銀行のあいだにおいて資金の循環的メカニズムを提供するのである。しかしこの金融市場はすべての経済において一義的なものではない。ここで開発途上国の特殊な環境を取り入れる必要がある。現実的に開発途上国の銀行システムは先進国のそれとは大きく違っているために，つまり開発途上国の銀行システムは競争的システムではないために，競争を前提とする自由化論を PK は批判するのである (Arestis and Demetriades 1995, p. 182)。

PK は現在資本主義経済には 2 つの金融システムがあると分析する。それは資本市場システム (capital market-based system) と信用システム (credit-based system) である。資本市場システムは証券市場が長期ファンディングを担うシステムであるが，このシステムでは多数の金融機関が競争的に金融サービスを提供しており，価格は需給の相互作用によって決定される。例えばアメリカ経済とイギリス経済はこのシステムに属する。他方，資本市場が虚弱な経済では企業が社内留保利益を超えてファイナンスするためには主に信用に依存する。これが信用市場システムであるが，日本とドイツそして韓国等がこれに当たる。つまりドイツのユニヴァーサル・バンク，日本長期信用銀行，韓国の開発投資銀行などは戦後経済成長を下支えした原動力であったと把握する (Studart 1995-96, pp. 283-84, 1993, pp. 292-94)。

以上のような PK 論は次のように要約される。経済成長には金融の役割が大きい。投資資金は貯蓄から生まれるのではない。つまり貯蓄が先行するのでは

なくファイナンスが先行する。投資ファイナンスを円滑にするためには短期債務を中期債務に借換できる金融市場を必要とする。これをアメリカとイギリスでは証券市場が担っているが、その他の諸国では主に信用銀行に依存する。

　金融自由化論者は第三世界が経済成長に成功してないのは金融抑圧のためであるとしたのに対して、PK論は金融抑圧ではなく、南米のような開発途上国の場合は長期信用銀行などの借換システムが存在しないためであると分析した。PKが想定した日本の銀行制度および韓国の投資銀行などは、いうまでもなく政府の市場介入または管理を前提とする。

　かつてケインズは金融市場が本来不安定なものであることを明らかにした。不確実性が行動上の慣行によって打ち消されている状態ではその行動には安定性と規則性が伴う。しかしケインズは、「慣行というものは、絶対的な観点からみればきわめて恣意的なものであるから、弱点をもっているとしても驚くにはあたらない」(Keynes 1936, 邦訳151頁) と指摘している。ケインズは、金融市場の慣行の脆弱性の主要な5つの要因をあげている (同上, 邦訳152-56頁)。

　第1に、投資家は、特定の事業の現在および将来の事情について特別の知識を欠いており、このことは行動の安定性を欠くものとなりがちである。第2に、株式市場というものは本来日々の利潤の変動が必要以上に重視されがちである。第3に、日々のほとんどのニュースは、企業業績となんら関係のないものであっても、多数の無知な個人の群集心理の産物として評価に劇的な結果をもたらしがちである。第4に、専門的な投資家は、「資産の全存続期間にわたる予想収益を予測する活動」(同上, 邦訳156頁) に従事するのではなく、むしろその時間を投機、つまり「市場の心理を予測する活動」(同上, 邦訳156頁) に務めているのである。金融市場の不安定性をもたらす最後の要因は、主要金融機関がどのような見通しをもっているかである。主要金融機関の決定いかんにより、投資家の冒険を可能にすることもありうる。

　投資市場において、ケインズのいう企業活動よりも投機のほうが多くなるということはそれだけ不安定性を増すことであり、これは経済パフォーマンスに深刻な悪影響を与えることを意味する。つまり「投機家は、企業の着実な流れ

に浮かぶ泡沫としてならば，何の害も与えないであろう。しかし，企業が投機の渦巻のなかの泡沫となると，事態は重大である。一国の資本発展が賭博場の活動の副産物となった場合には仕事はうまくいきそうにない。」(同上，邦訳157頁)というケインズの指摘のように，金融市場の不安定性は経済パフォーマンスに破壊的な影響を与えかねない。

　以上のようなケインズの分析は，のちにミンスキーによって精密化された。バブル期における投機的投資の内生的進行については実はミンスキーによって主張されたことである。ミンスキーは資本主義経済は基本的に金融の不安定なシステムであると論じた。なぜ不安定なのか。ミンスキーは，「企業の金融取引全体に占める金融投機の比率を高めてきた流れは，資産価格の騰貴をもたらし，投資を拡大させている。そのことが雇用の改善，産出高および企業利潤の改善を導き，それが逆に企業家や銀行家たちに投機的金融の試みが正解であったことを実証してみせたのである。このような脱線傾向を増幅する反応が不安定なシステムの特徴である」(Minsky 1986, 邦訳50頁)と述べ，金融不安定の根底に投機的金融 (speculation financing) があることを明らかにした。

　なぜ資本主義経済は投機的金融になりがちなのか。ミンスキーは金融構造を3種類の資産ポジションに区別しヘッジ金融が投機的金融へと推し進められる推進力が資本主義経済に内在すると分析した。資本主義における取引は基本的に利潤を稼ぐことを目的とするために，現在資産価値の上昇は将来価値をも増幅させる。このような需要の増加はますます資産価値を上昇させてその過程で資本利得が発生するが，これはきわめて短期的な金融ポジションを取ることによってより加速化する。つまり投資が増加するということは短期の支払取引契約が増加することを伴う（同上，邦訳267頁)。したがって投機的金融というのは満期になった負債をころがす金融でもあり，長期ポジションを獲得するための短期金融による資金調達を行なう金融でもある（同上，邦訳256頁)。このことが資本主義経済を内生的に不安定化する金融的要因である。

Ⅳ　LDCs の内生的貨幣供給

　正統派経済学は，金融抑制による貯蓄不足から低開発国の経済発展の障害を引き出す。この問題を解決するために示されたのが金融自由化である。これに対して PK は，金融抑圧ではなく，長期信用銀行のような借換システムが存在しないためであると分析した。しかしストュダルトらの論じた開発途上国における間接金融の必要性は疑いの余地はないが，世界経済論的視点が欠如しているといわざるを得ない。

　経済発展を進めている多くのアフリカ諸国の抱える困難の1つは資金調達である。つまり多くの住民は簡単な商売を始めるために資金を必要とするが，資金調達がうまくできない状況に直面する。結局資金調達は高利の民間業者に頼ることになる。この現象は韓国をはじめとして多くの開発途上国が以前経験してきた，いわゆる地下金融システムである。この問題についてレィ（Wray）は次のように分析する。「低開発国における経済発展の障害は，貯蓄不足でも，貨幣過剰によるインフレでもない。低開発国は資金調達を必要としており，それには不換貨幣の開発，貿易黒字，ないし外国貸付が必要となる。貿易黒字は商品貨幣を増やし資金調達を提供するがゆえに，輸出牽引型成長は可能である」（Wray 1990, p. 64）。つまり低開発国における一番大きな問題は，内生的貨幣供給を可能にするシステムである。

　現在ほとんどの LDCs の近隣には高度に発達した先進国の銀行システムが存在する。また低開発国のほとんどの富の所有者は先進国債務を選好しており，そのために LDCs の経済主体は支出をファイナンスするための債務を発行することができず，結局貨幣供給を内生的に高めることができない。このような状況で，LDCs が資金調達できるのは，貿易黒字を計上するか，先進国から借り入れを行なう場合のみである（*Ibid.*, p. 63）。金融自由化は，世界の金融システムをますます統合することになり，このことはグローバル金融市場で好まれる資産を創造しなければならないことを意味する。結局，先進国債務がますま

す選好され，LDCs の貨幣創造はそれだけ妨げられることになる。

　アメリカ国務省は1996年に世界戦略プラン（Strategic Plan for International Affairs）を具体化したことがある[6]。国務省はアメリカの長期的利益を追求することがこのプランの目的であるとしたのち，このプランが今後外交政策の指針になることを明らかにした。プランの構成は全部で7つの項目であるが，第2番目に経済繁栄（Economic Prosperity）という項目を設けている。さらにこの項目には，商品・サービス・資本市場の開放，2000年までに1兆2000億ドルへと輸出拡大，国際経済の成長増進，開発途上国と旧社会主義国の経済成長推進など4つの細部目標を立てているが，特に注目したいのは商品・サービス・資本市場の開放という目標において，開発途上国と旧社会主義国に対して自由化を進めていくという戦略を明らかにしているところである。つまり開発途上国と旧社会主義国で進めてきた金融自由化はアメリカの国益と絡んでいた問題なのである。

　ストレンジ（S. Strange）は世界的に進行する金融規制緩和の流れを構造的権力として把握した。つまりストレンジは，「市場は圧倒的に世界的なものとなっているが，そこでの権力は圧倒的に国家レベルにとどまっている」（Strange 1994，邦訳137頁）と述べ，世界経済における国民通貨の占める権力を注視する。しかしストレンジはアメリカ金融業者が他の地域のそれに比べて優位な地位にあることは明らかにしても，どのような経路を通じ構造的権力を維持することになるのかについては具体的分析を避けた。プラザ合意以後の新しい資金循環を示したのは本山美彦教授である[7]。アメリカの推進した金融自由化はまさにこのカネ循環の新しいパターンを生み出した[8]。

　言うまでもなく各国の経済主体が支出をファイナンスするために発行したがる債務の形態はドルである。これを下支えしているのが世界的なカネ循環であり，このことをより確実にしているのが金融自由化戦略であるといえよう。この状況のなかで，LDCs の経済主体による自国通貨での負債発行は，ますます難しくなり，結局過度なドル短期債務を発行することになる。しかしこの状況はその地域の為替レートの乱高下の要因としても作用する。例えば韓国では，

1997年にウォンの対ドル為替レートは50％も引き下げられたが，このことが経済危機を引き起こしたのは，まさに債務形態の問題であった。

V　金融自由化の神話

多くのエコノミストは自由化政策が開発途上国に経済的繁栄をもたらしてきたという神話を信じている。またその延長線上で開発途上国の過度な外貨保有は決してその国にプラスではないとIMFのエコノミストらは主張する。1997年経済危機を経験した韓国が，その後取り入れた大きな政策転換は韓国銀行による膨大なドル保有である。中国をはじめとして安定した経済成長を維持しているほとんどの開発途上国の場合，例外なく中央銀行によって多くのドルを保有している。これは何を意味するのであろうか。

多くの開発途上国の経済主体は，自国通貨の高い利子率にもかかわらず，自国通貨での債務発行より，ドル債務発行を好む。このことによってさらに減価し続ける自国通貨での債務発行はますます難しくなる。このシステムがLDCsにおいて内生的貨幣供給を難しくしている大きな問題である。しかし今まで内生的貨幣供給論をめぐる多くの議論は閉鎖経済を前提としてきた。この議論を世界経済に広げた場合，このテーマは全く未開拓のままである。

(1) 金融の役割を取り入れなかった当時の成長理論に対する批判は早くトービンによっても行なわれた。トービンは古典派の非金融的成長理論を批判する論理を展開したが，彼にとっても実質金利は調節変数であった。この意味でトービンの問題提起はマッキノンの理論と共通点を有する。トービンの議論ついてはTobin（1965）を参照されたい。

(2) 金融機関の金融仲介機能を特に強調するのはショーである。ショーの議論において中心概念は金融機関の負債仲介（debt-intermediation）機能の観点であり，また貨幣の中立性も否定する（Shaw 1973, pp. 59-63）。このことはポスト・ケインジアンと同じ理論構造であるが，一方ショーは貯蓄が投資に先行するという新古典派の議論（貯蓄先行説）も受け入れて金融自由化を主張する。ショーのこのような見解は貸付資金説を否定するポスト・ケインジアンにとっては受け入れられない議論でもある。

(3) 利子率決定に対する理論は正統派経済学の貸付資金説が，あるがこれに対してケインズの主張したのは流動性選好理論（liquidity preference）である。つまり利子率は貸付資金によるものではなく，銀行の信用戦略と富所有者の流動性選好によって総合的に決定される貨幣的現象である。この理論はスラッファとハイエクの批判を受けることになるが，この論争の過程でケインズは，貨幣と利子理論の統合を目指して貨幣の基本的性質に基づいた自己利子率論（own rate of interest）を展開する。詳しくは Wray（1992）を参照されたい。

(4) 金融不安定仮説の基本命題は次の2つである。第1に，資本主義経済は，持続的な，安定価格・安全雇用均衡をもたらすことができない。第2に，深刻な景気循環は，資本主義にとって本質的な金融属性のために生じる。この命題は，外部的ショックがなければ安定的であると主張する新古典派経済学と基本的に異なる（Minsky 1986, 邦訳212-13頁）。

(5) 南米の金融自由化問題を主に研究してきたグラベル（I. Grabel）は金融自由化論を投機誘導型開発（speculation-led development）であると分析する（Grabel 1995）。グラベルの議論は次のように要約できる。金融自由化が進むにつれて貸出金利が上昇するが，これは需要と供給の両サイドに影響を及ぼす。まず需要側にはコスト増をもたらし，より期待収益の高いプロジェクトを展開するようになる。このプロジェクトは当然ながら高いリスクを伴う。他方，供給側は需要側のリスク増に対する予備的政策を準備するようになるが，これはさらに金利を高める行動として現われる。この過程が投機的バブル現象であり，結局これは南米の経験からすると急激に崩壊過程を経験する。そこでグラベルは金融自由化を投機誘導型開発と名付けたのである。

(6) 世界戦略プランは，国家安保・経済繁栄・アメリカ市民と周辺安全・法の執行・民主主義・人道的援助・グローバルイシューの七つの項目で構成されている（U. S. Department of State），以下の記述はこの文献による。

(7) 本山美彦教授は構造的権力を次のように定義する。「構造的権力というのは，（中略）あたかも中立的な市場動機で働く経済行為を究極の奥底で律する権力のことであり，明示的には見えないものである。構造的権力は，多くの場合，明確な指示を他の世界に与えるようなことはしないが，他の世界がこの権力の暗黙の意見を無視した行動を取ることは不可能である」（本山 1999, 107頁）。

(8) 吉川元忠氏は，日米間のカネ循環を「帝国循環」と呼ぶ。氏の主張される「帝国循環」とは，日本の経常収支黒字分が円建て資金として海外に投資されずドル建て資金化してしまうことを意味する（吉川 1999, 23-25頁）。

参考文献

吉川元忠（1999）『経済覇権―ドル一極体制との訣別―』PHP研究所。

伯井泰彦（1996）「なぜ資本主義は貨幣を管理できないのか―L. R. Wray の内生的貨幣供給論をめぐって―」『経営と経済』（長崎大学）第76巻第2号。
本山美彦（1996）『倫理なき資本主義の時代』三嶺書房。
―――（1999）「『マネー敗戦』のあとで」『大航海』No. 27。
Arestis, Philip and Demetriades Panicos O. (1995) 'The Ethics of Interest Rate Liberalisation in Developing Economies', In Stephen F. Frowen and Francis P. McHugh (eds.), *Financial Decision-Making and Moral Responsibility*, London: The Macmillan Press Ltd.
Chang, Hajoon and Ilene Grabel (2004-05) 'Reclaiming development from the Washington consensus', *Journal of Post Keynesian Economics* 27 (2).
Crotty, James R. (1992) 'Neoclassical and Keynesian approaches to the theory of investment', *Journal of Post Keynesian Economics* 14 (4).
Davidson, Paul (1986) 'Finance, funding, saving, and investment', *Journal of Post Keynesian Economics* 9 (1).
Grabel, Ilene (1995) 'Speculation-led economic development: a post-Keynesian interpretation of financial liberalization programmes in the Third World', *International Review of Applied Economics,* 9 (2), pp. 127-49.
―――（1998）'Financial Markets, the State and Economic Development: Controversies within Theory and Policy', edited by Philip Arestis, Malcolm Sawyer, *The Political Economy of Economic Policies,* Macmillan Press.
Keynes, J. M. (1936) *The General Theory of Employment, Interest and Money.*（塩野谷祐一訳『雇用・利子および貨幣の一般理論』東洋経済新報社，1995年。）
―――（1973）*The general theory and after: part II, defence and development. The collected writings,* vol. 14, London: Macmillan.
McKinnon, R. I. (1973) *Money & Capital in Economy Development,* Washington: The Brookings Institution.
―――（1991）*The order of economic liberalization: Financial control in the transition to a market economy,* Baltimore; The Johns Hopkins University Press.
Minsky, H. P. (1986) *Stabilizing an Unstable Economy,* New Haven; Yale University Press.（吉野紀／浅田統一郎／内田和男訳『金融不安定性の経済学』多賀出版，1986年。）
Shaw, E. S. (1973) *Financial Deepening in Economic Development,* New York; Oxford University Press.
Strange, S. (1994) *States and Markets,* 2nd., London; Pinter Publishers.（西川潤／佐藤元彦訳『国際政治経済学入門』東洋経済新報社，1994年。）
Studart, Rogério (1993) 'Financial repression and economic development: to-

wards a post Keyesian alternative', *Review of Political Economy*, Vol. 5, No. 3, July.

――― (1995-96) 'The efficiency of financial systems, liberalization, and economic development', *Journal of Post Keyesian Economics*, winter, Vol. 18, No. 2.

Tobin J. (1965) 'Money and Economic Growth', *ECONOMETRICA*, Vol. 33, No. 4.

U. S. Department of State (1996), *Strategic Plan for International Affairs*, homepage.

Wray, L. R. (1990) *Money and Credit in Capitalist Economies: The Endogenous Money Approach*, Brookfield Vt., USA: Edward Elger.

――― (1992) 'Alternative theories of the rate of interest', *Cambridge Journal of Economics*, vol. 16.

第5編　各国経済

第14章

アメリカ経済
——移民による建国からカジノ・グローバリズムまで——

I 移民の原理と,分裂を内包するアメリカ

(1) 移民のつくった世界

　アメリカ経済は今日,資本主義世界システムの中心的な位置にあり,「アメリカンドリーム」を掲げつつ,カジノ・グローバリズムを世界に普及させている。辺境というべき「新大陸」への植民,移民によって成立したアメリカがどのようにして資本主義経済の中心にまで登りつめたのだろうか。というのもE. ウェイクフィールドが見抜いたように,土地を高価格にせず豊富な土地がタダ同然であれば,人は独立自営農民になるのが自然であり,賃労働者になろうという者はいない。したがって資本主義は成り立ちがたい[1]。すなわち,アメリカ経済が労働力不足にどのように対処してきたのかを問わねばならない。

　アメリカ経済を見る際には対立する像がいくつも結ばれる。実際,アメリカは対立を内に抱えて政策の振幅を示しつつ,何回か分裂の危機にも向き合ってきた。この点を解明するため,移民による建国の事情と,建国の祖たちによる構想にふれておく必要がある。

　アメリカは移民によってつくられた国である。早々に主流となった移民たちの多くはまず,北西ヨーロッパからやってきて東部や南部の沿海部に入植し,後からやってきた者が次第に中西部すなわち山間部へと入植していった。したがって開拓は東から西へ向かう動き（西漸運動）となり,これは「フロンティアの消滅」といわれた1893年ごろまで続いた。この間,48年にカリフォルニアで金鉱が発見されると,49年には人々の西海岸への流入が相次ぎ,拠点となっ

たサンフランシスコは突如として大都市になった。また,「南部」地域の多くは,19世紀に新たに編入された。

19世紀後半から今日まで,アメリカへの移民（外国生まれの人口）の動向には2つのピークが刻まれた。最初のピークは1860年から1900年までに1400万人,あるいは1890年から1920年までに1820万人。なかでも1901―1910年には年90万人であり,最大となったのは07年の年125.5万人である。2つ目のピークは1970年代以降,とくに年100万人近い90年代であり,不法移民30万がこれに加わる。移民が全人口に占める比率としては20世紀初頭の方が大きく,移民の絶対数では90年代末の方が大きいことは論争の余地がない（Borjas p. 7）。移民の波における2つのピークは,後に述べる第1期,第2期のグローバル化の時期にほぼ重なる。

世界のある地域に特定の産業が成立し,他国との間に貿易関係がもたれていることを,国際経済学では国際分業論あるいは貿易論によって説明してきた。気候や生産要素,技術の相違がそれにふさわしい産業を生み出し,その産物が交換されるという構図である。そこでは労働力は移動しないことが前提とされてきた。ところが現実には,国際的な移民の流れじたいが産業形成そのものでもあるような事例に突き当たることが少なくない。

移民現象の説明に「プッシュ（要因）」と「プル（要因）」を用いることがある。プッシュは送出側の事情を示し,たとえば経済的困窮,（相続制度や家族制度などとも関連する）耕地の不足などの事情である。プルは受入国側の事情を示し,成長,景気,人手不足といった具合である。移民の決断が個人的な事がらであり,世界中の地域それぞれにプッシュ要因,プル要因が存在するとすれば,世界中のランダムな地域からランダムな地域へ向けて,いわゆる移民と呼ばれるヒトの移動が生ずることになる。しかし,実際には特定の地域から特定の地域へは大きな流れが発生し,別の地域から別の地域ではまったくこれが生じていないというのが通常である。

プッシュ,プルといった個人的な選択を前提に成り立ちそうな要因を前提にしつつも,同郷者による呼び寄せネットワークの機能（「連鎖移民」）という構

第14章 アメリカ経済

造的,背景的要因への注目が重要であることを教えてくれる事例に事欠かない。これらは同時にヒトの移動が新たな産業（の集積）の形成に関与している事例でもある。ヨーロッパからアメリカへの移民では、アイルランド系移民がボストンに多く住み、北欧系の移民が中西部に定着して酪農を営み、またドイツ系移民がウィスコンシン州ミルウォーキーでビール醸造を一大産業に育てたといった事情は、比較的よく知られていることだろう。だが、アメリカのバジェットインやホリデーインといったモーテル事業の多くをインド系移民が行なっており、経営者たちはグジャラート州出身のパテルという姓をもつ可能性が最も高いといった事情はそれほど知られていない。同様に、ノースカロライナ州モーガントンの家禽産業を支えるグァテマラからの労働者も90％がマヤ出身者で固められている（Cobb and Tueck pp. 79, 112-13, 119-20）。

移民が純粋に個人的な決断に基づくのであれば、こういった集積現象は生じにくいだろう。だが、「移民の経験は、個人的な決定の結果であるが、移民という選択肢自体は社会的産物なのである」（サッセン 109頁）。また、決断は個人的である以上に、あるいはそれに加えて世帯ないし家族や村落によるものである可能性も高い。自分より先に移民した同郷人のツテを頼る形の移民現象（連鎖移民）となることは間違いなく多い。和歌山県日ノ御碕に近い三尾村は移民を多く輩出し、（移民先はカナダだが）「アメリカ村」とも呼ばれる。ここからブリティッシュ・コロンビア州への移民は、漁場を失った農漁民たちの窮状を見かねた工野儀兵衛が当地スティーヴストンに鮭缶詰工場を建てて成功を収めてから後、大きな流れとなった。

国内の事例になるが、大阪の銭湯経営者は過半が石川県（とくに鳥屋町など）の出身であり、東京では新潟県（とくに西蒲原郡など）の出身である。出身地が均等に分布せず、狭い範囲からの連鎖移民を形成することこそが「移民の原理」を示す好例である。それらは、これまで説明されてこなかった産業形成の原理をも示しているかもしれないのである。

(2) 移民と農業

　アメリカは農業国として出発したが，19世紀末には製造業における大国となり，今日では金融などサービスその他の新しいビジネスモデル（？）で世界経済を主導する存在となっている。まずは移民たちの従事した農業について，労働力不足への対処との関連でみておこう。アメリカの建国神話ともなっているメイフラワー号に乗ったピルグリム・ファーザーズがプリマス植民地を建設した1620年に先立つ1607年，W. ローリーらはヴァージニアへの入植を組織し，タバコ栽培などを始めた。ヴァージニアより南がいわゆる南部だが，南部地帯では綿花栽培が進んだ。19世紀にルイジアナ（ミシシッピ川以西）をナポレオンから，またフロリダをスペインから購入すると南部農業地帯はさらに拡大した。労働集約的な商品栽培のための労働力は，奴隷貿易によって当時はアフリカから供給されて売買された。また，入植地では測量が行なわれ，区画が整理されて，土地が商品化された。これは，当地のネイティブ・アメリカンたちにはなかった慣習である。

　広大な土地があって土地所有者になることが比較的容易な新大陸で，自ら賃労働者になろうとする者は少なかったであろうから，労働力の調達はその後もアメリカ経済にとっての課題となった。労働力の投入に限界があれば，労働力不足には資源投入の拡大，労働節約的な技術の導入によって対処することができる。当初は農業において，後には製造業において見られた労働節約的な技術革新も，アメリカ経済における特徴の1つとなった。

　アメリカ農業に革命をもたらした技術・機械の1つにコットン・ジン（綿繰機）がある。これは綿花から種を取り除き繊維を取り出すための装置であり，鶏を捕まえようとした猫の爪に羽毛だけしかひっかからなかったのを見て，E. ホイットニーが1793年に考案した。これによって綿花生産の生産性は飛躍的に上昇した。綿花は最大の輸出品となり，1860年代には全輸出の6割近くを占めた。また，S. マコーミックは1831年，黒人の助手ジョー・アンダーソンとともに刈取機を発明し，10人がかりで1日かかっていた仕事を1時間でできるようにした。彼の会社マコーミック（後にインタナショナル・ハーベスター）社は，

割賦販売や代理店制度などの手法も取り入れ，これを5年で2万台を売ることに成功した。大量販売のための手法もアメリカ経済の特質を探る上では重要な要因である。

アメリカはその後，機械化とともに農業人口を減らしながらも農業大国として成長し，その過程で農業と農産物全般にかかわるアグリビジネスもまた成長した。1933年に成立した農業調整法の下で，下落する農産物価格の支持が行なわれ，農産物の過剰生産傾向も生ずるようになった。また，過剰農産物の輸出や援助物資としての利用促進などをめぐり，農業が外交政策の課題と密接に関連する局面も現れる。また，人手を省く機械化は，同時に水や肥料などの大量投入を招き，ロッキー山脈沿いに広がるオガララ地下水系の枯渇をはじめ，環境負荷の大きさが問題となっている。

(3) 分裂と対立

植民地であったアメリカは本国イギリスからの工業製品の輸入に依存しており，独立戦争も外国からの武器の輸入にたよって戦われた。したがってその課題としては武器生産の国産化が，さらにはイギリス工業のための原料・食料の輸出国としての地位を脱却し工業化をはかることが，意識された。そのため建国期の政策として，①保護貿易主義，②ヨーロッパからの生産技術導入，③国営軍事工場の建設による技術のスピン・オフ（軍事部門から民間部門への技術移転）効果の追求，④労働力不足に対処するために互換性のある部品の活用などが追求された。合衆国初代の財務長官であったA. ハミルトンは，連邦政府の権限を強化して一連の政策が実行されるよう望んだ。

一方，建国期の構想としてこれと対立したのが，後に第3代大統領となる初代の国務長官T. ジェファーソンである。彼は大使としての任地フランスから重農主義的な影響を受けており，独立自営農民たちから成る国を理想として，連邦政府権限の強化ではなく地方分権を望んだ。[(3)] 両者それぞれに適合的な国際関係認識や外交政策を加えれば，これがその後に現れる政策対立や論争の原型になったということができる。しばしば分裂をはらむ「2つのアメリカ」が顕

在化する際に想起すべき点である。⁽⁴⁾

　広さ（距離）の克服も常にアメリカ経済の課題となった。アメリカの広大な国土をつなぐために運河網の整備が求められた。1825年には，マンハッタンからハドソン河をさかのぼってエリー湖にいたるエリー運河が完成した。物資の大量輸送をになった水上交通において，帆船から蒸気船への転換が必須であり，フルトンの発明した蒸気船は，07年，マンハッタンからニューヨーク州の州都オルバニーまでの240キロを32時間でつないだ。その後，ハドソン川に定期船が運航するようになると，フルトンはこの運航権を独占して大もうけした。

　1848年にカリフォルニアで金鉱が発見されると，49年にはゴールドラッシュが起き，西部への大移動が始まった。東から西へと開拓の進んだアメリカでは，ロッキー山脈に阻まれて大西洋側と太平洋側という東西間でそもそも発展格差や経済的分断のおそれがあった。東部と西部の経済圏をつなぐために62年，大陸横断鉄道法が制定され，鉄道の建設が進められた。ユニオン・パシフィック鉄道とセントラル・パシフィック鉄道の2社が，鉄道1マイルの建設ごとに沿線の土地20平方マイルを与えられるという条件で建設を行ない，69年，ユタ准州のプロモントリーで鉄道がつながって，大陸横断鉄道が完成した。また，未開の西部で土地を開拓した者に所有権を与えるという62年のホームステッド法の誘引によって，多数の移住者が土地を求めて西部に向かった。

　東西間の潜在的な対立と分裂がこうして回避される一方，農業地帯であり保護関税を望む南部と工業地帯であり自由貿易を望む東北部の経済的利害の対立は大きく，1861—64年に南北戦争という内戦を経験した。その後も，中西部農民層はインフレ政策を望み，東部エスタブリッシュメントや銀行家たちは物価の安定を望むといった経済政策上の対立は，アメリカの中央銀行設立を遅らせる要因となった。

II 「工場」の成立と脱製造業への展開

(1) アメリカン・システム

　今日の工場の姿には，世界中で共通する「何か」がある。その「何か」は，20世紀の初めに，アメリカのフォード自動車工場で形づくられて世界に広まった。それは，アメリカ的生産方式という意味でアメリカン・システムと呼ばれ，そもそもアメリカに特徴的なものだったが，今日ではそれが世界中の工場における標準的な姿になった。(5)アメリカン・システムには，労働力不足を克服しようとした前史がある。

　もともと時計や家具など工業品の生産は，熟練した技術者あるいは職人が1つ1つ仕上げていく方法で行なわれた。これは職人芸すなわちクラフツマンシップとも呼ばれて，ヨーロッパの得意とするものだった。その伝統は時計や宝飾品など今日の高級ブランドやスポーツカーの生産などに伝えられている。

　アメリカは，大規模な移民を受け入れてきたが，ものづくりに欠かせない技術者など熟練労働力の不足は解消しなかった。18世紀の独立戦争などでも銃の国産化の必要性を痛感したアメリカは，マサチューセッツ州スプリングフィールドの国営兵器工場を改革し，政府主導で生産技術を民間に普及させようとした。マスケット銃の修理について考えてみよう。銃床，引き金といった部品が個々の職人の手で生産されていると，修理のために，Aという職人のつくった銃の部品としてBという職人のつくったものを取り付けようとしても，うまくいかない。ところが，規格化され，互換性のある部品であれば修理可能である。また，これなら，熟練労働力でなく単純労働力によっても修理できる可能性が生まれる。すなわち，規格化され互換性のある部品(6)を用いることが，熟練労働力の不足を補う工夫となり，これがアメリカン・システムの原型となったのである。その後，汎用機械でなく，特定の作業ごとに決められた工具や専用工作機械を用いるといった特徴がこれに加わった。さらに完成された姿が20世紀初頭に登場し，その後に全世界に広がる「工場」のモデルとなる。

(2) 自動車産業

　自動車は19世紀末にヨーロッパで発明された。20世紀初頭には、蒸気機関、電気など多くのタイプの自動車が競合し、内燃機関（ガソリン）車はむしろ少数派だった。そのガソリン車を普及させたのはH.フォードの功績である。フォードは、エジソン電気照明会社（後のGE）で技師などをしていたが、やがて自分の自動車会社を興し、高性能車を自動車レースに出場させて脚光を浴びた。フォード自動車会社は1903年にA型フォードを発売し、その後もB型、K型、N型などを製作したが、08年に発売したT型フォード（Model T）は、驚異的な大ヒットとなった。

　労働者の平均日給2ドルの時代に、数千ドルから1万ドルもして「金持ちのおもちゃ」だった従来の自動車と比べれば、当時の教師の平均年収に相当するT型の850ドルは、それでも庶民にも手の届く実用的な商品になったことを意味した。馬車で町まで買い物に行くのも1日仕事だった農民のために、「自動車を民主化」すること（「金持ちの独占物を庶民の手に」）を目標としたフォードは、さらにコストダウンを進める。1912年に90万台だった生産は、24年に累計1,000万台を突破し、27年には1,500万台となって国民6人に1台が保有する計算となった。

　フォードによるコストダウンのための工夫が、アメリカン・システムを完成させることになる。規格化されて互換性のある部品と専用機械の使用に加わったのが、シカゴの精肉工場からヒントを得たとされるベルトコンベアである。工場では当初人間が移動して組み立てていたが、人力で仕掛品を移動させるように変更され、その後にベルトコンベアが用いられることになった。工場内に「ライン」が登場したのである。

　工場内の労働管理では、親方が工程ごとに労働者を調達、管理する内部請負制が主流だったが、フォードは、F.テイラーの考案した科学的管理法（テイラー・システム）を導入した。これは、動作研究（作業研究）によって労働者の動きの無駄をなくそうというものであり、これらは後に生産管理論の基礎となった。[7]

大量生産によってコストダウンが実現しても，それだけでは大量消費されない。フォードは，1914年に労働者の日給をそれまでの約2倍に相当する日給5ドルへと引き上げた。単純労働に耐えきれない労働者の高い離職率への対策でもあり，私生活にまで立ち入った管理部門（sociological department）からの調査と要求に沿うことを求められたが，大量生産＝大量消費という20世紀アメリカ発のパラダイムを作り出した意義が大きい。このようにしてフォードによって完成されたアメリカン・システムは「フォーディズム」とも呼ばれる。

フォード社は第1次世界大戦後の不況もコストダウンと値下げで乗り切り，1923年には年産212万台でシェア57％を達成する。22年にリンカン自動車会社を買収して高級車部門も追加したが，基本戦略は単一車種の大量生産によるコストダウンを中心に，技術革新を加味したものであった。

一方，GMは，1908年，馬車製造のW. C. デュラント社がビュイック社を買収してスタートした。デュポンによる買収などを経て社長に就任したA. P. スローンは，経営管理面では，車種（部門）ごとに独立採算とし権限をもたせる事業部制を導入した。また販売面では，今日どの自動車会社も継承しているマーケティング戦略を展開した。「どんな目的にもどんな財布にもかなった車」を目標に，低価格車から高級車までのフルラインアップとカラー・バリエーションをそろえ，「消費の階段」を昇らせようとしたのである。また，買い替えを促すために，年次ごとにモデルチェンジを繰り返した。黒一色の無骨なT型に特化した実用性重視のフォードを，GMが20年代末ごろまでに追い越し，スタイル重視と大型化によって，以後首位の座を譲ることはなかった。GMの戦略は，自動車（をはじめとする商品）が（輸送など）機能的価値だけでなく，（ステイタスの表示など）象徴的価値をもちうるという点に基づいている。

だがそのGMも，1970年成立の排ガス規制であるマスキー法や70年代の石油危機による大型車離れもあって，日本車の猛追を許した。79年には危機に陥ったクライスラーが連邦政府の救済を受け，アメリカの自動車業界は，80年代に日本に対して対米自動車輸出自主規制を求めることになった。「日米逆転」と言われた80年代には，トヨタのカンバン方式などがJIT（ジャストインタイ

ム）方式，さらにはリーン生産方式などと呼ばれ，フォーディズムを超える新たな生産方式としてもてはやされ，研究された。だが，90年代には「日米再逆転」が訪れ，JITの前提だった系列をはじめとする日本型経営の特徴は，一転して構造不況の元凶であるかのように指弾されることになった。2005年に入り，前年からの原油高騰などもあって，大型のSUV（ピックアップトラックの車台をベースに内外装を積み上げたレジャー用の車）に依存して90年代には好調を謳歌してきたアメリカ各社の戦略がこの時点に至って裏目に出ており，GM社債の投資適格水準以下への格下げなど危機が再び表面化した。

(3) 産業の空洞化とファブレス化

アメリカン・システムとは，「すり合わせ」的な職人芸を要する工程をできるだけ減らし，専用機械で加工したモジュール化部品を組み合わせるだけの単純作業に組み替えることでコストダウンをはかるというものである。[8]これがコストダウンにつながるためには，標準化した部品が（価格競争のある）市場でいくらでも調達でき，モジュール化部品の組み合わせという単純労働をこなす労働力が市場でいくらでも調達できるという前提が必要である。さらには，このようにして製造された製品が市場でそれなりの販売力（価格競争力）をもつ必要もある。20世紀のアメリカ製造業もまた，労働力をどう調達するかという課題に直面し，そのための対処の中から新たな展開が生み出されてきた。[9]

南北戦争後に解放された奴隷は19世紀末から20世紀初頭にかけて，五大湖沿岸などの北部工業地域へと移動を本格化させ，ここで南欧・東欧からの移民たちとともに工場労働者となる。フォード自動車工場の課題は，農業しか知らない労働者を用いていかに自動車を生産するか，そのコストを下げるか，だったのである。

一方，南部のプランテーションでは，アフリカ系に代わる労働力が求められた。商工会や議員たちは当初，中国人労働者の呼び寄せに熱心であり，中国本土や（クーリー貿易で渡っていた）キューバから中国人労働者が呼び寄せられる。だが，中国人は農園での契約を終えると都市に出て小資金で雑貨屋やクリーニ

ング店を始めるケースが多かった。中国人の後には日本人の呼び寄せられた地域もある。1924年移民法では国別割り当てが強化されて，南・東欧系が制限され，アジア系は実質的に締め出された。(10)大戦中と戦後の労働力不足を埋めたのはメキシコ系であった。42-64年には，メキシコから農業労働者を季節的に呼び寄せるブラセロ計画が実施された。(11)だが，南部は所得も低く，移民の受け入れも少なかった。64年の公民権法と，人種的な制限の大幅に緩和された65年移民法の下で南部社会が大きく変わることによって，その後に移民や労働者が流入するようになり，南部はサンベルト地帯と呼ばれて活況を呈する。

　北部工業地帯よりも圧倒的に低い組合組織率などが誘引となり，南部に立地する企業が増えた。軍事産業（そのため，サンベルトはガンベルトとも呼ばれる），エレクトロニクスなどの新産業，後には自動車産業も南部への立地を増やした。第2次世界大戦後のアメリカ経済の繁栄は，フォーディズムによる繁栄でもあった。やがて日欧との競争が意識されるようになると，各企業はより効率的で採算の取れる経営を模索し，経営戦略的なテーマの盛衰を生みだしていく。

　サンベルト地帯への企業の移動は，残された北部のフロストベルト地域にとっては産業破壊に他ならない。de-industrializationは，脱工業化というより産業破壊であった。国内での移動に加え，海外への移動もあった。1980年代に見られたドル高局面ではアメリカ企業の海外進出が加速した。エレクトロニクス産業が労働集約的な半導体生産の後工程を東アジア地域に移転する動きなどが活発化した。一方で，海外を含む市場で調達できる標準品を，内製化をやめて市場（外部）から調達するアウトソーシングの動きもあった。これには社外からの調達と外国からの調達という2つのケースがあった。企業の海外進出と，外国からの調達という意味でのアウトソーシングとは，ともに産業の空洞化として意識されることになった。

　1980年代，とくにその後半は日本のバブル景気の時代だった。このころ，アメリカのハイテク企業の中から，製造業をもたずに開発と設計に特化する企業が現れた。ファブレス（fabless）と呼ばれる企業であり，インテルはその代表といってよい。DRAMと呼ばれる半導体で日本企業との競争に負けたことが，

インテルにとってファブレス化を選択する転機になった。

　モジュール化の進展は，EビジネスにおけるBtoB（ネット調達）が成立する前提でもある。また，盛んになったモジュール化と外注は，企業の本社業務そのものやバックオフィス業務についても適用されるようになり，製造部門をもたずマーケティング部門だけのメーカーなどが登場する(12)。背後でこれを成立させるため，多国籍企業本社の集中するグローバル都市に，移民を含む低賃金労働力を用いてバックオフィス業務や生産者サービスを請け負う企業がますます集中することになる（サッセン 2004）。

　またファブレスを成立させるため今度は，エレクトロニクス関係を中心に製造だけを請け負うEMS（Electronic Manufacturing Service）と呼ばれる企業が登場する。アメリカやカナダの大手EMSの製造拠点は，アメリカ国内にとどまらず，日本や中国にもおかれるようになった。これは中国が「世界の工場」となる要因の1つともなったのである(13)。

III　カジノ・グローバリズムへの道

(1) 1930年代と1970年代の政策転換

　20世紀のアメリカ経済の歩みを概観しておこう。1930年代と70-80年代が転換点となる。20年代に空前の好況を謳歌したアメリカは，29年の株価暴落後に長期の低迷に沈む。大不況（大恐慌）に対してアメリカはF.ローズベルト政権（民主党）のニューディール政策で対処する。それは積極的に行動する大きな政府への転換であり，その中心思想の1つはマネーの管理にあった。20年代の自由放任思想は経済をバブル化させた。投資銀行によるブローカーズ・ローンは，購入する証券を担保として高利で購入資金を融資するものであり，株価が上昇を続ける限りほぼ自己資金なしに株を購入し続けることを可能にした。20年代アメリカの金融構造は，90年代東アジアやラテン・アメリカのそれに近かった。33年銀行（グラス＝スティーガル）法は銀行と投資銀行とを分離し，35年銀行法はFRB（連邦準備制度理事会）による銀行監督と規制を強化した。また，農民

や労働者を含む幅広い層に向けた政策によって、ニューディール大連合が成立したとされる。19世紀半ばごろからグローバル化がイギリスを中心に展開していた（これを第1期グローバル化と呼ぼう）が、自由化の行き過ぎが招いた反動である第1次世界大戦あるいは大不況によって途絶えた。

　第2次世界大戦後の世界経済の枠組みを構築したブレトンウッズ体制は、ニューディール体制の国際版といえる。国内体制を構築したニューディーラーたちは、そのまま横滑りしてその国際版の構築にあたった。1930年代の関税引上げ競争、ブロック経済化、そして為替切下げ競争が、大戦を導く経済面からの要因になったと見て、保護貿易政策を防止するためにGATT（関税と貿易に関する一般協定）が、また各国間の資本移動の規制を前提に固定為替制度を維持するためにIMF（国際通貨基金）がつくられた。すなわちブレトンウッズ体制とは、経常取引（貿易）を自由化するが、資本取引（国際金融）は規制するというものであり、これによって各国ごとに金融市場が分断され、福祉国家政策が可能になった。

　だが、ブレトンウッズ体制は1970年代に大きく変容（解体）し、アメリカ国内のニューディール体制は80年代にレーガン革命によって解体された。80年代アメリカの規制緩和と金融自由化は、欧州に飛び火することによって、（冷戦の終結や通信技術の発達とあいまって）90年代に全面開花する第2期グローバル化の前提を準備した。[14]

(2) 1980年代における転換と90年代の「ニュー・エコノミー」

　1981年に大統領に就任した元俳優のR.レーガン（共和党）は、「強いアメリカ」の復活をめざし、アメリカ経済再建のためにレーガノミクスと呼ばれる政策を打ち出した。これは、「小さな政府」をスローガンに政府の役割を縮小し、規制緩和を進めて民間の活力を呼び戻そうというねらいをもっていた。航空輸送をはじめとする運輸・通信分野で規制緩和によって値下げ競争が活発化した。また、金融自由化が推進され、銀行が高リスクの貸出しを行なうことも自由になった。インフレ抑制をねらって金利は大幅に引上げられ、これによって外国

から資金が流入したためドル高になり、経常収支の赤字は拡大した。企業の対外進出が増加し、アメリカ国内では産業の空洞化が進行した。また、「小さな政府」をスローガンにしながら軍事費は大幅に増やされたため、むしろ財政赤字が拡大し、このため経常収支（貿易収支）と財政収支との、いわゆる「双子の赤字」が生まれた。85年9月、G5（主要国蔵相・中央銀行総裁会議）でドル高是正のためのプラザ合意が成立した。80年代末から90年代初頭にかけてアメリカ経済は、バブル崩壊後の銀行倒産に悩まされた。倒産したS&L（貯蓄貸付組合）の不良債権処理に要する費用は数千億ドルとされた。

レーガノミクスは、政府の役割を小さくしてニューディール体制を打破しようとする試みだったが、これが本格的に経済成長を促すのは、父ブッシュ政権より遅れて1993年以降のクリントン政権（民主党）の時代になってからである。ゴア副大統領の「情報スーパーハイウェイ」（後に「国家情報基盤」）構想に沿ってIT（情報通信）産業で規制緩和が進んで「IT革命」が進展したとされ、アメリカ経済は91年から10年に及ぶ史上最長の好況を経験した。カリフォルニア州サンフランシスコ郊外のシリコンバレーは、ヒューレット・パッカードを嚆矢として、ヤフー、シスコ・システムズなどの企業が現れて急成長し、ITビジネスの中心となった。転機は96年だろう。通信法の改正によって新規参入が自由化され、電力小売の自由化政策も始まった。ダウ平均株価は6,000ドルを超え、グリーンスパンFRB議長は96年末にこれを「根拠なき熱狂」と評した。

クリントン政権（民主党）期の1998年度に、好況によって財政赤字が解消し、黒字を実現した。2000年3月にはITバブル（ネットバブル）の崩壊、すなわちIT関連企業の株価暴落があった。ブッシュ大統領就任後の01年春にも株価はもう一段の下げを記録し、01年9月には同時多発テロ事件が起きた。

ニュー・エコノミー論とは、1990年代後半のアメリカ経済を、従来とは異なる新しい段階の経済だとする議論であり、ITバブルの過程で高株価をはやす役割を果たした。いくつかのバリエーションがあるが、IT技術の利用によって生産性が上昇したため、好景気でも物価上昇が起こらず景気循環が消滅したとする極論も含まれる。IT利用による生産性上昇は、その後のバブル崩壊を

見れば明らかなように過大評価であった。これには次のような要因を追加して考えるべきであろう。①海外からの資金流入が株高を支えた。とくに欧州企業によるアメリカ企業の買収や，高株価にひかれた資金流入の影響力が大きかった。②資金流入などによってドル高傾向が維持され，これによって輸入物価が安定した。③90年に2億4000万だった人口が10年で2億8000万人にまで急増した。増加のうち1000万人は，不法移民を含む移民の流入によった。この人口増加が堅調な住宅需要を支える一方，移民による豊富な低賃金労働力が，（インフレの原因となりうる）サービス部門の賃金上昇を抑制したのである。

(3) エンロン破綻と「信頼性の危機」

　2001年12月にアメリカのエネルギー関連会社エンロンが倒産（総資産額628億ドル，負債総額168億ドル）し，02年7月に通信会社ワールドコムが破綻（総資産額1038億ドル，負債総額400億ドル）した。エンロンは10億ドル，ワールドコムは38億ドルにのぼる不正な会計操作を行なっていた。エンロンは，電力など規制緩和によって生まれた新市場を「エンロン・オンライン」と呼ばれるネット取引市場に取込み，自社に有利な政策を背景に投機的取引で利益をあげ，損失をSPC（特別目的子会社）に付け替えていた。カリフォルニア電力危機にも大きく関与し，経営陣だけは破綻する前に自社株を売り抜けていた。両社の会計監査を担当していたアーサー・アンダーセンも，エンロン関連書類を大量に廃棄するなどの司法妨害を行ない，02年6月に地裁から有罪判決を受けて8月に88年の歴史を閉じた。アナリストの絶賛する優良会社による不正と破綻が相次ぎ，会計制度を含むアメリカ型資本主義そのものに対する「信頼の危機」となったため，02年7月に議会は企業改革法（サーベンス・オクスレー法）をスピード審議で成立させ，決算の真実を経営陣に宣誓させる措置をとった。

　問われるべきアメリカ型コーポレート・ガバナンス（企業統治）の構造とは何か。年金基金なども含めれば家計の過半が株式市場に資金提供し，経営陣は企業価値（株価）の最大化を目指す。会計事務所の監査が決算の信頼性を高めると同時に，格付会社やアナリストによって情報が一般に提供される。四半期

ごとの短期的な株高に向けてすべてが動員される「株式本位制」がアメリカ型資本主義である。

　だがバブルの過程で，経営陣に対するストックオプションは株価を上昇させるための不正会計への誘引となった。また粉飾を見抜く監査にあたるべき会計事務所が，同時に行なっていたコンサルタント業務では株価上昇を目指す「積極会計」を指南しており，利害相反の問題が生じていた。いずれも SEC（証券取引委員会）が問題視して1993年に会計基準の改正を提案していたが，ウォール街と産業界の反対を受けて議会がこれを拒んだものである。情報公開は不足しており癒着と腐敗が蔓延していたことになる。ブッシュ政権にも次のような多くの疑惑が指摘されている。チェイニー副大統領はエンロン会長と何度も会い，会長メモと瓜二つの新エネルギー政策を発表した。リンゼー補佐官はエンロンの元顧問，ホワイト陸軍長官は副会長だった。エンロンの提供した自家用ジェット機で遊説したブッシュ大統領自身も，テキサスのエネルギー人脈との関連を厳しく問われている。

(1) ウェイクフィールドによる組織的植民論が世界経済論に対してもつ意義については，本山1976，第4章を参照。アメリカ経済が「第三世界」を内に抱え込んでおり，（たとえば西欧型の）「先進国」型経済とはなりえない事情も，このあたりにまでさかのぼって考えることができる。これはまた，光の当たる「アメリカンドリーム」のちょうど裏側の事情でもある。

(2) 1803年にミシシッピー以西のルイジアナをナポレオンから購入し，19年にはスペインからフロリダを購入した。テキサスは，テキサス共和国のメキシコからの独立（36年）後に，併合された（45年）。48年には，ニューメキシコ，アリゾナ，カリフォルニアが加わり，67年には帝政ロシアから購入したアラスカが加わった。

(3) 大統領への就任後には，ある程度の連邦政府権限や工業化の必要性を認め，これを前提とした政策を実施した。「独立宣言」の人権思想と現実の奴隷容認，「農本主義」思想と大統領時代の現実の政策など，理想と現実とのギャップをどう解するのか，今日でも論じられ続けている。

(4) アメリカが移民によって建国されたのであれば，移民のメンタリティを想像してみるのがよい。中西部に入植して土地を得た農民が，東部の大都市に拠点をおく中央政府に対して抱く思いとしては，自分たちの地域にまで政府によるサービスが行き届いていない，にもかかわらず徴税されることへの不満がある。したがって，彼

らは小さな中央政府と分権的な政治体制を望み，(金のかかる)ヨーロッパの紛争に巻き込まれないような外交政策(後の孤立主義やモンロー主義がそれである)を期待した。
(5) 100年前の，ハイランドパークやディアボーンのフォード工場を現代人が見ても珍しくないだろう。その後の100年間，世界中の工場の原型となるほど画期的だったからである。
(6) 規格化され互換性のある部品とは，今風に言えば「モジュール」ということになる。
(7) ストップウォッチを持っての「作業研究」は，コストの削減を迫られる今日の工場でも珍しい光景ではない。同じ作業を繰り返す工程の積み重ねの中では，コンマ数秒のロスが莫大なロスにつながるとの見立てである。
(8) 部品間の結合が標準化され，既存部品を組み合わせれば多様な製品ができる「モジュラー(組み合わせ)型」と，部品の設計を相互調整して製品ごとに最適な設計をしないと高い性能が出せない「インテグラル(擦り合わせ)型」とをキーワードに，藤本隆宏氏が優れた産業分析を行なっている。ここでは，これによらず独自に，すなわち従来からのアメリカ経済史的な知見の組み換えによっても，同様な(結論としては微妙に異なる)議論が可能であることを示した。
(9) 新たな展開はフォローされており，著名なケースが多い。だが，労働力とのかかわり(したがって社会編成とのかかわり)の部分はさほど意識されていない。労働のあり方と製造現場が変わればいずれ社会の編成も変わるはずであり，看過しえないはずである。
(10) 新規の移民が制限されると，家族の呼び寄せによる移民が残されたルートとなる。写真による見合婚などもこのころに禁止された。
(11) メキシコ国境工業化計画(マキラドーラ)は，国境に沿ってアメリカからの部品輸入向けの加工区を設定し，アメリカへの再輸出を無税とした。これは，ブラセロ計画の終了にともなって遊休化する労働力を活用するための計画だった。その後のNAFTA(北米自由貿易協定)は，関税低下の効果から言えば，メキシコ全土をマキラドーラ化したようなものである。
(12) これは，GMの対フォード戦略を純化したものと見ることもできる。
(13) 一方，DRAMで勝利したはずの日本企業は，やがて韓国，台湾勢の追い上げなどにより，多くがこの分野から撤退し，設計・開発，そして製造の両分野をともに，他国に譲り渡すことになった。NECと日立のDRAM事業を統合して1999年にエルピーダメモリが発足し，日本に唯一残されたDRAM事業会社となった。2003年にインテルが1億ドルを出資し，同社は2004年に東証に上場，2005年に日立は同事業を130億円で売却して撤退した。
(14) この変化を生んだのは，ユーロダラー市場の形成とこれをベースにした体制への

第5編　各国経済

転換を意図した政策転換である（櫻井　2004）。

参考文献

伊豫谷登士翁（2001）『グローバリゼーションと移民』有信堂。
伯井泰彦（1996）「なぜ資本主義は貨幣を管理できないのか―L. Randall Wrayの内生的貨幣供給論をめぐって―」『(長崎大学) 経営と経済』76巻2号，9月。
藤本隆宏（1997）『生産システムの進化論』有斐閣。
本山美彦（1976）『世界経済論―複合性理解の試み―』同文舘出版。
―――（1982）『貿易論序説』有斐閣。
櫻井公人（1983）「アメリカにおける技術開発と競争力政策」林倬史／菰田文男編『技術革新と現代世界経済』ミネルヴァ書房。
―――（2004）「グローバル化とマネー―S.ストレンジを中心に―」関下稔／小林誠編『統合と分離の国際政治経済学―グローバリゼーションの現代的位相―』ナカニシヤ出版。
サスキア・サッセン（2004）（田淵太一／原田太津男／尹春志訳）『グローバル空間の政治経済学』岩波書店。
マンフレッド・B.スティーガー（2005）（櫻井公人／櫻井純理／高嶋正晴訳）『1冊でわかるグローバリゼーション』岩波書店。
スーザン・ストレンジ（1999）（櫻井公人／櫻井純理／高嶋正晴訳）『マッド・マネー―世紀末のカジノ資本主義―』岩波書店。
George J. Borjas (1999) *Heaven's Door: Immigration Policy and the American Economy*, Princeton University Press.
Stephen Castels and Mark J. Miller (2003) *The Age of Migration 3rd ed.: International Population Movement in the Modern World*, Palgrave Mcmillan.
James C. Cobb and William Stueck eds. (2005) *Globalization and the American South*, University of Georgia Press.

第15章

東アジアのグローバル化
──コモディティー化と社会的防御の必要性──

I 東アジア工業化の歴史性

 S.ユスフによれば,東アジア工業化は,①NIEsによる労働集約型工業製品の価格感応的な先進国市場への浸透期（1960年代～),②NIEsが資本集約的製造業や生産者サービス業にシフトし輸出志向労働集約部門にASEANと中国が参入してくる時期（70年代前半～80年代後半),③日系企業を中心に多国籍企業が現地サプライヤーを組み込みつつ技術集約的財の生産ネットワークを形成する一方,欧米系大規模小売業などのバイヤーが汎用品の調達網をこの地域全体に拡大する時期（90年代～),④このネットワークを通じてOECD諸国との連関が強化されながら,中国の台頭により域内競争が激化している現在の4段階に区分される[1]（Yusuf 2004, pp. 3-6)。

 仮にグローバル化を生産・貿易・投資の空間的拡大・再編過程とみなせば,東アジアは,一貫してその「内」にあって,それがもつダイナミズムを内部化し,持続的な工業化を達成した地域であると言える。その各段階は,時代状況を反映しつつ,輸入代替に対する輸出志向の優位,政府の役割の是非（新古典派対国家主義),新国際分業（NIDL)論,日系多国籍企業の役割（日本型生産システムの移植),中国脅威論あるいは市場論といった角度から分析されてきた。だが,市場原理主義的言説が跋扈する今日,踏まえておくべきは,東アジア工業化がアメリカの「政治主義」のなかで育まれてきた,という歴史性と政治性である。

 実際,1965年にベトナム北爆が開始されてから,アメリカの同盟国である

NIEsが輸出加工区を次々に設置し対米輸出による輸出工業化を開始したこと，新国際経済秩序（NIEO）宣言と資源ナショナリズムで第三世界運動華やかなりし70年代に，UNCTADの要請で導入されたはずの一般特恵関税（GSP）がNIEsとASEANに優先的に供与され，米系銀行のオイル・ダラー還流メカニズムが前者の資本集約型産業へのシフトと後者の輸出工業化参入に必要な資金需要をファイナンスしたことは，反共軍事同盟国の経済力強化を目指すアメリカの政治的意図を抜きにしては語れない（平川 1992, 第6章；本山 1987b, 第6章）。

　ヘゲモニーに伴うアメリカの「経済的弱体化」とその政治的反作用が，もう1つの歴史的条件であった。オフショア生産条項（OPA）を活用し企業の多国籍化を図りつつ，ヘゲモニー国として自国市場を開放してきたアメリカは，絶えず製造業の空洞化と国内の保護主義の高まりを見てきた。特にアメリカ自らが自国企業の進出を抑制してきた日本への対応は，1960年代末の繊維，70年代の家電にみられる市場秩序維持協定（OMA）要求から，80年代の半導体摩擦のような数値設定型の「結果主義」と「相互主義」という名の報復措置を伴う市場開放要求へと強圧的かつ一方的なものに変化した。また85年のプラザ合意以後，アメリカは，その通貨権力をフルに発揮し，為替政策と通商政策を連動させている[2]。

　東アジアの成功は，この日米摩擦の裏返しでもある。貿易摩擦品目の変遷に合わせて，アメリカ小売業と製造業は，当該製品の調達先とOEM（相手方ブランド生産）委託先を日本から東アジアに次々に切り替えていった。さらに1985〜95年の急激な円高＝ドル安は，自国通貨をドルと連動させていたこの地域の輸出競争力を高める一方で，単純な組立工程から部品生産へと続く日系企業の連続的な生産拠点の移転を促し，現地経済と域内全域を包摂した日系多国籍企業ネットワークの組織化へと導いたのである。

　東アジア工業化は，アメリカが作り出した戦後の「国際政治経済環境の濃厚な産物」である（本山 1986, 204頁）。同時に，それは，アメリカの権力の行使が一国行動主義へと転変するなかで，日系企業がこの地域に確固とした地盤を

形成した結果でもある。だが、冷戦終結とともにかつての環境はもはや消え失せ、アメリカが剥き出しの経済的利害を追求する新自由主義的グローバリズムの時代に突入した。では、何ゆえに今日もこの地域は成長し続けるのか。以下では、序章の問題意識を東アジアの文脈に置き換え、グローバル化の内的メカニズムに組み込まれた構造の特徴と問題に焦点を当てたい。

II グローバル化のなかの東アジアの生産構造：技術変容とコモディティー化

東アジアは、NIEs, ASEAN、中国と続く工業化の波及過程で、対米・対日依存度を低下させ、貿易・投資の域内相互依存を急速に高めてきた。この傾向は、近年、中国の需要吸収力によってさらに強まっている。グローバル化に組み込まれたこの地域の構造を考えるとき、まず検証すべきはこの「アジア化するアジア（渡辺 2004）」の内実である。その際、必要なのは、「貿易に伴う素材転換」、取引される「財の質」に着目しつつ貿易によって表象される生産・市場連関を分析すること（本山 1982, 103-10頁）、今日の用語で言えば、貿易の「フラグメンテーション」もしくはグローバル価値（商品）連鎖論的視角である。

実際、域内輸出の大部分を占め、域内輸出比率が相対的に高いのは、機械および素材・原材料といった特定の財である。また域内機械輸出の中心は、技術・知識集約的な情報技術（IT）製品であり、その大部分が部品取引で構成されている。つまり域内貿易の拡大は、こうした原材料・IT部品によって牽引されているのである。次に完成品の輸出構造をみれば、衣類や繊維、雑貨など労働集約財の域外、特に対米輸出比率が高く、IT製品でも、完成品の7割以上が域外に輸出され、その大半が欧米諸国に集中している（表15-1、表15-2）。「アジア化するアジア」の構造は、域内の原材料・部品取引の連関と完成品を域外、とりわけ欧米諸国に輸出する市場連関によって成立している。なかでも世界輸出の40％以上を担い、いまや域内・域外輸出の主軸であるIT生産への高度化とその生産構造は、グローバル化のメカニズムに組み込まれた東アジアを象徴するものとなっている。[3]

第5編　各国経済

第15-1表　東アジアの輸出構造

(輸出ベース，2003年，単位：100万ドル，%)

	HS-Code	総額	域内輸出		域外輸出				
			域内比率	構成	域外比率	構成	対日	対米	対EU15
合計	01-99	1,469,799	38.9	100.0	61.1	100.0	10.4	21.0	13.9
機械	84-91	790,945	42.1	58.1	57.9	51.1	8.7	18.7	15.1
一般機械	84	226,336	36.0	14.2	64.0	16.2	8.4	21.7	16.7
電機機械	85	401,816	43.4	30.5	56.6	25.3	9.1	16.9	13.9
輸送機器	86-89	113,084	47.7	9.4	52.3	6.6	6.3	20.6	16.8
精密機械	90-91	49,708	45.9	4.0	54.1	3.0	11.8	15.5	14.3
化学	28-40	131,789	45.2	10.4	54.8	8.0	7.8	13.0	12.5
化学製品	28-38	66,112	44.9	5.2	55.1	4.1	7.7	10.5	14.4
プラスチック・皮革	39-40	65,677	45.5	5.2	54.5	4.0	7.8	15.5	10.5
食料	1-11,16-24	49,585	32.4	2.8	67.6	3.7	24.4	12.4	9.3
油脂および石油	12-15	12,417	28.7	0.6	71.3	1.0	6.3	4.2	14.7
雑貨	64-67, 92-97	83,906	13.1	1.9	86.9	8.1	9.4	40.8	20.1
その他原材料	25-27,41-63,68-83	391,289	37.6	25.7	62.4	27.2	13.4	14.6	11.2
鉱物性燃料	27	66,289	46.8	5.4	53.2	3.9	25.1	3.0	2.2
繊維	50-63	156,007	31.6	8.6	68.4	11.9	11.6	17.6	12.8
合成繊維	54-55	23,402	45.9	1.9	54.1	1.4	2.4	3.8	8.2
衣類	61-62	85,205	19.3	2.9	80.7	7.7	17.0	26.2	17.4
鉄鋼	72-73	42,364	45.3	3.4	54.7	2.6	9.4	15.2	10.1

注：台湾への域内諸国の輸出は，台湾の域内諸国からの輸入で代替した。
出所：United Nations, *Comtrade Database*; Republic of China, *Bureau of Foreign Trade Statistics* より筆者作成。

第15-2表　東アジアのIT製品輸出の構造 (2003年，単位：100万ドル，%)

	輸出仕向け地別構成					
	輸出合計	域内	域外	日本	米国	EU15
IT製品	516,867	48.7	51.3	9.1	19.7	15.6
部品	308,561	63.0	37.0	9.3	13.1	11.9
完成品	208,306	27.6	72.4	8.8	29.3	21.3
	輸出市場別部品・完成品比率					
	対世界	域内	域外	日本	米国	EU15
部品	59.7	77.2	43.1	60.9	39.9	45.2
完成品	40.3	22.8	56.9	39.1	60.1	54.8

注：IT部品HSコード：8473, 8504, 8518, 8522-23, 8529,8532-36, 8540-42；IT完成品HSコード：8471, 8469-70, 8517, 8519-20, 8521, 852510-40, 8526, 8528, 9006, 9009, 8543,9014-15, 9024-27, 9030, 9032
出所：第15-1表と同じ。

第15章　東アジアのグローバル化

　東アジアのキャッチアップもしくは高度化を論じるとき，多くの者が，「後進国は先発国が開発し蓄積した技術体系をより迅速かつより安価に利用可能だ」とする A. ガーシェンクロンの「後発性の利益」に言及する（末廣 2000, 37-42頁）。この地域の IT 生産拠点化もまた先進国起源の技術変容の所産にほかならない。

　設計者，アッセンブラー，部品供給者間の擦りあわせと熟練度の高い技能を要した旧来のハイテク製品とは異なり，今日の IT 製品は接合部の標準化によって独立した部品＝モジュールで構成され，完成品の機能は各モジュールを統御するマイコン（MPU）や中央演算装置（CPU）の性能に依存するようになった（モジュール化）。また微細加工技術を組み込んだ製造装置の発達は，その導入が可能な後発企業によるモジュール生産への参入を比較的容易なものにした（技術の製造装置への組み込み）。こうした技術変容を通じて，完成品・モジュールの組立工程，部品生産の後工程など，IT 製品の生産工程には，かつてのハイテク製品に見られない数多くの低熟練の労働タスクが組み込まれるようになったのである。

　生産のモジュール化は総コストに占める労働の比重を高め，多国籍企業は労働集約的工程を低賃金国に再配置していった。それが，ASEAN4，それに続く中国の IT 組立拠点としての台頭をもたらした。一方，メモリーや液晶パネルのような製造装置の機能に依存するモジュール生産では，巨額の設備投資が可能な韓国や台湾が先進国企業の調達拠点として成長した。各生産拠点では，規模の経済を追求した製品特化＝専業化が促進され，かくして東アジアには，MPU や CPU，製造装置を日米企業からの供給に依存しつつ，部品を相互調達し完成品を先進国へと輸出する地域的な生産システムが構築されたのである。

　この生産構造は，域外の完成品需要が域内の部品取引を刺激し全体としての輸出成長を乗数的に拡大する好循環を生み出す。だが，それは，逆に，一度，域外の完成品需要が停滞すれば，域内部品取引需要にも負の連鎖が生じ過剰生産状態に陥る可能性も含んでいる。近年の周期的な景気後退は，その証左である。深刻なのは，この東アジアの不安定性が，輸出構造のコモディティー化と

同質化によって増幅されている点にある。

　財をその性質から，品質による差別化が困難な均質財，それが可能な機能型財，品質ではなくブランド力に依拠する差別化財に分類すれば（本山 1982, 112頁），通常，衣類や雑貨などは第一類型に，IT 関連財は後二者に属するとみなされる。ところが，東アジアの供給する IT 製品の大部分が，市場の需給動向の影響を強く受ける均質財（コモディティー）に変質しつつある。加工技術が製造装置に組み込まれたことで，東アジアの供給するモジュールの基本性能にもはや差異はなく，完成品レベルでも，機能を左右する IC が日米企業の寡占的供給下にある以上，差別化の余地は小さい。残された差別化の源泉であるブランド力も，サムソンやエイサーなどを除けば，OEM／ODM（自社設計生産）に依存する東アジア企業にはない。

　付加価値の低下した均質財に特化する企業は，薄利多売の大量生産体制を構築し，市場シェア確保のために需要を先取りした大規模設備投資を続ける。その結果，この地域の過剰生産傾向はますます強化される。衣類，繊維，雑貨，IT 関連財などの輸出に占める均質財の比率は，いまや50〜60％に達し，輸出構造の同質化が進んでいる。この地域の高い輸出依存度を踏まえれば，これは経済自体がコモディティー化しつつあることを意味する。さらに中国の巨大な生産力は，コモディティー化した製品の付加価値をさらに低下させ，域内競争と生産過剰に拍車をかけている。今日の東アジア経済の問題は，この点にある。

Ⅲ　東アジア経済における同質化のなかの産業構造の異質性

(1)　異質化と日米ネットワークのガバナンス

　輸出構造の同質化は，産業構造の同質化を意味するものではない。大企業と中小企業という違いはあれ，地場企業を中心に一定程度の国内連関を構築しえた韓国や台湾と，多国籍企業の工程間分業に深く組み込まれた東南アジア，そして外資依存の工業化でありながら，海爾，TCL，連想など現地企業が急成長する中国とは，異質な産業構造をもつと理解せねばならない。さらに同じ東

南アジアでも,産業高度化を実現したシンガポールと国内連関の弱い飛び地型経済のASEAN4との区別も必要である。たとえば,内田(2002)の比較産業連関分析によれば,後方連関効果の国内波及率は,1995年時点の全産業平均で見て,90.9％,71.6％,56.4％と日本,韓国,タイの間に明確な開きがある。しかも韓国が,85年の65.5％から比率を上昇させているのに対して,タイは,むしろ66.1％からその比率を低下させている。一般機械,電機機械,自動車部門でも同様の傾向が見られ,後発の国になるほど国内よりも国外への連関が強くなるのである。では,何が異質化を生むのか。

　少なくとも,ASEAN4とNIEsの差異は,日米ネットワークの地理的配置とガバナンス構造の違いを反映している。ASEAN4では,機械・輸送部門の総付加価値の50％以上が日系企業により創出され,特に自動車・家電部門でのプレゼンスは圧倒的である。日本国内の系列的企業構造を擬似的に移植する日系ネットワークでは,部品調達が親会社と進出日系サプライヤー間でほぼ完結し,現地企業への技術移転効果や後方連関も著しく弱い。この地の飛び地型経済の形成は,日系多国籍企業の生産ネットワークに実質的に包摂された結果なのである。これに対して,アメリカ系多国籍企業は,親会社や関連会社からの調達比率が30％前後と低く,外部に開かれた部品調達を行なっている。そして,この米系ネットワークは,部門的にはコンピューター・電子関連,地理的にはNIEsに集中している。

　だが,NIEs企業の成長との関連では,アメリカ製造業の産業モデルの変化のほうが重要であろう。1980年代後半までプロセス・イノベーションを武器に世界市場を席捲した日系企業に対抗すべく,アメリカ系製造業企業は,資源をマーケティング,ブランド,研究開発(R&D)に注ぎ込み,パソコンOSの場合のように,時にヘゲモニー国の権力を存分に活用し,事実上の標準を確立する一方で,生産そのものは外部調達する戦略転換を図ってきた(Borrus 2000)。その委託先として選択されたのが,NIEs企業であった。[4] NIEsにおいて量産体制が確立されると,製造工程の付加価値はさらに低下し,組立から部品の生産・調達,さらには設計までもが外注化されるようになる。この過程で,

委託企業は，ブランドに見合う品質を確保すべく，調達先に工場管理や技能訓練を含む技術移転を行ない，NIEs 企業の製造技術の急激な向上が実現したのである。

G. ゲレフィは，価値連鎖の全工程を多国籍製造業が垂直的に組織化するかつての資本・技術集約部門のネットワークを生産者主導型連鎖，R＆Dや販売という価値連鎖の両端に特化した小売業者や商社の組織する労働集約財の調達網をバイヤー主導型連鎖と呼ぶ（Gereffi 1997）。東アジアにおいて日系企業は前者を構築し，米系企業は前者から後者への転換を進めてきた。では，米系企業によるこの転換が与える契機を内部化する基盤そして力能を，何ゆえ NIEs はもちえたのか。そこに，開発における国家の役割がある。

(2) 異質性を生み出すもの：ルイス＝本山理論と開発国家の役割

本山（1982）および（1987b）で再構成された W. A. ルイスの開放モデルに従えば，農業の生産性上昇を伴わない輸出工業化は，穀物で測った賃金水準（穀物賃金）の低下を招き，国内産業連関の基盤となる国内市場が育成されず，工業部門の生産性上昇は交易条件の悪化を通じて先進国への富の流出をもたらすだけに終わる。では，なぜ，一定程度の農地改革が初期に実施されたとはいえ，その後，農業部門の急速な荒廃をみた韓国や台湾で，地場企業主体の国内連関が形成され輸出工業化は成功を収めたのか。鍵となるのは，輸出競争力に直結する外貨換算された名目賃金と，購買力＝国内市場を反映する国内通貨建ての実質賃金の区別であり，それを意図的に操作した開発国家の存在である。

韓国や台湾では，輸出加工区などの若年女性労働者を活用した労働集約型輸出部門と，地場企業育成を目的に外資の国内市場参入が厳しく統制された男性労働者を主たる担い手とする中間財や資本集約型部門との間で，賃金の二重構造が国家によって意図的に創出された。双方の賃金は，外貨換算した名目タームでは国際的にも低かったが，少なくとも1970年代末まで，後者の男性正規労働者の実質賃金は，労働生産性を上回る速度で上昇した。

ルイス・モデルの穀物賃金は，実は賃金財のバスケット，つまり実質賃金を

意味する。高賃金国とは，生産性の上昇で穀物価格が低下し賃金財バスケットの穀物構成比が小さく，その他の消費財市場の拡大が可能となる国のことである（本山 1987b, 77頁）。韓国や台湾では，「緑の革命」による増産と政府の米買上げ政策＝低米価政策で農業部門の低生産性と低賃金の連鎖を断ち，国内消費財市場の育成を目的に男性労働者の実質賃金は相対的高水準に維持された。さらに資本集約財部門では，政策金融や輸出補助金で労働生産性と実質賃金の格差を補塡することで輸出競争力を確保し，輸入代替と輸出工業化が同時並行的に推進された。かくして相対的高水準の実質賃金によって拡大する国内市場を背景に，地場企業を育成し，一定の国内連関を構築する基盤が確立されたのである（Yun 2003）。

　他方，ルイス＝本山は，19世紀移民論との関連で，本来，高賃金のヨーロッパから高い技能をもつ移民が流入した新定住地域では，当初から高賃金に適合的な高品質＝高付加価値の生産物が選択された，という点を強調する（本山 1982, 135-37頁）。このパターンを政策的に追求してきたのが，都市国家ゆえ国内市場の拡大に限界をもつシンガポールである。工程間国際分業内の低付加価値セグメントを担う低賃金戦略は，早晩，より低賃金の周辺国の追い上げに直面する。この点を意識しつつ，1979年の第2次産業革命以後，シンガポールは，賃金水準の意図的な上昇によって低付加価値部門を撤退させ，人的資源開発を通じて高賃金に見合う高付加価値生産工程を取り込むことに成功したのである（Yun 2003）。

　これに対して，今なお農村と都市相互の労働移動が流動的で都市に巨大な非公式部門をもつASEAN4では，タイのように法定最低賃金が高く設定されていても実効性を持たず，輸入代替を支える国内市場は育たなかった。そのため，これら諸国は，多国籍企業のネットワークに組み込まれた輸入代替なき輸出工業化の道を進まざるをえなかったのである。

　今日，NIEs型発展の諸条件を，かつてない規模で備えているのが，おそらく中国であろう。失業者と非公式な労働予備軍が存在しつつも，名目ベースで先進国と20〜30倍の格差があるとされる外資企業の賃金は，政府の労働市場管

理の下，国内の購買力でみればかなり高く，沿海部では国内市場が着実に拡大している。中国市場論が叫ばれるのも，そのためである。また日米欧とNIEs系多国籍企業の技術力と，社会主義時代に一定程度確立した輸入代替的な産業基盤が結びつき，地場企業が国際的バイヤーの調達先として成長している。

強権体制の擁護や復権を主張したいわけではない。だが東アジアの異質性が国家的な賃金政策の産物であったとの認識は，単純な低賃金依存の輸出工業化に反省を促す上で重要である。そして，この異質性の意味は，アジア危機を経て，改めて問い直されている。

IV　東アジアにおけるグローバル化の「外」：労働市場の柔軟化と福祉レジーム

「公平さを伴う成長」と称賛されてきた東アジアで想定されてきた社会発展とは，経済発展による農村から都市への人口移動，所得上昇と教育の普及を通じて，中間層が形成され所得分配が平等化されるとともに，圧縮型発展に「必要な」強権体制が内側から解体され民主的政体へと移行する（権威主義体制溶解論），というものである。W. W. ロストウやS. リプセットの近代化論を踏襲するこのビジョンは，貧困層の削減，教育，健康など社会指標の改善に加え，韓国や台湾で民主化が達成されるに及び説得力を持つかに思われた。

だが仮に社会発展が社会階層の変化を反映するとしても，農村の比重，サービス経済化の程度，非公式部門の存在，移民労働者への依存度など，東アジアの経済社会構成は多様性を特徴とする。中間層といっても，農村の解体と都市民間部門の成長によって形成された韓国や台湾と，農業部門を持たず人民行動党の基盤形成のために上から創出されたシンガポール，農業人口の減少を伴いつつもブミプトラ政策によって政府主導で育成されたマレーシア，農村とは切り離された都市部華人の上昇によるタイとでは，階層としての同質性や政治的性格，その厚みにおいて異なっている。実際，中間層主体の民主化も，韓国や台湾以外では実現していない（服部他編 2002）。

アジア危機の影響もまた，この社会構成の多様性を反映したものであった。

第15章 東アジアのグローバル化

確かに全ての国で失業者は増え,実質賃金も低下し,社会的弱者に対する影響度が最も大きかった。都市貧困率は,韓国で9％から19％に,インドネシアで11％から20％に上昇し,タイでも100万人の貧困人口の増大,マレーシアでは7万5000の貧困世帯の増加に見舞われている。

　問題は,社会的影響の調整経路である。今なお農業部門と非公式部門を多く残すタイやインドネシアでは,両部門が緩衝材の機能を発揮した。タイでは,非公式部門の自己採算労働者が1997～99年にかけて約79万人も増え,本来なら農閑期で都市に出稼ぎに出る98年2月に前年同期比約36万人も農業公式労働者が増大している。インドネシアでは,97年7月から98年8月に約94万人が公式部門から非公式部門に移り,部門間移動の最大の吸収先は農業であった。またマレーシアやフィリピンでも非公式部門が受け皿となり,賃下げや不完全就業者が増大し,前者では移民労働者の送還による調整も行なわれた。これに対して,農村や非公式部門の比重の小さい韓国の雇用調整は最も過酷で,その影響は女性や高卒以下の低学歴労働者に集中した（Betcherman and Islam eds. 2001, TDRI ed. 2000）。

　グローバル化がもたらす工業化の契機を最も上手く内部化した国ほど危機の影響が社会的弱者に集中し,グローバル化の論理から零れ落ちた農村や非公式部門が社会的バッファーとして機能したという事実は,工業化は「あくまでも基本的ニーズを満たす潜在力であって,現実力ではない」（本山 1986, 206頁）との指摘を想起させる。とはいえ,共同体的なものにのみ依存し続けることは,「公」の責任を不問に付すことになるし,何よりもグローバル化の社会への破壊的作用はそれでは緩和できないほど強まっている。本章では,その対処の道を,開発体制の下これまで等閑視されてきた福祉の拡充と,この分野における国家を含む「公」の果たすべき役割に求めたい。

　これまで東アジアに公的な社会保障制度がなかったわけではない。程度の差こそあれ,社会保険型（韓国,台湾,フィリピン,タイ）か積立基金型（シンガポール,マレーシア,インドネシア,香港）の年金が導入され,全ての国に医療保険や労災保険もある。[6] ここで,その諸制度を評価し類型化することは,紙幅の関

係上できないし，東アジア・福祉モデルと定式化できるものもないが，次の3つの共通点だけは指摘できる。

　第1に，従来の福祉政策は，大部分，強権的な政治体制の正統化の手段にすぎなかったという点である（正統化の政治）。そのため，適用対象は，長らく軍・公務員と一部労働者に限定され，少数の例外を除き農村部や非公式部門は制度に取り残されてきた。第2に，福祉ミックスにおける政府の比重の低さである。ただでさえ少ない政府社会支出は教育に集中し，社会保障費は，拠出システムの下，ほぼ雇用者と被雇用者が負担している。また厳格な受給資格やカバレッジ率の低さもあり，老齢者扶養など本来「公」が果たすべき領域を家族や地域・農村共同体の互助機能が担い続けてきた。その結果，第3に，公的な福祉は，労働力の再生産，賃金補填，強制貯蓄などの性格を強く持つ経済開発に従属した開発指向型・生産主義的なものであった（Holiday and Wilding eds. 2003)。

　果たして，こうした性格の福祉レジームが，アジア危機に際して実効性をもつことはなく，そのため，危機後，ソーシャル・セイフティ・ネット拡充を求める声も高まっている。実際，韓国と台湾はより普遍主義的な社会保障制度構築に向かい，タイでは失業保険を導入し，社会保障の適用範囲を農村や非公式部門に拡大する（たとえば30バーツ一律医療など）動きもある。だが，その一方で，ITブームの波に乗り早期に景気を回復させたことが，皮肉にも，福祉改革の動きを鈍化させている。特に伝統的に自己責任を重視するシンガポールや，福祉増進を雇用増大で代替させる傾向を強くもつマレーシアで顕著である。

　今，問われているのは，この状況が，グローバル化の強制する新たな圧力に抗するものとなりうるかという点である。前節でみたコモディティー化による生産レジームの変化は，経済のみならず，社会の不安定性を高めている。コモディティー化による需要の不確実性に加え，市場シェア確保を目的に新製品を次々に投入する先進国企業の戦略によって製品のライフサイクルは短縮化し，東アジアにおける生産体制の，ひいては労働市場の「柔軟化」が強制されている。一方，技術の装置への組み込みとサービス経済化は，管理・専門技術職と

低熟練単純労働への技能形成・労働市場の両極化を生み，結果，多くの東アジア諸国で，競争的労働市場確立の名の下に，「柔軟性」を生む調整弁として，単純労働者の非正規化が進行しているのである。たとえば韓国では，2002年時点で非正規職労働者の比率は51.6％，正規職との時間当たり賃金格差は2倍以上にも達する（尹辰浩 2005）。

労働市場の柔軟化と両極化は，ポランニーの言う労働力の擬制的商品化が，猛烈な勢いで深化する事態を示している。これに対して，東アジア諸国は，世界銀行の推奨する積極的労働市場政策への傾斜を強めている（Betcherman and Islam eds. 2001）。これは，労働市場から排除された者を労働市場に回帰させることを目的としており，福祉（welfare）レジームの強化というよりは，いわゆるワークフェア（workfare）型社会を志向するものである。労働者の非正規化圧力をみれば，それが不安定就業状態を増幅させる可能性は否定できない。

比較福祉論の泰斗G.エスピン＝アンデルセンは，労働力の脱商品化と階層化（階級間連合の制度化）という視点から，ヨーロッパ福祉レジームを自由主義，保守主義，社会民主主義の3つに分類した（Espin-Andersen 1990）。もちろん社会階層構造も多様で，いまだ流動的な東アジア社会にこの分類が当てはまるわけではない。重要なのは，彼の提示した脱商品化，つまりT. H.マーシャルの言う社会的市民権を確立し「一人の人間が市場に依存することなくその生活を維持できる」社会を作り出すことこそが福祉レジーム形成の核心にあるという指摘である。これはヨーロッパだけに与えられた特権ではない。東アジアの福祉改革に求められるのも，この脱商品化の制度化という立脚点なのである

V　グローバル化に抗する社会の防衛の必要

K.ポランニーは，19世紀のグローバル経済を回顧して次のように言う。
「19世紀社会の歴史はそれゆえ二重の運動の結果であった……一方では，市場は地球上の全地域に広がり，……世界商品市場，世界資本市場，そして世界貨幣市場の組織は，……市場メカニズムに未曾有の勢いを与えたが，

他方では，市場に支配される経済のもたらす有害な影響に抵抗するために1つの根底的な運動が姿を現した。社会は，自己調整的市場システムに内在するさまざまの危険に対しみずからを防衛したのである」(Polanyi 1957, 邦訳101頁)。

東アジアの悲哀は，成長を続けようとするかぎり，グローバル化の内に身を置かねばならない一方で，それが強制する社会への破壊的作用に抗する防衛力が脆弱なことに尽きる。これと対照的なのが，EUである。そこでは，ヨーロッパ化という名のグローバル化が進展するなか，その「外」に追いやられる人々を再び社会が包容する社会的包摂 (social inclusion) を社会的結束の理念としている。この動きに合流することが東アジアの課題であるし，それを構想する力が東アジア経済論には求められている。

(1) 「東アジア」の地理的範囲も，NIEs (韓国，台湾，香港，シンガポール) から，ASEAN4 (タイ，マレーシア，インドネシア，フィリピン)，中国を加えたものに拡大した。
(2) 対日市場開放圧力に関するかぎり，アメリカの政治論理は一貫したものである。本山編 (1983) 第3章と本山 (2004) 第6章参照。
(3) 衣類・靴・雑貨といった労働集約財の素材・市場連関は，NIEs が，完成品組立国から域内供給国へと高度化する一方で，かつてこの部門の OEM 生産者であった NIEs 企業がデザインやサンプル作成に活動を特化しつつ中国や東南アジアの組立拠点と先進国バイヤーを仲介する役割を担うようになったことで形成された。衣類部門におけるこうした展開の歴史的背景と構造については，Gereffi (1997) に詳しい。
(4) 当時すでに本山は，この変化をアメリカ「メーカーのオーガナイザー化」と捉え，そのことが NIEs の台頭の原動力となると予測している (本山 1987b, 第9章)。
(5) ルイス=本山モデルの詳細は，本山 (1982) 第6章および本山 (1987a) 参照。なお，この項で展開するアムスデンら国家主義アプローチの再評価については Yun (2003) も参照。
(6) 制度の詳細については，広井・駒井編 (2003) と大澤編 (2004) で網羅されている。

参考文献

内田陽子 (2002)「産業連関表からみたアジアにおける機械産業の競争力」水野順子編『アジアの自動車・部品，金型，機械産業』JETRO・IDE。

大澤真理編(2004)『アジア諸国の福祉戦略』ミネルヴァ書房.
末廣　昭(2000)『キャッチアップ型工業化論』名古屋大学出版会.
服部民夫/船津鶴代/鳥居高編(2002)『アジア中間層の生成と特質』JETRO・IDE.
平川　均(1992)『NIES—世界システムと開発—』同文舘.
広井良典/駒井康平編(2003)『アジアの社会保障』東京大学出版会.
本山美彦(1982)『貿易論序説』有斐閣.
———編(1983)『貿易摩擦をみる眼』有斐閣.
———(1986)「NICs現象をどうみるか」本山美彦/田口信夫編『南北問題の今日』同文舘.
———(1987a)「不等価交換論と国際価値論」本山美彦編『貿易論のパラダイム』同文舘.
———(1987b)『第三世界と国際金融』同文舘.
———(2004)『民営化される戦争』ナカニシヤ出版.
尹辰浩(2005)「IMF危機以降の韓国労働市場の柔軟化」塚田広人編『雇用構造の変化と政労使の課題』成文堂.
渡辺利夫(2004)「アジア化するアジア」渡辺編『東アジア経済連携の時代』東洋経済新報社.
Betcherman, G. and R. Islam eds. (2001) *East Asian Labor Market and the Economic Crisis,* The World Bank: Washington D. C.
Borrus, M. (2000) 'The Resurgence of US Electronics,' M. Borrus, D. Ernst and S. Haggard eds. *International Production Networks in Asia,* Routledge: London and New York, pp. 57-79.
Espin-Andersen, G. (1990) *The Three Worlds of Welfare Capitalism,* Polity Press: Cambridge.(岡沢憲芙/宮本太郎監訳『福祉資本主義の三つの世界』ミネルヴァ書房, 2001年.)
Gereffi, G. (1997) 'The Reorganization of Production on a World Scale,' D. Campbell et al. eds. *Regionalization and Labour Market Interdependence in East and Southeast Asia,* Macmillan and St. Martin's Press: London and New York, pp. 43-91.
Holiday, I. and P. Wilding eds. (2003) *Welfare Capitalism in East Asia,* Palgrave Macmillan: New York.
Polanyi, K. (1957) *The Great Transformation,* Beacon Press: Boston.(吉沢英成他訳『大転換』東洋経済新報社, 1975年.)
TDRI (Thailand Development Research Institute) ed. (2000) *Social Impacts of the Asian Economic Crisis in Thailand, Indonesia, Malaysia and the Philippines,* TDRI: Thailand.

Yun, Chunji (2003) 'International Production Networks and the Role of the State,' *The European Journal of Development Research,* 15(1), pp. 170-93.

Yusuf, S. (2004) 'Competitiveness through Technological Advances under Global Production Networking,' S. Yusuf et al. eds., *Global Production Networking and Technological Changes in East Asia,* Oxford U. P. and The World Bank: Washington D. C., pp. 1-34.

第16章

世界経済の中の欧州統合
——域内の対立の抑止と利益の調和を目指して——

I　EUの目指してきたもの

　近年，世界の様々な国同士で，国家間のモノ・サービスの移動や，直接投資に対する制限を撤廃する動きが活発になっている。欧州統合は，このような地域経済統合の先駆者であり，EU の成功が他の地域での統合を刺激していると見なされることが少なくない。確かに EU の域内では，国境を越える経済取引にかかる障壁が撤廃されており，この域内での経済活動の自由の保障が，欧州統合の核の1つとなってきたのは確かである。しかし，序章で詳述されているように，欧州統合は他の地域経済統合にはない理念を持ち，それが様々な特徴をもたらしている。まず統合の範囲が，市場の自由化にとどまらず，共通農業政策・単一通貨導入・地域政策・社会政策と多岐にわたっている。そして，そのような統合を達成する手段として，国家を超える高次の機関と制度を構築し，各国の主権をそこにプールすることによって，国民国家の限界を突破し，国家間の対立の抑止と全体の利益の調和を実現しようという，歴史的にも他にはない特徴がある。

　国民国家の成立と発展に伴って分裂を強めてきたヨーロッパを再び統合し，各国間の争いを抑えて，ヨーロッパが長らく培ってきた共同性を回復し発展させていこうという考えは古くからあったが，構想が具体化したのは第2次大戦を経てからであった。1951年に EU の前身となった欧州石炭鉄鋼共同体（ECSC）が設立されたが，この設立の発端となったのは，旧西ドイツとフランスが，石炭と鉄鋼の生産や流通に対する規則制定と監督に関わる自国の主権を，

新しい超国家機関に移そうという，フランス外相のロベール・シューマンが行なった提案であった。この構想の背景には，石炭資源や鉄鋼生産拠点に富んだ国境地帯の帰属を巡る対立が一因となって，両国が普仏戦争以来，70年間に3回も戦争を起こしたことへの反省があった。(1)

しかしながら，この当事国にとどまらず，近隣諸国のオランダ・ベルギー・ルクセンブルグ・イタリアもこの超国家機関への参加に賛同したことが，その後の発展を決定づけた。(2)この構想には，第2次大戦後，ヨーロッパの恒久平和を制度化していく一環として，経済的対立を抑止し，共同で利益を拡大し，その享受を図るという目的があったが，(3)最初に統合の対象となった石炭と鉄鋼は，この目的にとっての必要性と象徴性を併せ持っていた。まず，戦災からの復興を促進するためには，石炭と鉄鋼という，復興の基礎となる財を域内で自由に流通させることは不可欠であった。いっぽう，近代国家にとって，石炭および鉄鋼は戦争遂行の物質的基盤となり，戦争が始まればその生産と流通は国家の統制下に置かれてきた。こうした産業に対する規則制定や監督権限を超国家機関に委ねることは，国民経済を動員して総力戦を行なう近代国家の権能を，自ら縛ることを意味した。

この目的のためにECSCのもとで制度化された共通のルールには，石炭と鉄鋼の域内流通の自由化のほか，石炭と鉄鋼の共通価格の設定，輸入に対する共通政策の設定，そして競争政策の共通化や国家による補助金支出の規則が盛り込まれていた。ここには，競争の促進，流通に対する障壁の撤廃，補助金削減という自由主義的な方向と，域外からの輸入制限や，過剰生産の際の生産削減という介入主義的な方向の双方が含まれているが，自由主義的なルールは，大恐慌以降，国家間の対立が激しくなる中で各国が築いていった関税や輸入数量制限などの障壁を解体する目的があった。

この斬新な発想は，まもなくすべての経済活動の統合を目指す超国家機関の設立に発展し，ECSCに参加した6カ国が1957年にローマ条約を締結し，欧州経済共同体（EEC）が誕生した。ローマ条約は，第2条で，「共同体が任務とするのは，共同市場を確立して加盟国の経済政策を次第に接近させていくこと

によって，経済活動の調和のとれた発展，持続的で均整のとれた景気拡大，安定の増大，生活水準の上昇の促進，共同体に属する国家間の緊密化を，共同体全体で促進することである」と規定して，経済活動における私的利益と社会的利益の調和を共同体として誘導する姿勢を明確にしている。次いで第3条で，域内の商品・人・サービス・資本の自由な移動に対する障壁のない域内市場を設立し，通商政策，農業政策，競争政策に関する加盟国の主権を超国家機関の下で共有することを定め，そのための機関を設立することを定めている。

この規定に基づいて，1962年に共通農業政策（CAP）が開始された。そして1968年に関税同盟が完成し，加盟国間の域内関税と輸入制限が撤廃され，さらに域外諸国に対しては共通関税が設定された結果，加盟国間の貿易が急増して，加盟国同士の経済的結びつきが強化された。また，1960年代から70年代初頭にかけての国際通貨体制の動揺と崩壊は，この新たな領域で欧州統合が推進されるきっかけとなった。1971年には経済通貨同盟（EMU）に向けた取組を開始することが合意され，近い将来に域内での人・モノ・サービス・資本の域内の自由移動を実現するとともに，単一通貨導入に向けた域内独自の通貨体制を構築し，これらの政策に関する意志決定と権限を共同体に帰属させることが定められた。そして，およそ30年間の試行錯誤を経て，1999年に通貨統合が実現した。

このように，EUの権限の下に置かれる経済活動の領域は，復興にとっての基幹産業の共同管理から始まって，農産物の生産と流通，一般の商品やサービスの流通，域内の為替相場の安定へと次々と拡大していったわけであるが，これらの問題は，ヨーロッパに限らず，世界の様々な国同士でも対立の焦点となってきた問題でもある。近代以降，世界全体を覆う分業体制が，様々な国を階層化しつつ構築されていく中で，各国は有利な位置を獲得し，また不利な位置から逃れようとして，こうした問題を焦点として国家間の経済的対立が繰り返されてきた。第1次大戦以降，国際協調によって各国間の対立を抑止し，問題の解決を図ろうという動きが，通貨問題を中心に活発になっていったが，システムの中心を担ってきた国とそれを側面から支えていた国の義務や責任の範囲が明確に制度化されず，各国の行動を規制する高次の権力も存在しなかったの

で，危機の深刻化に対応しきれず，国際協調は瓦解していった。

　戦後，アメリカの主導で，国際協調を制度化するための国際機関や協定が誕生していったが，この動きと平行して誕生した欧州統合は，加盟国が国家主権の一部を超国家機関に委譲することによって，こうした国際協調の限界を突破し，域内全体の利益の調和と発展を試みてきた点に特徴がある。国際的な経済問題が顕在化しながらも，世界大でのガヴァナンスが欠如しているか，存在していても特定国による利己的行動や他国への抑圧によってガヴァナンスが有効に機能しない中，西欧諸国は，EU という枠組みで問題処理を試み，成功を収めてきた。しかしながら，ある問題領域において，世界大のガヴァナンスが欠如している中で EU が統合に成功することは，まずは EU の勝利ではあっても，そのいっぽうで，その世界大のガヴァナンスの欠如がもたらす反作用にもさらされることにもなる。その意味で，EU の取り組みは，世界経済の問題の所在を示していると言える。

　本章では，以上のような視点に立って，EU が取り組んできた政策のうち，広く世界経済全体の問題とも関わっており，EU の特徴も顕著に表れている問題領域として，共通農業政策と経済通貨同盟をとりあげる。昨今の地域経済統合に示唆するところを探るためにも，これらの歴史的背景と統合の経緯も重視しながら，以下に考察していきたい。

II　共通農業政策の展開

(1) 終戦後のヨーロッパ農業の課題

　第1次大戦前には，ヨーロッパの農業は，西欧・南欧・東欧と地域差はあれ，総じて一体性を強めながら発展していった。資本投下を通じた農業技術の改良や耕地の拡大が各地で進んで，生産力が拡大し，ヨーロッパ内での農産物貿易が盛んになって，工業国と農業国の分業が進み，この時期に人口が増大したヨーロッパの食糧需要を支えた。いっぽう農村から，自国や西欧諸国の都市，それに新大陸へ大量に労働力が移動し，農村部の過剰人口圧力が緩和されていた。

第16章　世界経済の中の欧州統合

　しかし，この域内での農産物や人の移動と技術の伝播を基礎とした一体性は，戦間期に瓦解していった。工業国はアウタルキー性を強め，自国への農産物や移民の流入を制限し始めたため，農業国は農産物の販路を断たれ，過剰人口圧力が漸増していくようになった。これに追い打ちをかけるように大恐慌が発生し，資本を借り入れて生産能力の拡大を図っていた農民は，農産物価格の低落と信用逼迫によって債務返済に窮し，破産に陥っていった。各国の農村地帯で社会不安が高まり，一部の国では，工業化社会に翻弄される農民の疎外が，全体主義のプロパガンダに利用され，その台頭の一因にもなった。[4]

　したがって，第2次大戦後のヨーロッパにとって，農業問題の解決は，安価な農産物の安定供給のためにも，そして全体主義を葬り去って，社会と政治の安定を再構築するためにも不可欠となった。戦間期から戦後にかけて，各国が数量制限を始めとする非関税障壁を多用して自国の農業を保護した結果，自然条件や技術的条件にはそぐわないような農業が各地で展開されており，このため域内の農産物の生産コストは高くなり，食糧の増産や低価格での供給が制約されていた（Rossi-Doria 1964, p. 339）。生産性の向上は緩慢であったが，これは耕作に適した土地で作物が栽培されていないことのほか，農民が十分な所得を確保できないため，生産力拡大に向けた投資が制約されていることが原因であった。また戦後の復興に伴う工業発展によって，農工間の所得格差が増大し，農村地帯からの人口流出圧力がさらに高まり，ヨーロッパの農村社会が崩壊する恐れも高まっていった。

　このように，ヨーロッパの農業は，市場の拡大による分業の進展と投資拡大を通じて生産性を向上させつつ，各地の農村社会を維持するために農業所得を確保するという困難な課題に直面していた。このために必要なことは，域内での農産物流通の自由化，および工業製品に対する農産物の価格安定である。前者により，農産物が適地で生産されて，低価格での潤沢な供給が実現する。後者により，農業所得が確保されて，農村社会が維持され，そして農民は，大恐慌期に経験したような農産物価格の暴落による債務不履行を恐れることなく，積極的に投資を行なって生産性向上を図ることができる。

この農業への投資拡大は，アメリカに対するキャッチアップのためにも不可欠となっていた。アメリカでは，科学的手法による農業技術が第2次大戦の前後に発展して，品種改良や化学肥料の効果的利用，そして機械化を通じて生産性が顕著に向上しており，また農産物加工業が発展して農業との垂直的連携を強めるなど組織面での合理化による利益確保も進んでいたが，ヨーロッパはこの点で大きく立ち遅れていた（Rossi-Doria 1964, pp. 342-43）。また農業生産においてこのように工業製品の投入の比率が高まると，農工間の鋏状価格差が大きくなれば，農業の利潤が圧迫される。工業製品に対する農産物の価格安定はこの側面からも必要となっていた。

(2) 共通農業政策の実現と改革

　上記の課題を解決する必要性は，ローマ条約の第39条に明記された[5]。そして条約の規定に基づき，加盟国間の細かい調整を経て，共通農業政策（CAP）が始まった。まず域内の農産物の自由移動が定められ，域内流通に課されていた関税や非関税障壁の撤廃が定められた。そして，農家が適正な所得を得られ，かつ消費者にとっても妥当な水準となるような価格が，指標価格と名付けられて，それぞれの農産物ごとに域内で統一して設定された。さらに最低価格を保証するために，指標価格よりやや低い水準で介入価格が設定され，市場で取引される価格がこの価格を下回ることのないように，必要な場合はEECの予算によって農産物を買い上げて備蓄する市場介入が行なわれた。

　これらの価格はたいてい国際価格よりも高い水準に設定されたため，域外から安い農産物が流入すると，域内の農業生産が打撃を受けて，域内の市場価格も攪乱されることになる。これを阻止するため，輸入農産物の価格がEECの設定した敷居価格[6]を下回る場合，その差額と同額の輸入課徴金が賦課され，輸入後の価格は域内の価格水準にまで引き上げられた。さらに，域内の農産物が輸出される場合，介入価格が国際価格を上回っていれば，その差額分が輸出払戻金として支払われた。このため，EC加盟国の農業者は，国際価格の方が低ければ，その価格で農産物を輸出することができるようになった。こうして，

第16章　世界経済の中の欧州統合

　ECの農業は，域内の農産物の自由流通と農産物価格安定がもたらす多大なメリットを確保することに成功した。食糧は増産され，域内の流通は活発になり，域内全体で見た自給率は主要作物を中心に100％を超えた。

　しかしこれには市場介入のための巨額の資金の支出という代償が伴った。1970年代から80年代にかけて，CAP関連支出はEC予算の7割前後を占め，さらに，資金の受取が予算の負担分を下回る西ドイツなどの工業国と，逆に受取が負担分を上回るフランスなどの農業が盛んな国との間で対立が深まっていった。また，農産物価格の高値での安定に成功したことは，必然的に過剰生産を惹起し，過剰分を買い支える市場介入に伴う財政負担を増大させた。この問題は次第に深刻化し，CAPは，欧州統合の根幹でありながら，加盟国間の対立の焦点となり，ECも価格保証の数量制限や介入価格引き下げなどの制度の修正にたびたび迫られた。

　このほかにもCAPはいくつかの問題を生み出した。過剰となった農産物が輸出払戻金を得て大量に輸出された結果，ECの農産物輸出は増大し，ECはアメリカと並んで，アジア・アフリカ諸国への主要な食糧供給地になったが，同時に農産物貿易をめぐるECとアメリカの対立が深まっていった。[7]アメリカは，ECが行なっているのは輸出補助金による輸出促進であり，GATT原則に反するとして撤廃を求めたが，ECにとってはCAPの根幹に関わる問題なので容易には譲れず，GATTの関税一括引き下げ交渉はこの問題でたびたび紛糾した。

　また，CAPによる保護の下で，積極的に投資が行なわれて農業の近代化と大規模化が図られた結果，生産性は高まり，科学的かつ合理的な農業技術が普及したが，これと同時に，農業がもたらす環境汚染が80年代頃から深刻になっていった。人々の環境問題への関心の高まりとともに，CAPは，補助金で農業を工業のように大規模化と効率性を追求する産業に造りかえ，環境を破壊しているとの批判が強まっていった。[8]

　こうした問題に対処するため，抜本的な改革が数度にわたって行なわれた。1992年の改革では，農家の所得は維持しながら，過剰生産を抑制することを狙

って，域内の統一価格が段階的に引き下げられるとともに，農家に直接，所得が補償されるようになった。しかし農家への所得の直接補償の受取が大規模農家に偏ってしまい，農村社会全体を維持するために農家の所得を確保するという本来の趣旨との齟齬が生じた。このためアジェンダ2000で[9]，農村開発がCAPの第2の柱と位置づけられ，実際の開発プログラムの作成と予算の配分を各加盟国に委ねる方針が示された。そして，2003年に合意された改革では，大規模農家への直接補償が2005年より段階的に減額され，その分の予算が農村開発に配分されることになった。また，生産物の種類や量と関係なく農家への直接補償額を決めるデカップリングの原則が定まったが，同時に環境問題への対策として，農家は資金を供与される代わりに，環境，食の安全，家畜や家禽飼育での厚生面への配慮に関するEU基準の遵守を求められることになった。このほか，乳製品の介入価格が引き下げられることになった。

　このように改革は進みつつあるが，穀物などの介入価格の引き下げには多くの国が抵抗し，また加盟国による資金の負担と受取の不均衡の問題は決着したわけではなく，余剰農産物が域外に捌け口を求めている状況にも変化はない。域外への輸出に関しては，近年，途上国の貧困問題に対するヨーロッパ内での関心の高まりとも相俟って，CAPは，途上国の農産物の輸出市場だけでなく，途上国の国内市場も奪って現地の農業の発展を阻み，途上国の貧困と失業，さらには国際労働力移動の一因になっているとの批判も高まるようになった[10]。

　農業問題は閉ざされた一国内だけでは解決できないという認識がCAPを生み出したが，この認識を敷衍すれば，EUの中だけで農業問題を最終的に解決することは不可能であり，域内の問題の解決のためにも，域外の各地域，さらに世界全体での対策との何らかの接合が必然となる。実際，CAPは，最終的に農産物市場の国際的調整に至る一過程に過ぎず，この目標達成のための新たな障害となってはならないという認識は，CAPの誕生と改革に尽力したマンスホルト（Mansholt）をはじめとして，多くのヨーロッパの専門家によって，CAPの誕生時に共有されていた（Rossi-Doria 1964, p. 347）。しかし，誕生後のCAPは，EU財政や地域政策，それに通貨問題と[11]，欧州統合の他の領域との

連関を強めて，統合の核となっていった一方で，域外の農業問題との連関は，ロメ協定(12)に基づく旧植民地への対応を別にすれば，GATT の各ラウンドでのアメリカとの衝突に収斂していった。先達の認識とは裏腹に，世界的な農産物貿易のルール形成は，農業特有の問題への対処を欠いたまま，WTO の下で推進されているのが現状である。(13)

III　経済通貨同盟の展開

(1)　国際通貨体制の動揺と独自の通貨協力の開始

　農業問題とは対照的に，国際通貨制度については，戦後，IMF 協定が締結されて，ドルを中心とした世界大のガヴァナンスが構築された。しかし西欧諸国にとって，このシステムが，通貨の交換性と為替相場の安定の双方を長期にわたって同時に保証することはなかった。

　西欧諸国は，IMF 協定第14条の過渡期条項に基づいて，戦後しばらく貿易と為替の制限を設けていたが，その間の1950年に欧州決済同盟（EPU）を創設し，参加国の間での多角的決済を実現した。この西欧独自のシステムの下では，2国間での経常取引の差額が多角的に決済されただけでなく，赤字国に対して自動的に信用が供与され，そして参加国の通貨の為替相場は，ドルに対してだけでなく他の参加国通貨に対しても，上下0.75％の変動に抑えることが定められていた。(14)戦後の国際通貨体制構想のケインズ案に類似したこのメカニズムは，ドル不足下の参加国同士の貿易の拡大に大きく寄与したが，いかんせん参加国内だけの閉じられたシステムであり，ドル不足の解消と1958年の西欧諸国通貨の交換性回復とともに役目を終えた。これとともに西欧諸国は，IMF 体制の下で，多角主義と為替相場の安定の両立を維持することになった。

　しかしその数年後の1960年代初めから，基軸通貨ドルの信認が揺らぎ始め，ドル不足から解放されて間もない西欧主要国がドル支援に乗り出す事態となったが，それにもかかわらずアメリカからのドルの流出は続き，ドルの信認の動揺はいっそう激しくなった。(15)その後，ドル危機がさらに深刻さを増すにつれ，

西欧主要諸国間の為替相場の安定性に影響するようになった。ドル弱体化に伴い，マルクの切り上げ予想が高まったことから，マルク買いフラン売り投機が増大し，西ヨーロッパの通貨秩序は，ドル危機を媒介として，混乱するようになったのである。CAPの下での農産物価格の統一や関税同盟の構築が進展しつつあったECにとって，域内の為替相場の不安定化は，統合の根幹を揺るがしかねない事態であった。

したがって，欧州統合にとって，域内の通貨秩序の安定は必要条件となった。1960年代末からこの実現のための具体的な検討に入り，1970年に公表されたウェルナー（Werner）報告に基づいて，1971年より経済通貨同盟（EMU）を目指した通貨協力の開始が宣言された。これはまず第一段階で加盟国通貨間の為替相場の変動幅を現行よりも縮小することと，市場介入のために必要な資金を供給する欧州通貨協力基金を設立することを定めていた。この後，まもなくドルショックが起きたため，1971年12月のスミソニアン合意で，各国通貨のドルに対する変動幅が上下2.25％と定められたのを待って，ECの通貨間の変動幅を同じく上下2.25％と定めて，1972年4月より第一段階が開始された。しかし通貨投機が激化して，イギリスとイタリアがまもなく離脱を余儀なくされた。そして金との交換性を失ったドルに対して相場の安定を図っても不安定性が増すだけとなったため，ECは1973年3月に，ドルに対する変動幅維持を放棄し，ECの通貨間の変動幅のみを維持する共同フロートを実施することになった。しかし，為替相場安定の試みに対する通貨投機は止まらず，オイルショック後の世界経済の混乱も相俟って，フランスは共同フロートからの離脱と復帰を繰り返した。70年代後半に相場の安定が維持されたのは，西ドイツ・ベネルクス三国・デンマークの5カ国の通貨の間のみであった。

(2) 域内の通貨安定の成功と挫折

このような域内通貨の混乱は，欧州統合の進展に多大な負の影響を及ぼしていた。1975年にEC委員会に提出されたマルジョラン（Marjolin）報告[19]によると，為替相場の変動の結果，農産物の統一価格に基礎を置くCAPは危機的状

況に陥り，また域内の資本移動の自由化も60年代初頭より後退して，一部の国は一方的に域内の資本移動を制限しており，さらに各国が経常収支の赤字に陥ったため，域内での物資の自由な流通も脅かされているという状況であった。混乱をもたらしたのは，ドル危機と石油ショックという外的要因であるが，加盟国政府が一体となって対処することができていたら，統合の飛躍の機会にもなっていたのであり，外的要因に責を帰することはできないというのが報告の見解であった。

しかしECが音頭を取って，70年代の危機への各国の対応を調整し，調和させるような試みがとられることはなかった（Milward and Sorensen 1993, p. 22）。60年代まで，財政・金融政策によって景気を調節しながら，自国通貨の対外相場を安定させてきた多くの国が[20]，70年代の危機も同様の政策で乗り切ろうとしていた。しかし，ドル相場の急激な変動，オイルショックがもたらした交易条件の急激な変化，商品や資本移動の自由化の進展，そして以上の変化がもたらす不確実性の増大は，従来の政策の有効性を揺るがし，政策の信認を低下させ，各国はスタグフレーションと為替相場の不安定に苦しむようになっていった。

こうした通貨協力の行き詰まりを打開するため，1979年に欧州通貨制度（EMS）が発足した。これは70年代の失敗を踏まえて，様々な改良が導入されていた。まず為替相場メカニズム（ERM）と呼ばれる，変動幅縮小のための新たな通貨協力の枠組みでは，新規の参加国を除いて，変動幅は以前と同じく為替平価の2.25％であり，また，2国間の基準レートで見て変動幅の上限と下限に達した通貨国の双方が介入義務を持つ，パリティ・グリッドと呼ばれる方式も踏襲されたが，これに加えて，参加国のバスケット通貨として新しく導入されたECUに対して一定以上為替相場が乖離した通貨国も，介入義務を持つことになった。ECUの価値は参加国通貨の加重平均で決定されるので，ある通貨の為替相場がECUから大きく乖離すると，参加国通貨の全体的傾向から離れて特異な方向に動いていることになる。かつては，西ドイツマルクが為替投機などにより一方的に上昇したとき，パリティ・グリッド方式での下限に達した通貨の国は，マルク売り自国通貨買いの市場介入や，金融引き締めの実施を

迫られていたが，ECUを基準とした介入を導入することにより，この負担を減らすことができた。

また，1973年に始まった通貨協力の際に設立された欧州通貨協力基金（EMCF（英），FECOM（仏））に新しい機能が加わった。変動幅の下限に達した通貨の国が，上限にある通貨を売却する市場介入を実施する際に，この資金を後者の国の中央銀行が前者の中央銀行に貸し出す点は以前と同じであるが，EMSの発足とともに，両者の債権債務関係がEMCFで集中決済され，残高の最終的な決済は当事者間で弾力的に行なえるようになった。このように制度面で技術的な改良が施された反面，ウェルナー報告が第一段階で，変動幅の縮小だけでなく，政府間の経済・金融政策の調整も実施することを求めていたのに対して，EMSではそのためのルールも機関も導入されなかった。

この政策調整は，結果的に，各国政府のイニシアティヴで行なわれることになった。以前から金融政策の目標を物価安定に置いていた西ドイツは別にして，ERM参加国は，かつてのような総需要調整を目標とした金融政策を放棄し，西ドイツマルクに対する相場の安定を目標として金融・財政政策を遂行するようになった。ベネルクス3国は，スネークの時期からこの方向に転じていたが，介入主義を長らくとってきたフランスも，EMS発足後まもなく，方針を転換した。フランスでは，社会党のミッテラン政権が，1981年より翌年にかけて，景気浮揚を狙って財政拡張と利子率引き上げのポリシー・ミックスを採用したが，拡張政策の効果は少なく，その反面フランが下落して，フランスは通貨防衛の対策に追われるようになり，これが方針転換の契機となった。[21]

以上のような各国の金融・財政政策の転換と，変動幅縮小のための制度面での改良の下で，70年代とは対照的には80年代には，参加国間の通貨安定を実現することができた。[22] この成功を承けて，EMUはあらたな転機を迎えた。1989年にドロール委員会報告が発表され，第1段階として金融政策の協調により経済変数の収斂を目指し，第2段階として各国の中央銀行の連合体を組織して，最終的な決定権は各国に残しつつ金融政策の共通化を図り，第3段階として経済，金融政策の権限を全て共同体機関に委譲して，通貨を統一通貨に置き換え

るという，通貨統合に向けてのプロセスが示され，これにしたがって1990年7月に第1段階が発足した。そして1992年2月に調印されたマーストリヒト条約で，この構想が若干の修正を加えて条文化され，通貨統合がさらに現実味を帯びることになった。また，1992年末を目標として，域内の財・サービス・資本・人の移動に関わる障壁を撤廃する単一市場計画が1985年に制定され，80年代後半から90年代初頭にかけて，制度面での様々な障壁が撤廃されていき，単一通貨導入の条件の1つも整っていった。

しかし1992年6月に，デンマークでマーストリヒト条約批准が国民投票で否決されてから，通貨投機がERM参加国の通貨を襲い，欧州通貨危機が発生した。これによりイタリアやイギリスがERMへの参加を停止し，多くの通貨が切り下げを余儀なくされるなど，EMSは大混乱に陥った。これは，従来のようにマルクがアンカーとなる形で域内の通貨の安定を維持していくことは，資本移動の全面的自由化という環境の変化によって困難になったことを意味した。このことは，いっぽうで，EU加盟国にとって，変動相場制の採用はありえないとすれば，欧州通貨危機はかえって通貨統合を促すきっかけとなった。[23]

ドイツ以外の国にとっては，通貨統合の必要性は別の側面もあった。これらの国はマルクに対する相場安定のため，自国内の景況とは無関係に，ドイツの金融政策に追随することを余儀なくされていたが，通貨統合に伴って金融政策が一本化され，それが各国の中央銀行総裁を交えて欧州中央銀行（ECB）で決定されるのであれば，金融政策の決定に自国の意思表示が少なくとも制度上は可能になることを意味した。いっぽうドイツは通貨統合の条件として，単一通貨の金融政策の目標を，マルクと同様に物価安定とすること，および通貨価値安定のために経済政策を収斂させることを要求していた。通貨統合が具体化する中で，ドイツは，1996年12月のダブリン首脳会議で，ユーロ導入後の財政運営に厳格な規定を設ける「安定協定」を提案したが，これに対してはフランスが猛反発した。ドイツにとって中央銀行の独立性と物価の安定は規範であるのに対して，フランスにとって金融政策は様々な手段としての存在であった（Boyer 2000, pp. 71-72）。結局，政治的裁量の余地を残した「安定と成長の協

定」として合意に至った（松永 2002, 31-37頁）。

(3) ユーロの実現と課題

　以上のような展開を経ながら，政治的意志の強さにも助けられて，単一通貨ユーロは1999年1月に誕生し，通貨統合の第3段階が開始された。これにより，ユーロを導入した国は長年の為替安定の試行錯誤から解放され，通貨の変動が欧州統合を揺るがす懸念は去り，人々も為替相場変動リスクの消滅や為替取引コストの削減といった経済的メリットを享受し，そして単一通貨をEUの多くの国々が共有するという，欧州統合にとって何にも勝る象徴を獲得した。しかし，ユーロ導入国の経済構造は多様であり，そしてそこに単一通貨を導入するため数々の自由化を推進しただけに，今後の課題も少なくない。

　まず，物価安定というECBの金融政策の目標や，その独立性の確保は，ドイツのブンデスバンクに倣っているが，後者が戦後ドイツの経済社会構造を前提としていたのに対して，前者の場合，同じように現実の経済社会構造が対応しているわけではない。ドイツでは，ブンデスバンクが，金融政策への人々の信認を獲得して，これが集団的賃金交渉や企業の価格設定における人々の行動に作用して貨幣価値安定を実現し，投資主導の経済成長に寄与する一方で，その成長の果実により政府は社会福祉を充実させて，市場メカニズムがもたらす負の部分を是正するというメカニズムが確立していた（松永 2002, 40-42頁）。しかしEU内では賃金決定方式は多様で，EUを単位として成長の果実を福祉に分配する財政メカニズムも存在しない。各国の財政拡大はユーロの価値を揺るがすとして「安定と成長の協定」で制限され，物価安定というECBの金融政策の透明性確保も，社会や人々というよりも，金融市場に向けられている。ボワイエが皮肉っているように，市場と民主主義の役割が交代してしまい，今や金融市場が国家やEUの政策の長期的な有効性を監視し，政治家が短期的な経済効率性の促進を追求しているのである（Boyer 2000, p. 29）。

　いっぽう，通貨統合後は，経済環境の変化に伴って，ある国が経常収支不均衡に陥っても，名目為替相場を用いて調整することはもはやできない。他の手

段として,域内で労働力が弾力的に移動すれば不均衡を解消し得るが,文化や言葉が異なる EU 内では労働力移動は限定される。残る手段としてしばしば挙げられるのは,賃金水準の引き下げや雇用量の削減であり,フランス・ドイツなどではこれを容易にする方向で国内の法制度改革が進んでいる (Boyer 2000, p. 41)。しかしこうした動きは,上記のブンデスバンクが前提としていた賃金決定メカニズムを解体する。また,社会不安をもたらし,地域間格差を拡大させる恐れもある。マーストリヒト条約では社会条項の規定が盛り込まれたが,これは最低限の基準を示したものであり,EU レベルでの労働者の権利獲得の発展には結びついていない。地域間格差是正のためには,EU の構造基金などによる財政資金配分の重要性が,これまで以上に高まって来るであろう。しかし EU を単位とした財政を有効に機能させるためには,政治統合が必要となるが,現在の統合のベクトルはこの方向にはないのが現状である。

労働政策や社会政策は各国に委ねられ,ヨーロッパ化が進展しない中で,ビジネスエリートのヨーロッパ化が進み,EU の政策形成にも影響を与えていることが指摘されるようになった。単一市場の完成と軌を一にして,80年代末から90年代初頭にかけて,産業界で自由放任を求める声が強くなり,さらに東欧諸国の民主化と市場経済導入に伴い,当時の EU のすぐ隣に,優秀かつ低廉な労働力を擁して直接投資を求める広大な国々が突如出現したことにより,域内外に自由に資本や商品を動かすことに利益を見いだそうとする勢力はさらに強まっている。

市場による調整が人々の合意を得るには,市場がより大きい特定の制度に埋め込まれていなくてはならないという考えは,市場に対する実際の干渉はできるだけ小さいものにとどめるという意図はあるにしても,従来は欧州の自由主義の基礎にあったという (Crouch 2000b, p. 4)。欧州は,利己主義に陥らない自由主義と,抑圧に陥らない連帯主義の両立を目指し,まずは国家間のレベルではこの実現に成功した。初期の欧州統合の原動力は全体主義と国家間の対立を生み出した要因との闘いであり,この時期は,国家間のレベルで自由と連帯の両立を目指すことが,同時に人々の間での自由と連帯の実現につながっていっ

た。しかし，2005年にフランスやオランダの国民投票で欧州憲法批准が否決されたように，全体主義と国家間の戦争の恐れの去った現在，市民レベルでのこの目的達成のための再構築が求められてきているのである．

(1) フランスは，政治的にも経済的にもドイツが甦るのを恐れていたが，いっぽう，復興を妨げようとすると1920年代と同じ憤激を引き起こすことを認識していたし，また西ドイツも孤立を恐れ，他国の憎悪をかき立てることなく自律を回復する枠組みを求めていた（Wallace 1994, p. 16）．

(2) オランダやベルギーの欧州統合への支持はこの後も一貫して続いた．それは，これらの国が避けることのできないドイツへの依存を和らげ，ドイツと対峙する自国の脆弱性を多角的な交渉によって克服できる最高の手段となるからであった（Wallace 1994, p. 12）．

(3) ただし，ECSC の発足と共にザール地方の帰属問題が決着したわけではない．発足時，ザール地方の関税や通貨制度はフランスと一体化していたが，ECSC 設立への合意はこうした現状を承認するものではないということが，ドイツ連邦共和国が設立にあたって出した条件であった（文末資料①）．発足後もフランスはザール地方に特別の自治権を与える構想を持っていた．最終的に西ドイツへの帰属が決まったのは1959年であった．

(4) ヨーロッパの全体主義の興隆と農業問題との関連，さらにそこに見られるエコロジー的な要素については（Bramwell 1989），特に第8章参照．

(5) ローマ条約には，CAP の目的として，ａ．技術進歩を促進し，農業生産の合理的な発展と労働力を始めとする生産要素の最も適した利用を確保することによって，農業の生産性を高めること　ｂ．農業に従事する人々の個々の所得を増大させて，農村の生活水準を適正な水準に確保すること　ｃ．市場での取引価格を安定させること　ｄ．農産物の確実な供給を実現すること　ｅ．妥当な価格での消費者への供給を確保すること　が規定されている．

(6) 敷居価格は，指標価格と介入価格の間の水準に設定された．なお，CAP で設定されたそれぞれの価格はそれぞれ綿密に定義されているが，ここでは煩雑さを避けるため割愛した．詳しくは（片山 1977）（内田／清水 1991）（内田／清水 1993）を参照されたい．

(7) 先進国が高コストの農産物を途上国に輸出しているパラドックス，およびアメリカが GATT の例外条項を特権的に利用して自国農業を保護しつつウルグアイラウンドで EC と農業交渉を争った状況について，（本山 1991）の第4章参照．

(8) 家畜の集約的肥育により発生する大量の排泄物や，広大な農地に散布される化学肥料によって，地下水，川，海の硝酸塩濃度が高まるという問題が深刻になってい

第16章　世界経済の中の欧州統合

った。EUは1991年に硝酸塩に関する指令を出して，各国に水質汚染防止対策を義務づけたが，改善は芳しくない。のちには，家畜の成長を促進するため投与された肉骨粉や抗生物質が，狂牛病や耐性菌の出現といった問題を発生させ，これが急速に域内に拡大したことも，背景に集約化と効率化を促すCAPがあるとの批判が強まった。

(9)　EU統合の拡大と深化のための政策指針が示された。

(10)　トマトの栽培と加工はアフリカのガーナの主要産業の1つであったが，世界銀行とIMFが融資の条件として要求した貿易自由化を実行した結果，国産より安いイタリア産のトマト缶の輸入が急増して，トマト加工工場の2/3が閉鎖され，トマトで生計を立てていた300万人の多くが貧困に陥っているという（英Guardian紙［電子版］2005.6.11）。同様の問題が西アフリカ各地で起きている。

(11)　CAPと通貨問題との関連については，(片山 1977, 83-86頁)，(内田／清水 1991, 79-82頁) を参照。

(12)　ロメ協定は，かつてEC加盟国の植民地であったアフリカ・カリブ海・太平洋のおよそ70カ国との間に1975年に結ばれた，貿易と援助を統合した協定であり，特恵協定や，輸出所得安定化のための制度が設けられていた。詳しくは，(前田 2000) を参照。2000年に失効した後，新たに締結されたコトヌー協定では，WTOルールとの整合性が図られ，特恵協定や輸出所得安定化は廃止されることになった。

(13)　市場メカニズムで処理できない農業問題の特殊性と，これがもたらしている先進国と途上国の格差の拡大について，(本山 1991)，および (本山 1993) の第三講参照。

(14)　IMF協定では，ドル平価に対して上下1％の変動に抑えることが義務づけられていた。

(15)　こうした事態に対して，当時のフランス大統領ドゴールは，ドルの地位は，各国がドルを信認し支援することによって維持されているのであり，このような法外な特権をアメリカは一方的に享受し，濫用しているとして，厳しく非難した。

(16)　EPU解散後，西欧諸国は欧州通貨協定を締結し，ドル平価に対してのみ変動幅を上下0.75％に抑えることを義務づけていた。

(17)　各国通貨のドルに対する変動率を縦軸に，時間を横軸にとったグラフを描くと，ドルに対する変動幅を表す上下2.25％の水平線で挟まれた間を，各国通貨がくねるように変動の軌跡を描くので，この通貨協力の試みは，「トンネル内のへび（スネーク）」と呼ばれた。

(18)　各国通貨の変動の軌跡が上下2.25％の水平線で挟まれた間を突破したので，「トンネルを出たへび」と呼ばれた。

(19)　正式名称は，Report of the Study Group "Economic and Monetary Union 1980" である。元EEC副委員長のマルジョランが中心となって，域内の産官学の

289

(20) 金融政策の目標を物価安定に置いた西ドイツは例外であった。
(21) フランス国内では ERM から一時的に離脱し，従来の拡張政策の継続を主張する声も強かったが，ERM にとどまり緊縮政策に転換する必要性を説いたのがドロールであった。(松永 1996) を参照されたい。
(22) しかしこの成功の背景には，70年代のような極端な外的ショックがなかったこと，資本移動に制限が残っていたこと，そしてストレンジ（Strange）が指摘するように，アメリカがインフレを抑制してドル高を維持する政策に転換したため，マルク買い投機の脅威が減り，また欧州諸国のインフレ抑制策採用に影響を与えたことも存在しているだろう（Strange 1998, p. 68，邦訳123頁）。
(23) 1993年には ECU の構成が固定化され，翌年には通貨統合の第二段階が開始された。
(24) EU の市場統合と域内の格差是正の問題については，（棚池 2003）参照。
(25) 欧州全体での企業経営者の団体である欧州経営者円卓会議（The European Round Table of Industrialists）が，自由放任を求める勢力を主流派として結集させ，政治力を高めて EU 委員会の政策にも影響を及ぼし，欧州の主要企業の経営者層と EU の政策担当者との間の人的ネットワークが形成されているという（Van Apeldoorn 2000）。

参考文献

岩田健治（1996）『欧州の金融統合』日本経済評論社。
内田勝敏／清水貞俊（1991）『EC 経済をみる眼』（新版）有斐閣。
―――（1993）『EC 経済論』ミネルヴァ書房。
―――（2001）『EU 経済論』ミネルヴァ書房。
片山謙二編（1977a）『EC の発展と欧州統合』日本評論社。
島野卓爾（1997）『欧州通貨統合の経済分析』有斐閣。
清水貞俊（1998）『欧州統合への道』ミネルヴァ書房。
棚池康信（2003）『EU の市場統合』晃洋書房。
田中素香（1991）『EC 統合の新展開と欧州再編成』東洋経済新報社。
―――編（1996）『EMS：欧州通貨制度』有斐閣。
星野郁（1998）『ユーロで変革進む EU 経済と市場』東洋経済新報社。
前田啓一（2000）『EU の開発援助政策』御茶の水書房。
松永達（1996）「国際経済統合の行方」『愛媛経済論集』15(2)。
―――（2002）「貨幣価値安定をいかに制度化するか」『経営と経済』82(2)。
本山美彦（1991）『豊かな国，貧しい国』岩波書店。
―――（1993）『ノミスマ（貨幣）』岩波書店。

Boyer, Robert (2000) 'The Unanticipated Fallout of European Monetary Union: The Political and Institutional Deficits of Euro', in (Crouch 2000a).

Bramwell, Anna (1989) *Ecology in the 20th Century: a history*, Yale University Press. (金子務監訳『エコロジー 起源とその展開』河出書房新社, 1992年。)

Crouch, Colin (ed.) (2000a) *After The Euro*, Oxford University Press.

―――― (2000b) 'The Political and Institutional Deficits of European Monetary Union', in (Crouch 2000a).

Milward, Alan S. et al. (1993) *The Frontier of National Sovereignty: History and theory 1945-2002*, Routledge.

Milward, Alan S. and Vibeke Sorensen (1993), 'Interdependence or integration?: A national choice' in (Milward 1993).

Rossi-Doria, Manlio (1964), 'Agriculture in Europe', *Daedalus*, 93 (1).

Strange, Susan (1998) *Mad Money*, Manchester U. P. (櫻井公人ほか訳『マッド・マネー』岩波書店, 1999年。)

Van Apeldoorn, Bastiaan (2000) 'Transnational Class Agency and European Governance: The Case of the European Round Table of Industrialists', *New Political Economy*, 5 (2).

Wallace, William (1995) *Regional Integration: The West European Experience*, The Brookings Institution.

欧文資料

① "Exchange of letters between the government of the German Federal Republic and the government of the French Republic concerning the Saar" in *Treaty constituting the European Coal and Steel Community and connected documents*. Luxembourg: Publishing Services of the European Communities, complex pagination, pp. 1-4.

② European Communities (1975) *Report of the Study Group "Economic and Monetary Union 1980."*

第17章

日本経済と小泉構造改革

I 小泉構造改革の成果と評価

(1) 日本経済の現局面

　日本経済は，2004年夏場以降の「踊り場」局面をようやく抜け出た。しかし，激化するグローバル競争を根因とするデフレ局面から完全に脱却し，少子・高齢化が進む中で内需主導型の持続的成長を続けるためには，なお多くの課題に直面している。

　第1は，金融政策と資金フローの正常化である。マクロ経済が回復していると言っても，金融システム不安などの異常時に対応した量的緩和政策が依然として続けられている。にもかかわらず，銀行貸出の前年割れや実質成長率を下回る名目成長率などデフレ現象は払拭されていない。さらに，マクロの貯蓄・投資バランスは，企業部門の貯蓄超過（＝資金余剰）を政府部門の投資超過（＝財政赤字）が吸収するという異常事態が長期化している。このことは，民間部門のデフレ期待（＝期待成長率の低下）が根強く続いており，金融政策だけでデフレから脱却することが容易ではないことを物語っている。

　第2に，企業部門の収益体質は見違えるほど強靭になった半面，家計部門の所得の伸びは脆弱であり，税や社会保険料の引き上げなど国民負担の増加が将来にわたって予想される下では，消費の本格回復によるデフレ脱却シナリオも描きにくい。企業部門の体質強化は懸命のリストラ努力による労働分配率の引き下げに負うところが大きいが，そのことは，とりもなおさず，企業収益の増加が家計部門に波及する度合いが過去の局面と比べて著しく小さいことを意味

する。家計部門の再生が視野に入ってこない限り，景気の本格再生も難しいといえる。

　第3に，バブルの後遺症は脱したとはいえ，間近に迫った人口減少・超高齢社会をいかに乗り切っていくかというグランド・デザインは未だ明確に描かれていない。わが国が本格的な人口減少社会に突入したことは，労働力供給面から日本経済の潜在成長力を低下させるだけでなく，需要面からも構造的なマイナス作用をもたらす。他方で，高齢化の進展は財政システム，年金・医療・介護等の社会保障システムなど右肩上がり経済を前提に構築されてきた各種の日本型システムを持続不能に陥れる。この中長期的問題の解決策を提示しない限り，民間部門が積極的にリスクをとることは期待できない。

(2) 構造改革の意義と目的

　以上のような認識に立てば，2001年4月に「構造改革なくして成長なし」を旗印に掲げて登場した小泉政権の構造改革を政権誕生後4年余りが経過した時点で改めて評価することは意義がある。とりわけ改革の本丸と小泉首相自身が位置づける郵政民営化法案が2005年8月に参議院で否決され，衆議院・解散総選挙となった事業を踏まえると[1]，小泉構造改革の目的と本質的意義，現実の改革の成果と課題を冷静・客観的に見つめ直すことが重要である。小泉構造改革については，様々な論者から賛否両論が展開されてきたが，筆者は日本経済の本格的な再生には構造改革が不可欠であり改革を促進すべきであるとの立場から，過去の小泉改革の成果について批判的に検証したい。

　小泉構造改革の理念・目的は，市場経済原理の貫徹による経済のサプライサイド強化にある。欧米諸国では当然と受け止められる市場経済メカニズムも，わが国では「市場原理は冷徹かつ非情である」，「市場メカニズムは万能でない」，「市場原理は時として弱者をさらに敗者へと追いやる」などイデオロギー的色彩を帯びた批判が展開されることが多い。しかし，そうした価値観から中立的な立場で言えば，構造改革の本質的目的は，経済の資源配分の効率化を通じてより高い経済成長を目指し，経済社会の安定を保障する各種システムの持

続可能性を高めることにある。バブル崩壊によって右肩上がり経済が終焉し，人口減少・超高齢化社会を迎える日本経済にとって，構造改革は好むと好まざるとに拘わらず不可避の選択である。「官から民へ」「国から地方へ」「貯蓄から投資へ」の3つのキャッチフレーズに象徴される通り，肥大化・非効率化した官の領域を縮小する一方で，民の活力を高めるために，規制や法制，税制，金融など様々なルートを通じて資源配分を効率化する新しい仕組みを構築することが構造改革の狙いである。

(3) 小泉構造改革の成果

それでは，過去4年間の小泉構造改革をいかに評価すべきであろうか。政府は，2002年以降の景気回復は小泉構造改革の成果であると強調してきた。確かに，小泉政権誕生後の2001年こそ景気は後退に見舞われたが，2002年以降は「踊り場」局面を経ながらも景気回復が続いてきた。しかし，現在までの景気回復は，小泉政権の構造改革の成果というよりも，ヒト，モノ，カネの3つの過剰を克服しようとする民間部門の構造調整努力に負うところが大きいというべきであろう[2]。しかし，筆者は小泉構造改革がもたらした最大の成果は，民間部門に自立と自己責任意識を植え付けたことにあると考える。換言すれば，国民に対して「痛み」を甘受する必要性を認識させると同時に，民間の前向きの努力をうまく引き出し，「改革なくして成長なし」の認識を浸透させたことこそが改革の第一歩として評価されるべきであろう。以下，評価されるべき改革をいくつか取り上げる。

第1は，2001年度以降の公共事業の削減である。小泉政権以前の政策運営は，ストップ・アンド・ゴーの繰り返しであったと言っても過言でない。景気が悪化すると，お決まりのように補正予算が組まれ，公共事業の拡大や減税などケインズ的財政拡張政策が実施されてきた。しかし，バブル崩壊後の傷跡は大きく財政政策による景気対策は一時的景気押し上げ効果はあっても，デフレ脱却には力不足であった。むしろ，財政政策による財政赤字の膨張が将来の増税につながる懸念から消費抑制を招くという「非ケインズ効果」がエコノミストの

間でも重視される流れが作り出された。景気対策のために道路や橋など無駄なあるいは非効率的な社会資本の整備を行なっても，経済全体としての資源配分の非効率化と財政赤字の拡大が進むだけであり，中長期的には望ましくないとの見方がコンセンサスを得たのである。こうした見方は経済学的に正当化されるとしても，当時の自民党を中心とする公共事業による利益誘導政治の中では，地域経済に壊滅的打撃を与え兼ねないとの批判も根強かった。しかし，それでも小泉政権が断固として公共事業の削減を断行し，国民の公共事業依存体質を断ち切ることに成功したことは，率直に評価できる。

　第2は，2002年から2004年にかけての不良債権処理である。2002年10月に公表された「金融再生プログラム」においては，大手銀行の不良債権比率（貸出残高に占める不良債権の比率）を当時の8％超の水準から2年以内に半減させるという極めて意欲的な目標を設定し，これを達成した。「金融再生プログラム」は，不良債権の最終処理の加速や，繰延税金資産の自己資本算入規制，ペイオフ断行など金融システム危機を増幅させかねないものも含んでいたが，実際の政策運営においては，①個別行に対する金融庁の特別検査実施を通じた銀行の最終処理加速に加えて，地域経済・日本経済にとって存続が重要とみなすことのできる債務者企業の円滑な再生を目的として産業再生機構を創設したこと，②繰延税金資産についても，性急かつ全般的な法的規制を見送り，りそな銀行の国有化など特定銀行に的を絞った対応としたこと，③ペイオフも「決済用預金」の創設など部分解禁に止め，預金者の混乱を未然に防いだこと等，現実的な対応がなされたことは評価に値する。

　第3は，2003年の税制改革である。小泉総理は，政府税制調査会と経済財政諮問会議の双方に対して，21世紀に向けた「あるべき税制」を検討するよう指示した。その際，両者の間で最大の論争点となったのは，あるべき税制を考える重要な座標軸の1つとして経済活力を高める税制を目指すべき（諮問会議）か，税制は民間の経済活動に中立であるべき（政府税調）とする，いわゆる「活力VS中立」論争であった。論争の軍配は結果的に経済財政諮問会議に上がった形となり，2003年には，IT投資促進減税や研究開発投資減税等，企業

の生産性向上や新製品開発を促す減税措置が導入された。厳しいグローバル競争を勝ち抜く上で，これらの減税措置は企業の競争力強化に向けた投資意欲の拡大を促す大きなインセンティブとして作用したと評価できる。さらに，金融・証券税制について資本市場活性化の観点から，株式・投資信託等のキャピタル・ゲインや配当に関して5年間の時限措置で税率を20％から10％に軽減するとともに損益通算範囲を拡大する税制改正が行なわれたことも，個人・企業の前向きな投資活動を引き出す上で大きな役割を果たしたと評価できよう。

II 小泉構造改革の期待と現実

小泉構造改革は，当初の期待が大きかったが故に，期待と現実のギャップの大きさからしばしば改革の「骨抜き」「先送り」といった批判も少なくない。他方で，既得権益を擁護する立場からは，「弱者切り捨て」との批判も根強い。

(1) 抜本改革とは呼べない年金改革

2004年度に実施された年金改革は，現行制度の手直しに止まったという意味で，抜本改革には値しないという批判が強い。わが国の年金制度が抱える課題は，少子・高齢社会が一段と進む中で，年金制度はもとより財政システムの持続可能性が脅かされていることにある。国民の年金に対する将来不安を払拭しつつ，システムの持続可能性を高めるという改革の目的に照らせば，年金改革は半ば成功，半ば失敗との烙印を押されても致し方ないであろう。

第1に，基礎年金に対する公費（税）負担割合が3分の1から2分の1に引き上げられたが，これは年金財政の安定を確保するために必要な措置とはいえ，①税財源を確保するための増税措置が明確に定められていない，②基礎年金のあり方（老後の最低限の生活保障として国が100％面倒をみるものとするのか否か）に対する議論が先送りされたという点において，問題を残すものとなった。

第2に，2004年度改革では，将来の年金カット（所得代替率〈現役世代の可処分所得に対する年金の比率〉を59.3％から50.2％に引き下げ）と保険料引き上げ（現

行の13.58％から18.3％へ）が同時に行なわれ，年金財政の安定に寄与した半面で，国民とりわけ若年世代の年金不安や不信には十分応えるものとなっていない。これは，①年金の給付水準自体が「マクロ経済スライド」という仕組みの下で，人口や経済の諸前提が崩れた場合，大きく変わりうる，②若年世代になればなる程，給付カット率が大きくなるためである。

　第3に，年金空洞化と呼ばれる保険料の未納・未収問題の抜本解決が棚上げされた。現行の年金制度は職業や就業形態によって国民年金（自営業），厚生年金（サラリーマン），共済年金（公務員）など様々な制度が並立し，制度に対する不公平感や不信感から若年層を中心に未納・未加入比率は4割を超えた。こうした問題を解決するために，民主党は「年金制度の一元化」をマニフェスト（政策綱領）に掲げたが，自民党のマニフェストでは，自営業主の所得補足の問題など解決に時間のかかる重要課題が多いことから，公務員とサラリーマンの年金のみの一元化に止められた。

(2) 数字の辻褄合わせに終わった三位一体改革

　三位一体改革とは，国と地方の関係を抜本的に変えるために，①国から地方への補助金の削減，②国から地方への税源の委譲，③地方交付税制度のスリム化の3つの改革を同時に実行することを意味する。その本質的狙いは，地方の独自性・裁量権を拡大することによって地域経済の再生を実現すると同時に，地方の国依存体質を断ち切ることによって財政赤字の削減にも資することにある。

　しかし，現実には具体的な補助金の削減や税源委譲を巡って国（とりわけ個別省庁）と地方自治体の対立が激化し，改革は実質的に前に進んでいない。

　第1に，三位一体と言いながら，補助金改革が先行し，交付税制度の改革は先送りされた。補助金改革の中身についても，小泉首相が自ら提示した総額3兆円という数字が一人歩きし，数値目標達成のために金額の大きい義務教育国庫負担の削減が優先されるなど，国の関与を減らし地方の自由裁量に任せるべき施策は何であり，そのためにどの補助金を削減し税源を委譲すべきかという

本質的な議論が置き去りにされた。

　第2に，補助金削減額にほぼ等しい金額が税源委譲される形になったが，これでは国と地方を合わせた財政の赤字削減という三位一体改革の狙いが実現できない。税源委譲を前提とした補助金削減論ではなく，まず初めに不必要な補助金をいかにカットするか，地方の無駄な歳出をいかに切りつめるかという議論が十分なされていない。

　第3に，現行の地方交付税の仕組みの抜本改革が十分議論されないまま，交付税の削減を先行させようとした結果，地方の反発を招き，改革の骨抜きを招くこととなった。地方交付税の削減は，多くの自治体にとって死活問題だけに抵抗は根強い。しかし，交付税の本質は地方自治体間の財源調整機能であり，財源確保機能ではない。財源調整機能と財源確保機能を併せ持つ現行制度はすでに持続可能性を失っている。全国均質的に行なうべき行政サービスと地方の裁量や独自性に任せるべき行政サービスを峻別した上で，前者については交付税や補助金で後者は地方独自の税財源で行なう仕組みに切り替えるという改革の本質が見失われた。

(3) 道路公団改革の挫折

　道路公団改革—日本道路公団，本州四国連絡橋公団，首都高速道路公団，阪神高速道路公団の道路関係4公団の民営化は，小泉構造改革における特殊法人改革の象徴的存在となったが，民営化決着までのプロセスは混乱を極めた。小泉首相の肝入りで設置された民営化推進委員会は，最終的に決定された民営化スキームでは高速道路の新規建設抑制という民営化の本来の目的を達成できないとして委員の辞任が相次ぐなど空中分裂を余儀なくされた。

　結局のところ，道路公団改革は，「民営化」という組織形態の変更は実現したものの，これまでの道路建設計画の大幅な見直しや，40兆円以上にも上る膨大な負債構造にメスが入ることなく，「料金プール制」や借金による不採算路線の新規建設など無駄と非効率を膨張させる仕組みが温存される結果となったという意味で明らかに失敗だったといえよう。「民営化」本来の目的が曖昧に

されたまま，「民営化」自体が自己目的化してしまった感が強い。

(4) 小泉改革が不徹底に終わった本質的要因

　以上のように，小泉構造改革は当初の期待が大きかったが故に，これまでの改革の成果は決して満足できるものではなく，その評価は総じて厳しくならざるを得ない。改革が不徹底に止まった本質的な要因は，以下の3点に帰着する。

　第1は，ナショナル・ミニマムとは何かが国民に対して明確に示されなかったことである。構造改革が不可避の選択である理由は，少子・高齢化の進展により，これまでの右肩上がり経済を前提として成立していた各種の経済・社会システム（雇用・賃金システム，社会保障制度，国と地方の分配システムなど）の持続可能性が脅かされていることにある。システムの持続可能性を高めるには，国家として最低限保障できるナショナル・ミニマムのレベルを明らかにした上で，国民一人一人に対して自立と自助努力を促す仕組みを構築する必要がある。年金改革では，基礎年金の位置づけが曖昧にされたまま，給付水準の削減や保険料率の引き上げが行なわれ，国民不安を増幅させたことは否めない。三位一体改革でも，国と地方の根本的な役割分担の見直し議論が十分になされないまま，カネの分配のあり方を見直そうとしたことが中途半端な改革を招いたといえよう。第Ⅳ節で述べる財政健全化の問題も究極的にはナショナル・ミニマムを議論すること無しには解決できない問題である。

　第2に，国民負担の議論が正面からなされていないことである。基礎年金の国庫負担引き上げの財源は，所得税の定率減税廃止によって賄う旨が示されたが，これで十分でないことは明らかである。小泉首相は，在任中消費税の引き上げは行なわないとの方針を示したが，政府税制調査会は，財政健全化のために将来の消費税率引き上げや所得税の増税の方向性を打ち出しており，国民は将来の際限なき増税不安を抱いている。この点については，第Ⅳ節で詳述したい。道路公団民営化の議論においても，民営化の大前提として，公団の抱える膨大な債務の処理（＝国民負担による債務返済）の道筋を示すことが不可欠であった。道路公団改革が手段と目的が転倒した「民営化のための民営化」となっ

てしまったのも，国民負担の問題をベールに包もうとしたからに他ならない。

　第3は，政策決定プロセスの改革がなお途上にあることである。小泉構造改革の推進を阻んできたより本質的な問題は，突き詰めれば，与党自民党と小泉内閣の政策のねじれ現象を解消できない政策決定プロセスの未成熟さに求められる。小泉首相が「経済財政諮問会議」という新しい政策決定の場を活用して，従来型の与党・官僚主導の政策決定プロセスを首相主導のトップダウンの仕組みに変えようとしたことは高く評価できる。2005年8月の参議院における郵政法案否決は，議会制民主主義における政策決定プロセスはどうあるべきかという新たな課題を突きつけた。小泉首相は，衆議院解散・総選挙を通じて，郵政反対派を自民党から駆逐し，自民党のイメージを改革政党に変えることに成功したようにみえる。しかし，自民党内には道路族や厚生族など「族議員」はなお残っている。小泉自民党の大勝によって構造改革路線はさらに強まったように見えるが，問題は「小泉後」であろう。小泉後も引き続き国民に「痛み」を強いる構造改革を強力に推進できるかどうかは，一国の宰相のリーダーシップのみに頼ることなく，マニフェスト（政策綱領）を機軸とする政策本位の政党政治を確立させられるか否かにかかっている。

III　構造改革の本丸——郵政民営化の重要性

(1)　郵政民営化の重要性

　小泉首相が構造改革の本丸と位置づけた郵政民営化法案が参議院で否決されたことの意味は大きい。このことが，わが国の議会制民主主義に与えた影響が非常に大きかったことは，その後の衆議院選挙の結果からも明らかである。

　確かに，国会審議では，「何故，民営化が必要か」といった入り口部分での議論が大宗を占め，民営化のメリット・効果を強調する政府サイドと，民営化によるデメリット（店舗廃止など地域住民に対するサービス低下の懸念）を声高に主張する反対派の主張が平行線をたどったまま，議論の深まりがみられなかった。民営化した場合の10年後の姿を正確に想定することは客観的に言って極め

第17章　日本経済と小泉構造改革

て難しい。本来，真剣に議論すべきだった点は，民営化した場合の姿ではなく，民営化しない場合の将来の日本経済ひいては日本国民への潜在的リスクである。この点に対する正確な認識を国民各層が共有できれば，民営化そのものに反対するのではなく，いかにしたら「良い民営化」を実現できるのかという一歩踏み込んだポジティブな議論が可能となったはずである。

「民営化しない場合の潜在的リスク」とは，以下の3点に集約される。

第1に，巨大な公的金融＝郵政・財政投融資システムが温存され続ける結果，市場メカニズムを通じた個人金融資産の有効活用が阻害される。このことは，わが国の経済再生にとって大きな足かせになる。わが国が他の先進諸国に例をみないスピードで人口減少・超高齢化社会に突入する中で，労働力人口の減少に伴う潜在成長力の低下を阻止すべく，資金を将来の成長性が見込める新しい分野に流すという金融本来の役割が十分な機能を発揮できなくなるからである。日本の金融システムを強化し，「貯蓄から投資へ」の構造改革を促進するためには，民営化が不可欠である。

第2は，郵貯・簡保資金の受け皿である特殊法人や政府系金融機関が巨額の「偶発債務リスク」すなわち経営破綻・債務超過などに伴う潜在的な国民負担となるリスクを抱えていることである。郵貯・簡保資金の運用先は，国債（163兆円，シェア48％），財投・特殊法人等（105兆円，同31％）とこの2分野で8割を占めており，事実上，郵政公社は国や財投機関・特殊法人・政府系金融機関など公的企業のファイナンス機能を担っている。財投システムの入り口である郵貯・簡保の改革を，出口である財投・特殊法人の改革と一体的に行なうことで将来の潜在的リスクを最小化することができる。

第3は，民営化をしないことが郵政自身の経営を行き詰まらせるリスクを高める。インターネットの普及による郵便事業の採算悪化のみならず将来起こりうる金利上昇が郵政公社の経営に壊滅的打撃を与えかねない。これは，半年複利・ペナルティーなしで解約自由という定額郵貯の商品性に起因する問題で，預金者が金利上昇局面でより高い定額郵貯に乗り換える動きが強まることによって調達金利が短期的に急上昇する一方，運用利回りは短期的には変わりにく

いことから、逆ざやとなり大幅な赤字に陥る恐れが強い。これは過去の金利上昇局面における経験からも明らかである。郵政を民営化することで経営の自由度が増すとともに国債運用に偏ったポートフォリオの是正も可能となり、金利上昇など将来の金融環境の変化に機動的に対応できるようになる。

(2) 誰のための郵政民営化か

　国会審議における議論の中で、見落とされていた重要な視点は、誰のための民営化かという点である。民営化は「国民」にとってプラスかマイナスかという議論は物事の本質を正確に捉えていない。「国民」とは、正確に言えば、郵政サービスの「利用者」の立場と、コストを負担する「納税者」としての立場の2つがあり、これらが峻別して議論されなければならなかった。「利用者」としての国民の目からは、郵政サービスは低コストで過疎地も含めてユニバーサル・サービスが行き届いているため、民営化の必要性が理解しにくい。しかし、他方で「納税者」の立場からみれば、こうしたサービス供給のコストとして、年間1兆円もの「見えざる国民負担」（税金や預金保険料を免除されている部分のコスト）がかかっている。さらに、前述した巨大な潜在的リスクを抱えたままでは、将来の国民負担は膨大な額に上りかねない。民営化をすることで、サービスに見合ったコストを払い、潜在的リスクの芽を今のうちから摘んでおかなければならない。また民営化による将来の株式売却収入は、数兆円以上に上ると予想され、財政健全化にも大いに資することになる。

　要するに、郵政民営化はJRなど単なる行政改革や公社の効率的な経営といった狭い問題で捉えるべきものではなく、「郵政・財政投融資システム」という公的セクターの肥大化・非効率化を是正する「入り口」「出口」の一体的な改革として捉えなければならない。また国民経済的にみても、巨額の見えざる負担をなくし、国民の金融資産の有効活用を通じて、来る人口減少・超高齢化社会を乗り切る構造改革の切り札と位置づけられる。その意味で、民営化は肥大化した官主導型国家から活力ある民主導型国家への転換を実現するために必要不可欠かつ最優先で取り組むべき政策課題である。

(3) 郵政民営化問題の本質

　道路公団改革と同様，本質的に重要なことは民営化すべきかどうかという郵政公社の経営形態の問題ではない。諸外国に例をみない巨大な公的金融をいかに円滑に民間経済に融合させるかが問われている。民営化はあくまでそのための手段の1つに過ぎない。「官から民へ」「貯蓄から投資へ」と資金の流れを大きく変えるには，公社形態のまま公的金融を「入り口」「出口」ともに縮小していくことも改革の選択肢になり得る。2005年9月の衆議院選挙の際，民主党が示した郵政改革案―預入限度額を現行の1千万円から段階的に縮小し，500万円と半減させる―も検討に値する案である。小泉自民党の民営化案と民主党案の最大の違いは，市場経済メカニズム（郵政公社の株式売却や新規ビジネス参入を通じた経済活性化）を徹底的に活用するのか，政治の力によって解決するのかという点である。ただし，連合など労働組合の支持を受ける民主党が郵政職員の雇用問題に大きな影響を及ぼす大胆な規模縮小が本当にできるのかどうかが疑問視された。

　郵政民営化の是非を問うとされた衆議院選挙の結果は，雇用問題への影響を最小限に止めつつ，公的金融の縮小を図っていくためには，やはり郵政民営化が最も効果的な政策手段であることを裏付けたといえるかも知れない。郵貯・簡保の政府保証を廃止することで残高は時間の経過とともに縮小する可能性が高い。他方，郵政会社のビジネス・モデルを巨額の資金運用による利ざや確保から，年金・保険・投資信託など民間金融商品や国債の販売，合併により数の大幅縮小が見込まれる地方自治体の各種事務代行サービス（住民票・印鑑証明・戸籍謄本などの発行）など手数料を得ることを中心としたビジネス・モデルに改めることで，残高縮小に伴う雇用削減圧力を緩和することが可能となるからである。[3]

　もっとも，民営化という手段も完全な民営化までに10年という長い年月を要するだけに，この間の政策運営には慎重を要する。完全民営化までの移行期間における新規業務（企業向け貸出や住宅・消費者ローンなど）の認可のタイミング次第で様々な問題点が噴出する可能性もあるからである。例えば，新会社が公

的色彩の強いまま業務範囲を早期に拡大すれば,「官業の民業圧迫」が強まり,何のための民営化かが分からなくなる。他方で,郵貯・簡保の残高が縮小する下,新規業務への進出が遅れれば,新たな収益基盤の確立に失敗し,雇用問題やユニバーサル・サービスの維持にも支障が出かねない。こうした民業圧迫や経営破綻といった「悪い民営化」を避けながら,民営化本来の目的を達成することは確かにナローパスである。しかし,3年毎に民営化の進捗状況や郵政会社の経営状況をチェックし,必要に応じて規制・監督のあり方や経営方針に対して勧告する権限を持った民営化委員会がうまく機能すれば,そうした懸念を払拭し「良い民営化」を実現できるはずである。

Ⅳ 財政健全化の本質的意味と課題

(1) 財政健全化の本質的意味

小泉政権は,財政健全化目標として財政のプライマリー・バランス(歳入から公債発行額を歳出から公債の利払い・償還費を除いた基礎的収支,2004年度で名目GDP比4.4％の赤字)を2010年代初頭までに黒字化することを公約に掲げてきた。しかし,わが国の財政赤字の規模は,年々のフローで34兆円(名目GDP比6.7％,2004年度),ストック(長期債務残高)では740兆円(同147％,2004年度末)と主要先進諸国の中で最悪の状況にある。このままでは,遠からずわが国が財政破綻,ひいては国家破綻の道を歩むのではないかとの懸念が喧伝されるのも頷けないではない。しかし,冷静に考えれば,わが国が財政破綻や国家破綻に陥るとは考えられない。1400兆円以上もの個人金融資産と88兆円(2004年末)の外貨準備を有し,毎年20兆円近い経常黒字を稼ぎ出すわが国は,外国人ではなく日本人から借金ができる状態にある。財政破綻,ハイパーインフレの道を歩んだかつてのブラジルやアルゼンチン,ロシアと比べる方がおかしい。国債の保有状況を国際比較すると,日本は民間金融機関が34％,郵貯・簡保が41％,日銀が15％と95％以上が国内保有で海外保有は4％弱に過ぎない。現在のアメリカやドイツにおける海外保有割合は4割,98年のデフォルト時のロシアが実

に8割に達していたのとは状況がかなり異なる。

　日本の財政赤字問題は「赤字の量の大きさ」もさることながら，「非効率な分野に資金が投入されているという質の問題」の方が本質的により重要である。国の一般会計や地方の普通会計だけでなく，特別会計，財政投融資など複雑な経路を通じて必要性の低い分野に資金が自動的に流れる仕組みそのものを抜本的に変革することこそ，財政健全化の真の目的であり，最優先に考えなければならない課題でもある。その意味で，小泉政権が行なってきた財政投融資・特殊法人改革は，未だ決して十分とはいえない。赤字の量的削減を闇雲に急ぐ前に，まず歳出の中身が真に政府として行なうに値するものかどうか，非効率・無駄な歳出があればさらにスリム化していく努力が不可欠である。そうした改革をせずして，財政健全化目標の達成を理由に大幅な国民負担の引き上げを求めようとしても，国民の理解を得ることは困難である。

(2) 増税路線への舵の切り替えは時期尚早

　財務省の財政制度審議会は，2005年5月に衝撃的な長期試算を公表した。10年後の2015年度に財政のプライマリー・バランスを均衡化させるには，①一般歳出（国債費を除く歳出規模）を現行比3割圧縮するか，②増税によってプライマリー均衡を達成するには，消費税率を19％（現行比＋14％）に引き上げる必要があるというものである。財政悪化の主因は，高齢化に伴う年金・医療などの社会保障費の膨張である。政府税調は，年間1兆円規模で増え続ける社会保障費を名目経済成長率並みの伸びに抑制できれば，将来の消費税率の引き上げ幅を2％（2015年時点）〜4.5％（2025年時点）圧縮可能との試算も公表したが，それでも将来の消費税率の2桁への引き上げは不可避であることを試算結果は示している。

　一方，同年6月には政府税制調査会が「個人所得課税に関する論点整理」と題する報告書を公表し，その中で向こう4〜5年の間に給与所得控除や配偶者・扶養控除など各種控除の見直しなど大幅なサラリーマン増税の方向性が示された。すでに決まっている定率減税の廃止も含めれば，所得・住民税総額で

15兆円近い大幅増税になる。しかし，こうした大幅な増税路線への舵の切り替えは，時期尚早と言わなければならない。その理由は，景気や家計部門の所得回復が未だ十分でないということだけでなく，歳出削減に対する政府の取り組みが不十分なことにある。確かに，公共事業の削減はかなり進展したが，なお削減余地は残されている。医療・介護など社会保障分野でもスリム化・効率化の余地は大きい。例えば，医療に関しては，①年金との重複給付の廃止や，②サービス効率化，③公的保険のカバー範囲の見直し，④終末医療の問題など取り組まなければならない問題が山積している。諸外国対比あるいは民間対比で水準が高いと言われる公務員給与の削減も重要課題である。何よりも，一部自治体の不正支出や社会保険庁の無駄使い，高級官僚の天下りや官製談合などの実態を見せつけられては，国民が増税に素直に納得できないのは当然である。2005年9月の衆議院選挙で民主党がマニフェストで示した①10兆円規模の歳出削減，②公務員人件費の2割削減，③特殊法人等への天下り禁止などの実現に目処をつける改革を行なうことが国民に増税を求める大前提である。

(3) 明確にすべき受益と負担の全体像

しかし，それでもなお国民は際限なき増税の可能性に不安を抱かざるを得ない。その最大の理由は，わが国が社会保障も含めてどこまで「小さな政府」を目指すのかが未だ明確でないためである。小泉政権下において財政・税制・社会保障制度の一体的な改革が謳われながら，具体的な政府規模，すなわち行政サービスという国民が受ける受益の規模についての目標や求めるべき国民負担も含めた改革の全体像は衆議院選挙のプロセスにおいても明確に示されなかった。改革政党を自認する民主党でもこうした課題に十分応える政策を明示することを意図的に避けたことは残念である。本来，与野党は10～20年後の財政健全化および高齢化に伴う社会保障の財源不足額を具体的数値で明示すべきである。その上で，①歳出削減で収支改善を図る部分とその結果としての政府規模の大きさ，②国民にどの程度の負担増をお願いするのか，③どこまでを国民の自己責任・自助努力に委ねるのか，について明確に示す義務と責任があるはず

である。

　しかし，将来の財源不足幅は想像を絶する規模である。財政を今後10年で，名目GDP比で2％程度のプライマリー黒字に改善させるには，40兆円（消費税率換算で12.8％）もの収支改善が必要となる。さらに，高齢化に伴う税財源不足は，10年後で17兆円（同5.5％），20年後で33兆円（同9.2％）に達すると試算される。これだけの財源不足を穴埋めするには，歳出の大胆な削減を前提としてもなお，将来における増税は不可避と言わざるを得ない。重要なことは，国民の理解と納得を得るためには，財政赤字の削減のための増税と社会保障の財源を賄うための増税を明確に峻別する必要があることである。財政赤字縮小のための増税は，「小さな政府」に結びつかないばかりか，家計部門から所得を政府が吸収するため，タイミングや規模によっては，マクロ経済に大きなインパクトをもたらす。したがって，財政赤字の削減は歳出削減を中心に行い増税による収支改善は最小限に止める必要がある。他方で，社会保障の財源確保のための増税は，所得が世代間で移転するだけであり，理論的にマクロ経済に大きな影響を及ぼすわけではない。これは，付加価値税率が15％～25％と高い欧州・北欧諸国で経済が悪化しているわけではないことからも明らかである。こうした点を国民に十分説明するとともに，増税も既存の所得税や消費税に安易に頼るのではなく，使い道を社会保障に限定した「社会保障目的税」の創設も検討に値しよう。

(4)　「小さな政府」と自己責任・自助努力の世界

　超高齢社会と人口減少に直面してわれわれ日本人は，今後どのような経済社会を目指すべきであろうか。その答えは年齢・性別・居住地域などの違いで人によって大きく異なるに違いない。政府は，小泉政権の下で潜在的国民負担率（財政赤字を含めた国民の税・社会保障負担）を少なくとも50％程度に抑制することが必要であると主張してきた(4)。現在のわが国の潜在的国民負担率は45％と，アメリカ（38％）よりは高いが，イギリス（49％），ドイツ（58％），フランス（68％），スウェーデン（71％）と比べれば依然低水準に止まっている。国民負

担率の水準の高低は，社会保障も含めた政府サービスの水準に等しい訳で，どの程度の国民負担率が望ましいのか，換言すると，北欧型の高福祉・高負担を目指すべきなのか，米国・英国型の低福祉・低負担を目指すのか，或いは，その中間の中福祉・中負担を目指すのかは，国民の価値観に依存する問題である。それだけに，どのような社会を目指し，どの程度の負担を国民にお願いするのかを明確に示すことこそが政治に課された重要な責任である。

　エコノミストとしての私の立場を言えば，①「小さく効率的な政府」の下で受益と負担が明確になっている社会，②自己責任と自助努力が重視される活力がある社会，③努力した人が報われる一方，真の弱者に対しては十分なセーフティーネット（安全網）が整備された，安心できる社会を目指すべきだと考える。こうした社会を実現するために今何よりも必要なことは，資源配分の効率化を目的とした真の意味での財政健全化や，郵政民営化など公的金融システムの抜本改革，年金・医療等の社会保障改革，国と地方の三位一体改革など何をどこまで，いつまでに実行するのか，相互の改革が整合性のとれる形となっているかどうか，まさに構造改革の全体像を明らかにすることである。同時に，政府としては，民間部門の再生・活力向上のために，規制改革・政府部門の徹底的なアウトソーシング・市場化テスト・民営化等あらゆる手段を総動員して民間のビジネス・フロンティアを拡大し，国民にとって真に豊かな安心できる経済社会システムを再構築することが求められている。

(1)　衆議院選挙の結果は，小泉自民党の歴史的大勝となり，郵政民営化法案は衆参両院で可決・成立した。

(2)　労働分配率（雇用者報酬／名目GDP）は，企業のリストラ努力により63％とバブル崩壊後の最低水準に低下。日銀短観（2005年9月調査）では，雇用判断DI（過剰―不足），設備判断DI（過剰―不足）ともに，バブル崩壊後で初めて過不足無しの水準まで改善した。また長期債務残高／キャッシュフロー倍率についても4.6倍とバブル前の水準に低下している。

(3)　内閣府の試算では，郵政公社が民営化されると，①各種の物品販売・サービスなどのコンビニ業，②国際物流への進出，③国債や年金・保険・投資信託など民間金融商品の販売，④住宅ローンや消費者ローン，企業貸出など融資業務への進出，⑤住民票・印鑑証明書の発行事務など自治体事務の代行サービスといった様々な新規

ビジネスに参入することで完全民営化後の2017年度には約6000億円の収益嵩上げが可能としている。

(4) 国民負担率50％の意味は，現行水準（潜在的国民負担率で45％）対比，＋5％の国民負担増加（2004年度価格で25兆円）と6％（同30兆円）の社会保障給付削減（社会保障の改革がない場合，2025年時点の国民負担率は56％程度に上昇する見込み）の双方が必要であることを意味している。2005年衆議院選挙時の民主党マニフェストでは国民負担率が明示されておらず，将来の国民負担の程度や社会保障の水準が明確となっていない。

参考文献

日本総合研究所調査部経済社会政策研究センター編（2003）『税制・社会保障の基本構想』日本評論社。

西沢和彦（2003）『厚生労働省年金改革案の評価と課題』日本総合研究所。

湯元健治編著（2003）『税制改革のグランド・デザイン』生産性出版。

湯元健治／飛田英子（2005）『財政の持続可能性と医療制度改革』日本総合研究所。

湯元健治／藤井英彦（2005）『郵政民営化路線を頓挫させるな―望まれる国民的視野からの議論―』日本総合研究所。

湯元健治／西沢和彦（2005）『個人所得課税改革の課題―子育て・就労・教育をサポートする税制改革を―』日本総合研究所。

第18章

構造改革と労働問題

I 「市場化」と「日本的」との確執

 90年代に入ってからのわが国経済社会にとっての最大のテーマは、①アメリカ型株価資本主義の勢力増大、②アジア諸国の工業化の本格的進展、③情報通信革命の加速、といった環境激変のなかで、それまでの日本型システムのどこを残し、どこをどう変えるべきかを、ゼロベースで考えることであった。
 バブル崩壊直後、日本経済は急激な景気後退に直面したが、90年代前半期には、その原因は基本的に80年代後半期の大型景気の反動であるとの見方が一般的であった。このため、ケインズ型の需要創出策で景気の落ち込みを緩和することで失業率の上昇を抑えるべきであり、各種のストック調整が終了すれば自ずと経済は成長軌道に復帰するものと、一般的に考えられていた。この間、戦後日本型システムの限界を指摘する声はあったものの、企業間取引・労使関係・資金調達構造の各面で長期的・相対(あいたい)的関係を重視するそれまでのやり方を、基本的には維持すべきであるとする考え方が主流であった。
 しかし、日本経済は予想外の低迷を続け、97年春の消費税率引き上げを皮切りに、アジア経済危機の発生、大手金融機関の破綻を契機とする金融危機発生と、相次ぐマイナス・ショックに遭遇することになった。こうした経済危機の到来に前後して、80年代に業績不振に苦しんだ米国企業の「復活」「席捲」が伝えられ、マスメディアでは株価資本主義の優位性が喧伝されるようになった。さらに、急進する情報通信革命が市場取引重視型の企業間関係・労使関係・資金調達構造の優位性が高まる方向に作用する、との見方が勢いを得た。

そうしたなか，系列取引，メインバンク制等いわゆる日本的システムに対する批判的な論調が強まり，既得権益に守られた古い業界秩序を壊すべく規制緩和が進められた。さらに，間接金融から直接金融へのシフトを促すよう，金融行政は護送船団方式から自己資本比率規制方式への転換が図られた。

終身雇用・年功制を特徴とする「日本的な」雇用のあり方に関しても，転換が意図された。長期化する経済低迷のもとで，恒常化してしまった過剰人件費の削減を目指し，新卒採用が大幅に減らされ「希望退職」を募ることが一般化した。そして，人件費固定化の元凶とされた年功賃金を是正し，成果主義型の賃金体系への移行が追求された。雇用政策面でも，かつての「雇用維持型」政策体系の転換が図られ，職業紹介・派遣労働の自由化など「市場機能重視型」の政策が導入されてきた。

では，過去10年にわたる「市場重視型」システムへの転換がもたらしたものは何か。果たしてそれは，日本の経済社会を望ましい方向に向かわせつつあるのであろうか。

2000年代も半ばに差し掛かる時期に入って，わが国経済にも活力が戻る兆しが出てきた。この要因としては，過剰設備・過剰債務・過剰人件費の削減・圧縮を進め，企業が前向きの戦略を採れるような状況になってきたことがある。その過程で，メインバンク制が崩れ，雇用システムも流動性が高まってきていることを勘案すると，アメリカ資本主義を手本とした「市場原理」の導入を基本とする「構造改革」による成果がみられはじめたようにみえる。

しかし，事はそう単純ではない。「構造改革」の過程において，雇用の現場では不安定で低賃金の非正規雇用が増え，若年を中心に失業率が大きく上昇した。さらに，手本とすべきアメリカ型資本主義自体が大きな欠陥を露呈した。ITバブル崩壊でエンロン，ワールドコム事件が発生，アメリカ型企業統治も万全でないことが明らかになったのである。こうした状況をみれば，「いまこそ，私たちは，事態を冷静に分析し，単純な模倣ではない，日本の風土になじむ『企業統治』のあり方を模索すべきときだろう」（本山 2003，1頁）。

本章では，そうした現状認識のもとで，アメリカ発の市場化の流れにどう対

応して行くべきかを，雇用システムのあり方を中心に考えてみたい。具体的には，2つの側面からアプローチする。

　1つは，「市場原理」を導入するに際して，社会保障制度との関わりを含めた"広義の雇用政策"をどう展開すべきかについて考える。その際，興味深い2つの国のケース—イギリスとスウェーデンを取り上げる。前者はサッチャー政権下で市場原理を積極的に取り入れ，「経済再生」を成し遂げたとされる。だが，その過程で既存社会のコミュニティーが崩壊し，若年失業の増加など雇用面で大きな問題が発生した。一方，スウェーデンでは，コミュニティーの維持・再構築が意識的に行なわれた。その結果，雇用面でも比較的良好なパフォーマンスを維持するとともに，経済成長面でも堅調を維持している。こうした両国の経験を対比すれば，「市場原理」の受け入れ方には"戦略"が大切であることがわかる。しかし，わが国の過去10年間における「構造改革」の実態は，「"戦略"無き市場原理の受入れ」と言えないか。そうした問題意識のもとで，イギリス，スウェーデンの経験から，経済改革と並行して行なわれるべき社会改革の重要性を指摘したい。

　もう1つのテーマは"労使関係のあり方"である。すでに指摘したように，90年代後半以降，日本企業は日本的雇用慣行に本格的なメスを入れた。タブーとされてきた人員削減が今や例外ではなくなり，年功賃金の是正に向けたいわゆる「成果主義」の導入が広がった。しかし，2000年代の半ばにさしかかるようになり，アメリカ型ガバナンスの導入に積極的であったソニーが業績不振に苦しみ，終身雇用の維持を掲げてきたトヨタやキヤノンの業績好調が目立っている。経営環境の激変のもとで，従来のままの日本的雇用慣行を維持することは不可能であったのは確かである。しかし，トヨタやキヤノンの事例は，日本的労使関係には継承すべきメリットがあることを物語る。そうした認識に立って，今一度，労使関係に関する日本的な在り方について残すべきものは何かについて論じ，企業活力の維持と働き手の生き甲斐の両立が可能な，新しい日本型雇用システムについて考えたい。

Ⅱ 市場原理導入と雇用政策

(1)「市場原理重視」の雇用面での帰結

　本節ではまず、バブル崩壊後の市場原理重視型への政策転換が、雇用面に及ぼした影響について検証する。

　90年代前半までのわが国雇用政策の基本的な考え方は、雇用情勢の悪化は一時的な景気低迷によるものととらえ、雇用調整助成金や公共事業の追加による「雇用維持政策」を実施することであった。しかし、景気低迷が予想外に長引いたことから、経済停滞は資源配分の非効率性に根差すものであり、むしろ労働移動を促すことが経済活力を再生させ、結果として雇用情勢を改善させるという「構造改革派」の考えが力を持つに至った。その結果、雇用政策も労働市場の規制緩和が進められ、「雇用移動政策」に重点が移った。

　具体的にはまず、労働法制の面では①人材派遣業の段階的自由化、②職業紹介事業の規制緩和、③有期雇用契約の期間延長、④裁量労働制の適用条件の緩和などが実施され、企業による労働力活用の柔軟化、人材ビジネスの活動自由化による労働移動の促進が図られた。また、助成金を用いた政策では、労働移動を促進する意図で「雇入れ助成金」が多く創設された。

　では、こうした「労働移動政策」への転換は、雇用の再生に貢献したといえるのであろうか。この点に関し、完全失業率の動きからみると、一連の政策転換がはじまった90年代後半には4％台前半にあったが、その後いったん5％代半ばまで上昇した。しかし、2003年以降は再び低下トレンドに転じ、2005年半ばには4％台前半まで低下している。政策導入からその効果が発揮されるまで一定の時間がかかることを考えれば、ピーク時に比べて1％ポイント以上低下したことは、政策効果がある程度現れてきた証左と解釈することができる。労働移動政策は、その前提として産業構造転換の期待があり、過去10年でサービス業雇用が増えていることを考慮しても、政策は一定程度期待された効果を発揮したといってよいだろう。

しかし，新たな問題を起こしてきた点を見逃す事は出来ない。

一つは労働の質の悪化である。過去10年でわが国の労働市場で生じた大きな変化は，非正規雇用の増加である。役員を除く雇用者に占める正社員以外の労働者の割合は，90年代初頭の約2割から2004年には3割超にまで上昇した（総務省「労働力調査」）。とりわけ近年は，労働市場に関する規制緩和が進むなか，派遣社員や契約社員の占める比率が上昇している。これら非正社員のなかには，高度な専門能力を活かしたり，家庭生活と仕事のバランスを実現するために主体的に正社員でない働き方を選んでいる人も多く，一概に否定すべき現象ではない。しかし，わが国の現状では，労働法制や社会保障制度が非正社員に対して正社員を過度に優遇する体系になっているため，賃金や能力開発の機会，社会保障の度合いにおいて，総じて非正社員は不利な立場に置かれている。

もう1つの問題は，労働市場からはじき出された人々の増加である。具体的にはまず，長期失業者の増加を指摘できる。失業者数自体は減少傾向にあるものの，期間一年以上の失業者の割合は，90年代半ばには2割弱に過ぎなかったものが近年は3割強に達している（総務省「労働力調査」）。さらに，「ニート」とよばれる若者が増大したという問題が発生している。15～24歳の若年層の失業率はなお2桁近くあるなか，失業者にすらカウントされない，働かず学校にも通わない若者が増えている。内閣府「若年無業者に関する調査（中間報告）」の推計では，15～34歳を対象に2002年時点でカウントして85万人に上るという。90年代前半ごろまでは雇用問題の面では「優等生」であったわが国にとって，他人事にすぎなかった欧米先進諸国における様々な労働問題が，今や「対岸の火事」ではなくなりつつある。

以上見てきたように，90年代後半以降の「市場原理」導入を基本理念とする「労働移動政策」への転換は，産業構造転換を進めることで，「経済再生」には効果を発揮してきたといえる。しかし，その過程で，労働の質の悪化や労働市場からはじき出される人々が増えるなど，「社会問題」を新たに引き起こした面があるといえよう。

実は，同じような経験を80年代のイギリスが経験している。皮肉にも構造改

革の手本とされるサッチャー改革も，経済再生には成功したが様々な社会政策面で失敗を犯したのである。そこで，次に，今後のわが国の構造改革の進め方への教訓を探るべく，サッチャー改革の光と影を振りかえってみたい。

(2) イギリスの経験からの教訓～急進的自由主義化の成果と副作用

　サッチャー政権が誕生したのは，経済成長率の低迷，高失業率・高インフレ率の常態化，さらには経常収支の悪化など，イギリス経済が衰退の極みに陥った時期であった。そうしたなかで遂行されたいわゆる「サッチャー改革」は，伝統的ケインズ政策の否定による金融・財政の引き締めスタンスへの転換にはじまり，税制改革，国有企業の民営化，社会保障改革，金融市場改革等々，非常に多岐にわたる分野についての文字通り「抜本改革」と呼ぶにふさわしいものであった。

　労働市場の改革も例外ではなく，とりわけ労働組合の弱体化に大きな力が注がれた。これは，使用者と敵対的な労働組合の存在が経営の自由度を奪っていることが，イギリス経済衰退の主な原因であるとの基本認識があった。それゆえ，強大な労働組合の持つ市場規制力を弱体化させることで，労働市場の柔軟性を回復させることが目指されたのである。そうした労働市場改革は，雇用のフレキシビリティーの向上を通じ，経済成長率の回復・失業率の低下に結実した。しかし，その半面で，所得格差を拡大させ，社会的連帯の崩壊を加速するという大きな副作用を伴うものでもあった。

　すなわち，一般に所得配分の不平等の度合いを示すとされる「ジニ係数」の推移をみると，1978年の0.43から1990年には0.52へと拡大している（岩崎2003）。これは，勤労意欲の向上を意図して所得税率のフラット化や，「貧困の罠」の解消を目指して失業給付など社会保障給付の水準引き下げが行なわれたことの結果である。しかし，こうした自由主義的方向への急旋回は，社会保障給付に占める資力調査付きの割合が1978年度の18.9％から89年度には25.0％に急増する等，社会保障政策の選別主義的性格を強めることになった（阪野2002）。この結果，サッチャー改革は当初の意図に反し，貧困層やホームレス

などの社会から排除された層を増やすことにつながっていく。社会の変化が要求する新しい技能や知識を身につけることのできない者が失業者や低賃金の臨時労働者になることを余儀なくされ，とりわけ，技能の無い若者が職業にありつけず，若年無業者の急激な増加をもたらしたのである。

以上でみてきたイギリスの経験は日本の進路について重要な教訓を与えてくれる。それは，構造改革全般の進め方について，産業基盤強化策と国民生活基盤の強化策が同時に行なわれることの必要性である。サッチャー改革は，市場原理万能主義に基づいて，いわば産業基盤強化策を前面に押し出す一方，成長と福祉を対立するものととられ，国民生活基盤の強化策に関しては積極的なものを提示することはできなかった。そのもとで，経済成長率は回復したが，所得格差の拡大や社会的排除が進むなど，国民生活の荒廃が進んでしまった面もあった。こうしたイギリスにおける経験をいわば「他山の石」として，わが国では産業基盤強化策と生活基盤強化策を同時に実施することが必要であろう。

(3) スウェーデンの経験から学ぶべきこと〜自由主義的要素の咀嚼的導入

次に，市場原理の戦略的導入に成功している事例として，スウェーデンの経験をみておこう。同国では，90年代初めのバブル崩壊による経済の大幅な落ち込みを経験しつつも，総じて安定成長・低失業率・高政府支出という組み合わせが今日まで維持されてきた。このような「成長と福祉の両立」を可能としてきたスウェーデンの社会経済システムは，以下のような特徴を有している。

第1は経済環境の変化に応じて産業構造の高度化が成し遂げられてきたことである。この背景には，「レーン＝メイドナー・モデル」とよばれる産業と雇用のあり方に関し，戦後のスウェーデン経済が目指してきた同国独自の政策体系の存在を指摘することができる。それは，「低生産性セクターを保護することによってではなく，労働力の流動化を奨励することで，産業構造の高度化をすすめながら完全雇用を実現する」(宮本 2001, 251頁)ことを意図したものであった。具体的には，緊縮的なマクロの需要管理政策と平等主義的なセクター間の賃金設定（「連帯賃金政策」）により，低生産性部門の利益を圧迫することで

意図的に淘汰を進める一方，高生産性部門に超過利潤を発生させることで成長を促し，経済全体の成長性を高めることが目指された。

第2は積極的労働市場政策の展開により，産業構造転換が要請する労働移動を積極的に推し進めたことである。上でみた「レーン＝メイドナー・モデル」のもとでは低生産性部門で雇用調整圧力が生じるため，完全雇用を達成するためには，職業訓練等を通じて高生産性部門への労働移動を政府がサポートしてきた。それは，単なる職業紹介や失業手当のような失業に対する受動的対応にとどまらず，雇用促進・職業訓練など「積極的」な対応を内容とするものであった（宮本 2001）。

第3は，公的部門による家族サービスの提供により，女性の就労を促進すると同時に女性雇用の受け皿も作り出してきた。スウェーデンの雇用構造をみると，半数近くが公共・個人サービス部門で占められているが，その多くが地方自治体による雇用である。より具体的には，この国では通常，保健医療サービスは県（ライスティング），介護や保育など種々の社会サービスは自治体の最小単位である「コミューン」により提供されているが，多くの女性はこうした公的部門が提供する公共・家族サービスに従事している（藤井 2002, に基づく）。このことは，働く女性が保育サービスを受けやすいことを意味しており，25～54歳の女性の労働力率は約85％に上っている。こうした女性の高い労働力率は，女性の能力をフルに活用するとともに社会保険料の負担者を増やすことで，「成長と福祉の両立」の重要な基盤となってきたのである。

ただし，70年代以降の経済環境の激変に遭遇するなか，スウェーデンでも戦後以来の古典的福祉国家がそのまま継承されてきたわけではない。とりわけ，80年代に勢力を得たサッチャリズム，レーガノミクスに代表される「新自由主義」の影響は免れがたく，取捨選択をしながらであるが，多くの面で市場原理・競争原理を導入する動きがみられている。

まず，政府サービスのあり方については，基本的には「大きな政府」が維持されたとはいえ，様々な形での「公的部門の効率化」が追求されてきた。すなわち，社会保障制度に関しては，1999年の年金改革において，それまでの「確

定給付の修正賦課方式」から「確定拠出制賦課方式」へと転換が行なわれた（藤井 2002）。これは，高齢化進展により現役世代への負担急増が避けられない従来方式の根本的な問題点の解決を目指し，拠出金に応じて給付額が決まる新方式を導入したものである。それは，古典的福祉国家的色彩の強い「世代間の助け合い」という理念を後退させ，自由主義の基本理念である「自己責任」原則の考え方をより前面に出したものととらえることができる。

労働市場のあり方についても，様々な自由主義的要素が導入されている。具体的には，まず，職業紹介事業，労働者派遣事業の規制緩和が進展した。1992年から93年にかけて，それまで政府機関（労働市場庁）が独占していた職業紹介事業が民間に開放されるとともに，労働者派遣事業が合法化された（伊藤 2001）。さらに，賃金決定の仕組みが従来の集権的なシステムから，分権化・個別化された仕組みへと変化してきている。戦後スウェーデンの賃金決定は，連帯賃金の考え方に基づいて純粋な職務評価に基づく職務給体系のなかで行なわれ，具体的な賃金水準の決定は労働組合と経営者団体が行なう中央交渉が大きな役割を果たしていた。しかし，90年代に入って以降，賃金体系の中に個人の能力評価による部分が導入され，結果的に賃金決定に際しての企業や事業所，あるいは個人別の交渉の役割が大きくなりつつある（篠田 2001）。

以上で見てきたスウェーデンの独特のモデルは，小国ゆえに通貨安政策が不況からの脱出の"切り札"となっている点で，わが国にそのまま適用することはできないであろう。また，近年やや経済パフォーマンスが低下する兆しもある。だが，積極的労働市場政策の考え方や女性の社会進出を前提とした家族政策のあり方は大いに参考になる。さらに，産業政策と雇用政策が強固に連携されたモデルは，産業構造の高度化の必要性が高まるわが国にとって，参考にすべき重要な点であろう。そして，もう一点，スウェーデンに学ぶべき点は，自由主義，市場主義の取り入れ方である。年金改革にみたように，決して急進的・無批判的に導入しているのではなく，一方拒否するのでもなく，国の現実を踏まえて，独自の形で受け入れている姿勢にこそ，わが国が学ぶべきところがあろう。

Ⅲ 新しい日本型労使関係の構築

(1) 日本的雇用慣行の変質

　90年代に入って以降，日本企業の労使関係は変質を余儀なくされてきた。戦後の日本企業の労使関係は，「終身雇用」「年功賃金」「企業内組合」を3種の神器とする「日本的雇用慣行」と呼ばれてきたが，以下のような変化が見られてきた。

　まず，「終身雇用」については，入口と出口のところで変貌を遂げつつある。入口では，新卒定期採用の枠が抑えられる一方，中途採用が増えている。新卒採用は増加基調に転じているが，歴史的にみて水準はまだ低い。一方，中途採用は第二新卒も含めこのところ採用企業の裾野を広げつつ増勢が続いている。出口のところでは早期退職・希望退職の「制度化」が進展した。「希望退職，解雇」を行なった企業の割合は98年以降に急上昇し，その後も一定水準を維持する状態が続いている（厚生労働省「労働経済動向調査」）。

　次に，「年功賃金」はその性格を薄めつつある。いわゆる成果主義賃金の導入により，正社員内部での分化が生じている。かつては「遅い選抜」のもとで40歳台後半から50歳ごろまでは年功にしたがって余り差のつかない処遇が行なわれてきた。だが，厚生労働省「賃金構造基本調査」を分析すれば，近年，40歳台で部長職に就く人の割合が増える一方，50歳代前半ではその割合が低下していることがわかる。この結果，年齢別賃金カーブも，90年代を経て相当程度フラット化してきたことが確認できる。

　最後に，「企業内組合」については，急速な組合組織率の低下にみまわれた。こうした労働組合の弱体化は，非正規労働の増加によって加速されてきた。すでにみたように，役員を除く雇用者に占める正社員以外の労働者の割合は，90年代以降大きく上昇した（総務省「労働力調査」）。

(2) 日本的雇用慣行の弱体化の帰結

　では，過去10年における日本的労使関係の変化はどのような帰結をもたらしているのであろうか。まず，「日本的雇用慣行」の根幹をなす「終身雇用」については，激しい論争が繰り広げられてきた。これを擁護する側は，「長期雇用」こそ企業の人的投資を促す前提であり，企業競争力の源泉であると主張した。一方，「雇用流動化」を主張する側は，「終身雇用」が企業の事業再構築の妨げとなり，マクロベースで必要な人的資源の再分配機能が疎外される要因になっていると批判した。

　現実の企業経営者の対応も分かれた。日本的経営の代表格であるトヨタは，終身雇用の維持を掲げ，多くの日本企業が業績不振に悩む過去10年において，グローバル・エクセレント・カンパニーへと飛躍した。また，業績好調で注目されるキヤノンも，終身雇用を競争力の根源としている。一方，リストラによって立ち直った企業もある。かつては日本的経営の典型とされた松下電機産業は，2001年に大規模な人員削減を断行し，2002年度にはV字型の業績回復を遂げている。また，2003年度まで12年連続の増益を達成した武田薬品工業も，90年代に入って3回の人員削減を行なっている。こうしてみると，少なくとも「終身雇用」という「形」が重要ではないことがわかる。この問題については，改めて本章の最後に考えたい。

　次に，「成果主義」に対しては，様々な批判が投げかけられてきた。第1に，チームワークに対する悪影響である。成果主義導入にあたり期待された1つの効果に，個人間で賃金格差をつけることで競争を促進するという点があった。しかし，個人業績を重視しすぎることで，むしろ企業活動のベースとなるチームワークが損なわれるという問題が生じた。

　第2に，人材育成面でのマイナス影響である。通常，「成果主義」は管理職層から導入がなされるが，とりわけ課長職を中心とした現場マネジャーに適用された場合，この問題が生じやすい。従来，日本企業では人材育成が重視されるとしてきたが，それは現場マネジャーの重要な機能の1つとして部下育成が位置付けられてきたからである。しかし，「これからはプレーイング・マネジ

ャーでなければならない」として，個人業績目標を安易に課してしまうと，現場マネジャーはプレーヤーに徹してしまうきらいがある。その結果，人材育成は後回しにされ，チームワークにも支障が生じる。

　第3に，評価制度に対する不信である。厚生労働省の調べ「就労条件総合調査（2004年）」では，「評価結果に対する本人の納得が得られない」が31.4％，「評価システムに対して労働者の納得が得られない」が16.8％と，「成果主義」に対する最大の批判が評価に関するものとなっている。

　では，これらの批判はいわゆる成果主義に潜むいわば構造的欠陥であり，これまでの賃金制度改革の方向性そのものを否定する性格のものであろうか。実はこれらは制度設計の未熟さにも原因があるが，より根源的には「成果主義」の流れを単なる賃金制度の問題として捉えてしまったことに発しているといってよい。

　チームワークに対する悪影響は，業績主義を個人ベース偏重で捉えたことの弊害である。会社業績の向上は，そもそも全社・部門が一丸となったチームワークの成果である面が強い。この点を勘案して，業績給における会社・部門ベースに連動する割合を高めることで対処できる。しかし，それ以上にチームワークとは，いわば企業活動の根幹を支えるものであり，そもそも賃金制度だけで対処すべき問題ではない。経営層・管理職層がリーダーシップを発揮し，いかに全社・部門をまとめるかという点が根本問題といえる。

　人材育成機能の回復についても，賃金制度自体の問題というよりは管理職に対する評価基準の問題である。人材育成面での貢献度についての評価項目を設け，その割合を重視することで対応できる。さらには，そもそもは経営層の人材育成の重要性に対する認識が出発点となる。評価制度についても，管理職の訓練・意識の問題である。評価者訓練の充実もさる事ながら，日ごろから部下の信頼を得ることが評価の納得性を高める大前提となる。

　つまり，これらの問題は，第一義的には管理職の役割を再定義し，その機能を明確化していかにして有能な現場マネジャーを育成・選抜するかという問題であり，ひいては組織・経営改革のレベルで考えられるべき問題である。この

点は，先行的に賃金改革を断行した企業が混乱をきたす一方，経営改革，組織改革を先行させ，その後人事・賃金制度改革に手をつけた企業が上手くいっている点からも示唆されよう。

急激な非正社員シフトによる弊害が目立ってきたことも見逃せない論点である。JIL（日本労働研究機構，現在は労働政策研究・研修機構〈JILPT〉）の調べ（「企業の人事戦略と労働者の就業意識に関する調査」）によれば，非正社員の活用上のマイナス影響として，「外部への機密漏洩の危険がある」，「ノウハウ蓄積・伝承が難しい」といった点を指摘する企業の割合が高くなっている。とりわけ，近年における個人情報の大量流出問題の発生や，団塊世代の定年を控えた技能伝承の必要性への意識の強まりが，正社員雇用を見直す機運を高めつつある。

しかし，中長期のパースペクティブでみれば，今後の雇用形態をめぐる変化の方向性は「正社員から非正社員へのシフト」という単純な二分法を越えて進むことになろう。事業構造の変化を勘案すると，雇用の「柔軟性」が必要とされる一方，非正社員の比率が高まれば，企業のマネジメント上も非正社員の処遇適正化が企業パフォーマンスに大きく作用することになるからである。結局，正社員内の多元化と非正社員内の多様化が同時に進展することで，結果として正社員と非正社員の区分が曖昧化していくと考えられる。この面で先行しているのが，一般に非正社員の雇用比率が高い流通業である。ある大手スーパーでは，マネジャーを務める「正社員的パート」の一方，転勤のない「パート的正社員」が設けられており（JILPT『ビジネス・レーバー・トレンド』2005年1月号），従来概念の正社員・パートの中間形態の導入が実践されている。

以上のようにみてくれば，「正社員数の回復の動きは望ましく，非正規社員の増加は問題だ」という単純な見方は成り立たないといえよう。現行の労働法および社会保障体系が正社員を優遇しているからこそ，正社員の労働条件が恵まれているのであり，そのために非正社員の処遇が必要以上に悪化してしまっているとの構図を見落とすべきでない。したがって，目指すべきはともかく正社員数を増やそうということではなく，正社員・非正社員の二分法を超えた真の意味での働き方の多元化・多様化である。その実現のためには，①企業内の

均等処遇ほか労働法・社会保障体系も含めた正社員・非正社員間の大幅な格差の是正，②多様な就労形態間の異動の容易化・積極化，③就労形態を問わない企業の能力開発責任・安全配慮義務の強化とそれへの政策的支援，等が不可欠の課題となる。

(3) 日本型労使関係の本質

　以上見てきたように，90年代に入って「日本的雇用慣行」は様々な面で変質を余儀なくされ，企業が意図したこととは予想外の副作用を生じさせてきた。しかし，雇用システムを経営環境変化に対応させて変えていくことは避けられない流れであり，重要なのは単なる過去の「否定」の段階を超え，副作用を克服して新たな形を「創造」していくことである。その「創造」の形とは，過去の全否定の上で全く新しいものを創り出すことではない。文字通りゼロベースで従来のやり方を見直した結果，浮き上がってきた日本企業の本来持つ強さの源泉をしっかりと再認識し，その強さを維持・強化する形で，新たな日本的労使関係の創造が求められているのである。

　その日本企業の本来持つ強さの源泉とは，「職場運営における従業員の積極的な参画」であり，その前提としての「労使間の密接なコミュニケーション」であろう。われわれが行なうべきは，「従業員の集団的能力，とくに暗黙知の維持・発展が企業の機能である」（本山 2003，149頁）ことを再認識し，コミュニティーとして企業の部分を意識的に再構成することである。ただし，このことは「終身雇用制度」こそが日本企業の強さの源泉であり，かつての「日本的雇用慣行」に戻るべきだということを意味しているわけではない。「終身雇用制度」は内向き志向を高め，長期にわたる企業不祥事の潜伏の温床になったり，家庭生活を犠牲にする長時間労働を強いてきたマイナス面があったことも見落とせない。日本的な強さの根源は制度としての終身雇用そのものではなく，そのもとで密接なコミュニケーションが行なわれ，暗黙知が形成されやすかったという点に求められるべきである。守るべきは「終身雇用制度」そのものではなく，コミュニケーションがされやすい職場のあり方であり，暗黙知が創造さ

れやすい企業風土である。そうした企業風土の結果として，企業が従業員を惹きつけ，結果として終身雇用が成立することが目指すべき姿であろう。

参考文献

伊藤純正（2001）「高失業状態と労働市場政策の変化」篠田武司編著『スウェーデンの労働と産業』学文社。

岩崎薫里（2003）「サッチャー改革再考」『Japan Research Review』1月号。

阪野智一（2002）「自由主義的福祉国家からの脱却？―イギリスにおける二つの福祉改革―」宮本太郎編著『福祉国家再編の政治』ミネルヴァ書房。

篠田武司（2001）「労使交渉の新たなスウェーデン・モデル」篠田武司編著『スウェーデンの労働と産業』学文社。

藤井威（2002）『スウェーデン・スペシャルⅠ―高福祉高負担政策の背景と現状―』新評論。

宮本太郎（2001）「雇用政策の転換とスウェーデン・モデルの変容」篠田武司編著『スウェーデンの労働と産業』学文社。

本山美彦（2003）『ESOP株価資本主義の克服』シュプリンガー・フェアラーク東京。

あとがき

　河合隼雄は，日本神話やギリシャ神話や北欧神話に見られる多神教の世界観を「中空均衡構造」(Hollow-center-balanced-structure) と呼び，ユダヤ教やキリスト教やイスラム教など一神教の「中心統合構造」(Power [Principle]-center-integrated-structure) と対比した。前者は，善悪や正邪を相対化し，多様な存在が調和的に共存できるが，強力な他者が中心に侵入したときに脆い。これに対して後者は，統合の原理が言語化されているので，誰が中心に入るかは競争や論争によって決定されるが，弱者は中心からはずされ，中心と周辺の格差が著しくなる。河合は，「グローバル化と一神教の中心統合構造」が結びついた場合の世界の均質化と分断化に危惧を表明している（『神話と日本人の心』岩波書店，2003年などを参照）。

　立花隆は，おのれのよって立つ思想基盤を「エコロジカルな社会観」とし，ファシズムとジェノサイドに対しては，断固抵抗すると表明した。多様性と異質性に対する寛容は，健全な社会（あるいは市民社会と市場経済）の前提条件である。しかし，それはあらゆる存在に無批判であることを意味するわけではない（『エコロジー的思考のすすめ』中公文庫，1990年などを参照）。

　本書は，2006年3月をもって京都大学を停年退職される本山美彦教授から教えを受け，研究室のエコロジカルな雰囲気によって，異質かつ多様な感性を受容していただいた（と確信している）研究者たちによって，その学恩に少しでも報いるべく執筆された。他方で本書は，同質な経済主体の競争を前提とし，学界の中心に位置する「国際経済学」に対して，異質な経済主体の共存を理念とし，長く学界の周辺に配置されている「世界経済論」の，汎用性のあるテキストブックとして執筆された。多様な目的と手法が含まれる本書の，形式と内容の調和に尽力下さったミネルヴァ書房の後藤郁夫氏には，衷心からお礼申し上げる。

　本書の目次を見ていただければ一目瞭然の如く，世界経済という名の下に語

られなければならない領域のほとんど全てをカバーしうる多くの人的資産を，一研究者が輩出したことの凄さは，それ自体驚愕に値する業績である。本山教授を恩師と仰ぐ者たちを代表して，教授の多面性の一翼を分け与えていただいたことに，深く頭を垂れたいと思う。

2005年10月8日

岩本武和

索 引

ア 行

ISDA（国際スワップ・デリバティブ協会）　121, 122
IMF（国際通貨基金）　47-49, 52, 88-90, 94, 162, 167, 168, 176, 177, 181-183, 192-194, 196, 197, 201, 226, 233, 251, 281, 289
アイケングリーン, B.　82, 83
IT　43, 252, 259, 261, 262, 268, 295, 311
ITO　48, 49
アジア債券市場　83
アジア通貨危機　80, 157, 183, 184, 310
アシュバル・サダム　6
ASEAN　257, 259, 261, 263, 265, 270
アメリカ型　253, 308, 310-312
UNCTAD（国連貿易開発会議）　49, 191, 194, 258
EMU（経済通貨同盟）　275, 276, 282, 284
EU型社会　1
EUの人権政策　13
イグアナ・キャンプ　6
異質化　262, 263
異質性　45, 264, 266
異時点間貿易モデル　72-77
移民　147, 148, 155, 239-242, 245, 249, 250, 253-255, 265, 266, 267
イラク　6
イングランド銀行　146, 152
インテリジェント・ビル　4
ヴァイナー, J.　20, 22, 24, 30
ウェイクフィールド, E. G.　26-29
ウルグアイ・ラウンド　47, 50, 53-59, 63-65
英米日型社会　1

エールリッヒ知事（共和党）　8
MFA　51, 52, 59, 64
LTCM（ロング・ターム・キャピタル・マネジメント）　130, 131
エンロン　253, 254, 311
オイルダラー　91, 93, 181
欧州委員会　13
欧州議会　13
欧州経済共同体（EEC）　10
欧州原子力共同体（EAEC）　10
欧州石炭鉄鋼共同体（ECSC）　10
オーバーボローイング・シンドローム　80-82
オプション　126
オプションプレミアム　126-129, 132

カ 行

GATT（貿易及び国税に関する一般協定）　47-55, 57, 59, 60, 62-65, 251, 279, 281, 288
カリブ海　206-208, 212, 213, 289
カレンシー・ボード制　149, 150
官から民へ　1
歓喜の歌　10
基幹生産物　10
基軸通貨　154, 157, 159-162, 164-166, 167
規制改革会議　2
規制緩和　191, 192, 232, 251, 314, 318
規模の経済　42-44, 58, 59, 209, 211-213
逆選択　81
9・11テロ　6
巨大ショッピング・センター　4
金貨本位制　142, 145, 149, 151
金為替本位制　142, 145, 146, 149-151, 153,

327

155, 160–162
金地金本位制　142, 151
金の不胎化　143, 153
金融グローバル化　84, 88, 91
金融自由化　103–105, 107, 121, 174, 192, 223–227, 229, 231–234, 251
金融仲介機能　168, 224–226, 233
金融抑圧　223–225, 229, 231
金利平価　81
空洞化　248, 249, 252, 258
クルーグマン，P.　44
クレジット・デフォルト・スワップ　132–135
クレジットデリバティブ　129–135
グローバリズム　19, 35, 259
グローバリズムの「内」と「外」　1
グローバリゼーション　→　グローバル化
グローバル化　35, 41, 42, 121, 147, 251, 257, 259, 267, 268, 270
軍事社会　14
経常収支　152, 155, 174, 182, 234
ケインズ，J. M.　20, 22, 29, 97, 98, 158, 159, 174, 178, 179, 182, 201, 207, 224, 227–230, 234, 235, 281, 294, 310, 315
ゲーティッド・コミュニティ　3
ゲームのルール　141–143, 153, 159
原罪　82, 83
原始資本主義　2
公　1
交易条件　190, 191, 216, 217, 264, 283
工業化　181, 206, 212, 216, 218, 243, 254, 257–259, 262, 264, 266, 267, 310
構造学派　190, 191, 194, 200
構造的権力　98, 157, 172–174, 183, 232, 234
国際価値論　217, 220
国際金本位制　141, 142, 144, 147, 148, 150–153
国際経済学　14

国際決済銀行（BIS）　102, 182
国際収支不均衡　89, 91, 92, 97, 99, 171
国際短期資本移動　144, 145, 152
国際復興開発銀行→世界銀行
国際分業　45, 200, 240, 257
国際労働力移動　280
コンディショナリティ　78, 192

サ　行

最恵国待遇　49, 50, 54, 58, 63
債務危機　181, 192
サッチャー，M.　174, 179, 312, 315, 316
サッチャリズム　317
産業内貿易　43, 44
自己資本比率規制　106, 114, 116, 118
市場アクセス　54, 61, 63, 64
市場原理　257, 293, 311, 312, 314, 316
市場の出自　3
資本移動　69–84, 94–96, 147, 161, 172–175, 177, 183, 275, 283, 285
資本規制　81, 93, 94, 98, 100, 175, 177, 183
資本集約的　257, 258, 264
社会的市場経済　11
社会保障　268, 293, 306–309, 312, 314, 315
社会保障制度　267, 317
借換（funding）　227–229, 231
住宅金融公庫　1
自由貿易　244
シューマン宣言　10
手工業　12
小農　208, 209, 213–217, 219
消費の平準化　75, 76, 78
情報の経済学　195, 196, 198
情報の非対称性　80, 81, 84, 85, 195
植民地　26, 27, 31, 147–150, 155, 164–166, 168, 206–214, 216–218, 243, 281, 289
シンガー，P. W.　5
シンガー＝プレビッシュ命題　191

索引

新古典派　19–22, 28, 30, 31, 35, 36, 45, 190–192, 194, 195, 198–201, 205–207, 212, 219, 223, 224, 226, 227, 234, 257
新自由主義　95, 96, 100, 179, 192, 201, 204, 259, 317
新制度学派　194–196, 202
スティグリッツ, J.　69, 85, 194–198, 201, 202, 204
ストルパー＝サミュエルソン定理　37, 41, 42
ストレンジ, S.　91, 98, 157, 163, 168, 174, 256, 290, 232, 235
スミス, A.　23, 26, 27
スミソニアン体制　175, 176
スミソニアン会議　89, 97
SWAT　4
スワップ　136, 137
スワップ取引　122
西欧型　254
税の徴収事務　2
世界銀行　48, 269, 289, 192–197, 199, 201, 226
世界経済学　14
石油危機　247
石油ショック　88, 89, 92, 93, 177
1974年通商法　59–62
戦略的貿易論　59–63

タ　行

大恐慌　90, 91, 152, 153, 207, 274, 277
タイソン・フード　7
大不況　147, 250, 251
WTO（世界貿易機関）　38, 47, 58, 59, 63, 65, 281, 289
小さな政府　179, 251, 252, 306–308
知識ギャップ　195, 196
知的財産権　53, 55, 62
徴税請負人　2
通貨危機　285
通貨ミスマッチ　82

通商法301条　61–63
デリバティブ　121–137
デリバティブ規制論争　114
ドイツ基本法　11
投機的金融　230
投資ファイナンス　227–229
トービン, J.　233, 236
トリフィン, R.　94, 160–162, 164, 165, 168
トリレンマ　172–175
ドルショック　282

ナ　行

内国民待遇　49, 50, 54, 57, 58, 63, 64
内生的貨幣供給　223, 224, 231, 233, 235
内部統制　116, 117
NIEs　257, 259, 263, 265, 266, 270
NIEO（新国際経済秩序）　191, 194, 258
ニクソン・ショック　175, 176
20カ国委員会　89, 92, 94, 97, 101
日本的（型）　193, 201, 248, 257, 310–312, 319, 320, 323
農業革命　210–212, 214, 216, 242
農業優先　217, 218

ハ　行

ハーシュマン, A. O.　19, 30, 190, 191, 199, 202–204
バーゼル2　115–117
バーゼル協定　109–112
バーゼル銀行監督委員会　102, 103, 110–112, 114, 115
バーゼル合意　102, 112–115, 119
ハーバラー, G.　20, 24
バブル　181, 250, 252, 254, 293, 294, 310, 313, 316
比較優位　20, 22–27, 30, 31, 59, 61, 72, 73, 76, 191
BIS規制　102, 113, 115, 117, 119

329

非対称性　163, 168
ビナイン・ネグレクト　99
ファースト・フーズ　4
ファルージャ　6
フィッシャー, I.　85
フェビアン協会　207-209, 211, 215
福祉　267, 269, 317
福祉国家　251
福祉政策　147, 268
不等価交換　30, 39
プラザ合意　99, 179, 232, 252, 258
ブラック＝ショールズ式　127-129
ブランダー＝スペンサー・モデル　59
フリードマン, M.　100, 172, 173
ブルームフィールド, A. I.　143, 144
ブルターニュ　8
ブレトンウッズ（体制）　89, 92, 95-98, 154, 157-162, 164-168, 175, 194, 201, 251
プロシクリカリティ　78
文明化　5
米国型　→　アメリカ型
ヘクシャー＝オリーン・モデル　29, 36-41, 43, 45
ヘクシャー＝オリーン定理　39
ヘッジ　129, 132, 134, 173
ホイットマン, T.　7
貿易関連投資措置　53, 55, 57
北欧型　308
保護主義　37, 51, 52, 64, 158, 167, 178-180, 190, 258
保護貿易　21, 47, 148, 243
ポスト・ケインジアン　223, 224, 226-229, 231, 233
ポスト・ワシントン・コンセンサス（post-Washington Consensus）　193-199, 202, 203
ボン・サミット　177, 178
ポンド地域　158, 159, 165, 166

マ 行

マーストリヒト条約　10
マーティン, H.　21-23, 28
マイスター制　11
マッキノン, R. I.　81, 83, 168, 223-226, 233
マルクス, K.　21, 25, 26, 28, 31, 44, 202, 206, 207, 219
ミル, J. S.　20, 24, 26-28, 30
民営化　1, 192, 195, 298, 300-304, 308, 315
民主主義の普及　14
ミンスキー, H. P.　227, 230, 235
モデュール　248, 250, 255, 261, 262
本山美彦　16, 19, 23-28, 30, 31, 35, 36, 39, 41, 45, 53, 85, 88, 98, 148-150, 166-168, 189, 200-202, 206, 213, 217-220, 232, 234, 235, 254, 256, 258, 259, 264, 265, 267, 270, 288, 289, 323, 324
モラル・ハザード　81, 106, 107, 117

ヤ 行

郵政事業　1
ユーロ　10, 28, 61
ユーロ市場　91, 93, 95, 99, 255
要素価格均等化定理　37, 38
ヨーロッパ・デー　10
ヨーロッパ型福祉国家　318

ラ 行

リカード, D.　20, 22-27, 30, 206, 214, 220
リカード・モデル　30, 36, 43
リスク管理　107, 108, 125, 128, 136
流動性選好　224, 234
ルイス, W. A.　205-220, 221, 222, 264, 265
ルイス・モデル　205, 206, 211, 215, 218, 264
ルーカス, R.　69, 78
ルーブル合意　99
レーガノミクス　317

索　引

レーガン，R.　174, 179, 251
レント・シーキング　194
労働集約的　242, 249, 257, 261, 264, 270
労働の無制限供給　205, 214, 215, 219
労働力移動　276, 287

ロシア通貨危機　130, 131

ワ行

ワシントン・コンセンサス　190–198, 201

執筆者紹介ならびに執筆分担

本山美彦（福井県立大学経済学部教授・序章）
田淵太一（山口大学経済学部教授・第1編第1章）
高橋信弘（大阪市立大学商学部助教授・第1編第2章）
鄭海東（福井県立大学大学院経済・経営学研究科教授・第1編第3章）
岩本武和（京都大学大学院経済学研究科教授・第2編4章）
伊豆　久（甲南大学経済学部教授・第2編第5章）
澤邉紀生（京都大学大学院経済学研究科助教授・第2編第6章）
大久保勉（元モルガン・スタンレー証券マネージング・ディレクター，
　　　　　参議院議員・第2編第7章）
中島健二（金沢大学経済学部教授・第3編第8章）
高英求（中部大学国際関係学部教授・第3編第9章）
小野塚佳光（同志社大学経済学部教授・第3編第10章）
矢野修一（高崎経済大学経済学部教授・第4編第11章）
峯　陽一（中部大学国際関係学部教授・第4編第12章）
張韓模（佐賀大学文化教育学部助教授・第4編第13章）
櫻井公人（立教大学経済学部教授・第5編第14章）
尹春志（山口大学経済学部助教授・第5編第15章）
松永　達（福岡大学商学部助教授・第5編第16章）
湯元健治（日本総合研究所調査部長・第5編第17章）
山田　久（日本総合研究所調査部主任研究員・第5編第18章）

《編著者紹介》

本山　美彦（もとやま・よしひこ）

世界経済論専攻。1943年神戸市生まれ。1965年京都大学経済学部卒業，同大学院経済学研究科修士・博士課程を経て，1969年甲南大学経済学部助手。同大学講師，助教授を経て，1977年京都大学経済学部助教授。1986年同教授。京都大学経済学博士。現在，福井県立大学経済学部教授。京都大学名誉教授。元・(社団法人) 国際経済労働研究所所長 (1996年～2005年)。元・日本国際経済学会長 (1997年～1999年)。元・京都大学大学院経済学研究科長・兼・経済学部長 (2000年～2002年)。元・日本学術会議第18期第3部 (経済学) 会員 (2000年～2003年)。「金融と倫理」を主要テーマにしている。

主要著書

『世界経済論』(同文舘，1976年)，『貿易論序説』(有斐閣，1982年)，『貨幣と世界システム』(三嶺書房，1986年)，『国際金融と第三世界』(三嶺書房，1987年)，『国際通貨体制と構造的権力』(三嶺書房，1989年)，『環境破壊と国際経済』(有斐閣，1990年)，『南と北』(筑摩書房，1991年)，『豊かな国，貧しい国』(岩波書店，1991年)，『ノミスマ』(三嶺書房，1993年)，『新・新国際分業と平成不況』(三嶺書房，1994年)，『倫理なき資本主義の時代』(三嶺書房，1996年)，『売られるアジア』(新書館，2000年)，『ドル化』(シュプリンガーフェアラーク東京，2001年)，『ESOP』(シュプリンガーフェアラーク東京，2003年)，『民営化される戦争』(ナカニシヤ出版，2004年)。

[*Basic Books*]

世界経済論

2006年2月18日　初版第1刷発行	検印廃止
2007年1月30日　初版第2刷発行	定価はカバーに表示しています

編著者	本　山　美　彦
発行者	杉　田　啓　三
印刷者	江　戸　宏　介

発行所　株式会社　ミネルヴァ書房

607-8494　京都市山科区日ノ岡堤谷町1
電話 075-581-5191／振替 01020-0-8076

© 本山美彦, 2006　　共同印刷工業・オービーピー

ISBN4-623-04540-4

Printed in Japan

現代世界経済叢書

全8巻

（Ａ５判　美装カバー　各巻平均300頁）

第1巻	日本経済論	植松忠博・小川一夫 編著
第2巻	中国経済論	加藤弘之・上原一慶 編著
第3巻	アメリカ経済論	村山裕三・地主敏樹 編著
第4巻	アジア経済論	北原　淳・西澤信善 編著
第5巻	ヨーロッパ経済論	田中友義・久保広正 編著
第6巻	ロシア・東欧経済論	大津定美・吉井昌彦 編著
第7巻	ラテンアメリカ経済論	西島章次・細野昭雄 編著
第8巻	アフリカ経済論	北川勝彦・高橋基樹 編著

──────── ミネルヴァ書房 ────────

http://www.minervashobo.co.jp/